Winfried Alves

Reporting nach US-GAAP

200 Jahre Wiley – Wissen für Generationen

Jede Generation hat besondere Bedürfnisse und Ziele. Als Charles Wiley 1807 eine kleine Druckerei in Manhattan gründete, hatte seine Generation Aufbruchsmöglichkeiten wie keine zuvor. Wiley half, die neue amerikanische Literatur zu etablieren. Etwa ein halbes Jahrhundert später, während der »zweiten industriellen Revolution« in den Vereinigten Staaten, konzentrierte sich die nächste Generation auf den Aufbau dieser industriellen Zukunft. Wiley bot die notwendigen Fachinformationen für Techniker, Ingenieure und Wissenschaftler. Das ganze 20. Jahrhundert wurde durch die Internationalisierung vieler Beziehungen geprägt – auch Wiley verstärkte seine verlegerischen Aktivitäten und schuf ein internationales Netzwerk, um den Austausch von Ideen, Informationen und Wissen rund um den Globus zu unterstützen.

Wiley begleitete während der vergangenen 200 Jahre jede Generation auf ihrer Reise und fördert heute den weltweit vernetzten Informationsfluss, damit auch die Ansprüche unserer global wirkenden Generation erfüllt werden und sie ihr Ziel erreicht. Immer rascher verändert sich unsere Welt, und es entstehen neue Technologien, die unser Leben und Lernen zum Teil tiefgreifend verändern. Beständig nimmt Wiley diese Herausforderungen an und stellt für Sie das notwendige Wissen bereit, das Sie neue Welten, neue Möglichkeiten und neue Gelegenheiten erschließen lässt.

Generationen kommen und gehen: Aber Sie können sich darauf verlassen, dass Wiley Sie als beständiger und zuverlässiger Partner mit dem notwendigen Wissen versorgt.

William J. Pesce
President and Chief Executive Officer

Peter Booth Wiley
Chairman of the Board

Winfried Alves

Reporting nach US-GAAP

Ein Überblick

WILEY-VCH Verlag GmbH & Co. KGaA

1. Auflage 2007

Alle Bücher von Wiley-VCH werden sorgfältig erarbeitet. Dennoch übernehmen Autoren, Herausgeber und Verlag in keinem Fall, einschließlich des vorliegenden Werkes, für die Richtigkeit von Angaben, Hinweisen und Ratschlägen sowie für eventuelle Druckfehler irgendeine Haftung.

Bibliografische Information
Der Deutschen Nationalbibliothek
Die Deutsche Bibliothek verzeichnet diese Publikation in der Deutschen Nationalbibliografie; detaillierte bibliografische Daten sind im Internet über http://dnb.d-nb.de abrufbar.

©2007 WILEY-VCH Verlag GmbH & Co. KGaA, Weinheim

Alle Rechte, insbesondere die der Übersetzung in andere Sprachen, vorbehalten. Kein Teil dieses Buches darf ohne schriftliche Genehmigung des Verlages in irgendeiner Form – durch Photokopie, Mikroverfilmung oder irgendein anderes Verfahren – reproduziert oder in eine von Maschinen, insbesondere von Datenverarbeitungsmaschinen, verwendbare Sprache übertragen oder übersetzt werden. Die Wiedergabe von Warenbezeichnungen, Handelsnamen oder sonstigen Kennzeichen in diesem Buch berechtigt nicht zu der Annahme, dass diese von jedermann frei benutzt werden dürfen. Vielmehr kann es sich auch dann um eingetragene Warenzeichen oder sonstige gesetzlich geschützte Kennzeichen handeln, wenn sie nicht eigens als solche markiert sind.

Printed in the Federal Republic of Germany

Gedruckt auf säurefreiem Papier.

Satz   K+V Fotosatz GmbH, Beerfelden
Druck und Bindung   Ebner & Spiegel GmbH, Ulm
Wiley Bicentennial Logo   Richard J. Pacifico

ISBN: 978-3-527-50246-2

Inhaltsverzeichnis

Vorwort 9

Kapitel 1
Grundlagen der Rechnungslegung nach US-GAAP 11

1.1	Beteiligte Institutionen und deren Verlautbarungen	14
1.2	System der GAAP 18	
1.2.1	Entscheidungserheblichkeit 19	
1.2.2	Relevanz 20	
1.2.3	Verlässlichkeit 21	
1.2.4	Vergleichbarkeit 22	
1.2.5	Stetigkeit 22	
1.2.6	Hierarchie der Merkmale 23	
1.3	Rechnungslegungsgrundsätze 25	
1.3.1	Prämissen 25	
1.3.2	Prinzipien 26	
1.3.3	Einschränkungen 28	
1.4	Änderungen und Korrekturen 28	
1.4.1	Bilanzänderung 28	
1.4.2	Fehlerkorrektur 30	

Kapitel 2
Gewinn-und-Verlust-Rechnung 33

2.1   Aufbau 34

2.2   Grundsätze des Umsatzkostenverfahrens 35

2.3   Umsatzerlöse und deren Realisierung 37
2.3.1   Grundsatz der Umsatzrealisierung 37
2.3.2   Konkretisierung der Voraussetzungen durch die SEC 38

2.3.3 Teilerlösrealisierung 42
2.3.4 Erlösrealisierung mit Zahlungseingang 45
2.3.5 Mehrkomponentenvertrag 47
2.3.6 Weitere Sonderregelungen 49

2.4 Umsatzkosten 50
2.4.1 Anschaffungskosten 51
2.4.2 Herstellungskosten 52
2.4.3 Transport- und/oder Bearbeitungskosten 53

2.5 Forschungs- und Entwicklungskosten 54

2.6 Vertriebs-, Verwaltungs- und allgemeine Kosten 54

2.7 Ergebnis je Aktie 56

Kapitel 3
Bilanz 61

3.1 Aufbau 61

3.2 Grundlagendefinitionen 63

3.3 Bewertungsmethoden 64
3.3.1 Historische Anschaffungs- oder Herstellungskosten 65
3.3.2 Wiederbeschaffungskosten 65
3.3.3 Marktwert 65
3.3.4 Realisierbarer Betrag 65
3.3.5 Barwert 66
3.3.6 Fair-Value-Bewertung 66

3.4 Einzelne Posten 72
3.4.1 Forderungen 72
3.4.2 Vorräte 76
3.4.3 Beteiligungen 84
3.4.4 Derivative Finanzinstrumente 90
3.4.5 Sachanlagen 98
3.4.6 Leasing 111
3.4.7 Immaterielle Vermögenswerte 129
3.4.8 Verbindlichkeiten 132
3.4.9 Latente Steuern 142
3.4.10 Eigenkapital 148

Kapitel 4
Weitere Abschlussbestandteile 155

4.1	Eigenkapitalveränderungsrechnung	155
4.1.1	Aufbau 155	
4.1.2	Comprehensive Income 155	
4.2	Kapitalflussrechnung 161	
4.2.1	Grundlagen 162	
4.2.2	Cashflow aus laufender Geschäftstätigkeit	164
4.2.3	Cashflow aus Investitionstätigkeit 166	
4.2.4	Cashflow aus Finanzierungstätigkeit 167	
4.2.5	Abweichende Zuordnung 168	
4.3	Segmentberichterstattung 169	
4.3.1	Aufbau 169	
4.3.2	Operative Segmente 170	
4.3.3	Berichtspflichtige Segmente 170	
4.3.4	Anhangsangaben 173	

Kapitel 5
Sondervorschriften für den Konzernabschluss 175

5.1	Einführung 175	
5.2	Grundlagen 176	
5.3	Konsolidierungskreise 178	
5.4	Fremdwährungsumrechnung 179	
5.5	Konsolidierungsmaßnahmen 184	
5.5.1	Kapitalkonsolidierung 184	
5.5.2	Eliminierung konzerninterner Verflechtungen	191
5.6	Anhangsangaben 195	
5.7	Geschäfts- oder Firmenwert 196	
5.7.1	Zugangsbewertung 198	
5.7.2	Folgebewertung 200	
5.7.3	Anhangsangaben 203	

Kapitel 6
Zusatzangaben 205

6.1 Notes 206

6.2 Zusatzangaben 206

6.3 Management's Discussion and Analysis (MD & A) 210

6.4 Angaben zum internen Kontrollsystem 211

Anhang 215

Form 10-K 215

Regulations-K 227

Regulation S-X 236

Literaturverzeichnis 251

Register 253

Vorwort

Reporting nach US-GAAP – ein deutsches Buch über die Grundzüge des amerikanischen Rechnungs- und Berichtswesens – wirft typischerweise gleich drei Fragen auf:

- Warum auf Deutsch?
- Warum US-GAAP?
- Warum Reporting?

In Deutschland sind mehr als 2000 US-amerikanische Firmen mit über 850 000 Arbeitsplätzen und einem Investitionsvolumen von 120 Mrd. Euro tätig. Bei US-Investoren ist zudem eine steigende Attraktivität für den Standort Deutschland zu verzeichnen. Insbesondere bei der Ansiedlung von Kompetenzzentren für Marketing-, Vertriebs- und Entwicklungsaufgaben ist Deutschland im europäischen Vergleich führend. Das wichtigste Kriterium für diese Standortwahl ist dabei mit Abstand die Qualifikation und das Angebot an Mitarbeitern[1].

Da jegliche geschäftliche Tätigkeit zwangsläufig administrative Aufgaben, wie unter anderem auch das Rechnungswesen, nach sich zieht, ist somit für eine entsprechende Qualifikation die Kenntnis zumindest der Grundlagen des amerikanischen Rechnungswesens unabdingbar.

Auch wenn für europäische Unternehmen die Tendenz eindeutig in Richtung IFRS geht, so darf nicht verkannt werden, dass amerikanische Unternehmen ihre Abschlüsse immer nach US-GAAP erstellen werden. Hieran ändern weder die Konvergenzbestrebungen der beiden Standardsetter FASB und IASB etwas, da es hierbei um eine Vereinheitlichung der Standards, nicht aber um einen Ersatz oder Austausch des gesamten Rechnungswesens geht, noch führen die Verhandlungen mit der SEC über die gegenseitige Anerkennung der Abschlüsse zu einem solchen Ergebnis. US-GAAP wird mithin seine Existenz neben IFRS behaupten.

---

1) AmCham Germany, Business Barometer 2005, S. 10, 22, 29

Reporting nach US-GAAP. Winfried Alves
Copyright © 2007 WILEY-VCH Verlag GmbH & Co. KGaA, Weinheim
ISBN: 3-527-50246-2

Wie sein internationales Gegenstück beinhaltet auch das amerikanische Rechnungswesen nicht nur reine Bilanzierungsregeln. Die bilden zwar die Grundlage, zusätzlich sind jedoch weitergehende Berichtspflichten zu erfüllen. Diese Pflicht besteht selbstverständlich auch für in Deutschland tätige US-Unternehmen.

Da sich die Berichtspflichten aber erst anhand der Bilanzierungsvorschriften erschließen, geht dieses Buch den gleichen Weg, zunächst die Bilanzierungsvorschriften zu erläutern und dann auf eventuelle Besonderheiten in der Berichterstattung hinzuweisen.

Dabei richtet es sich an alle Personen aus dem Bereich des Controllings und des Finanz- und Rechnungswesens, die für ein amerikanisches Unternehmen in Deutschland tätig sind oder werden wollen. Das Zusammenspiel von externem und internem Rechnungswesen macht eine Beschäftigung mit dem jeweils anderen Bereich zwingend erforderlich.

Gelsenkirchen, im August 2007   *Winfried Alves*

Kapitel 1
Grundlagen der Rechnungslegung nach US-GAAP

Die US-amerikanische Rechnungslegung basiert auf den so genannten allgemein anerkannten Grundsätzen. Die *Generally Accepted Accounting Principles* (GAAP) beinhalten fall- und themenorientierte Regelungen. Das heißt, dass in einem Rechnungslegungsstandard alle relevanten Informationen – vom Anwendungsbereich über die Definitionen, die bilanzielle Vorgehensweise bis hin zur Offenlegung – zum Beispiel zu so unterschiedlichen Themen wie Leasing, Finanzinstrumente oder Unternehmenszusammenschlüsse enthalten sind.

Dieses System ist für einen deutschen Anwender zumindest gewöhnungsbedürftig. Ist man es doch gewohnt, in einem oder mehreren Gesetzestexten die grundlegenden Normen nachzuschlagen, wobei häufig die Definitionen an einer anderen Stelle zu finden sind als die materiellen Regelungen. Zudem folgen Gesetze selten einem themenorientierten Aufbau. Fallbeispiele findet man nur in Lehrbüchern, Kommentaren oder durch den Vergleich mit Urteilen. So erstaunt es im ersten Moment, im Regelfall alle Informationen zusammengefasst vorzufinden. Auch der Sprachstil ist ein anderer: zwar sind selbstverständlich auch in den GAAP Fachausdrücke und allgemein formulierte Definitionen enthalten, im Übrigen besteht der Text der einzelnen Standards aber überwiegend aus einer mit Beispielen versehenen, erläuternden Darstellung.

Ein Grund für diese andere Vorgehensweise mag darin liegen, dass es sich bei den GAAP nicht um Gesetzesvorschriften handelt. Vielmehr werden diese Rechnungslegungsgrundsätze von privatwirtschaftlichen Organisationen erarbeitet und erlassen, auch wenn sie dazu von der obersten staatlichen Behörde, der Securities and Exchange Commission (SEC), autorisiert worden sind. Entscheidend ist aber, dass die Standards, wie auch die übrigen Vorschriften, von Praktikern für Praktiker entwickelt und geschrieben werden.

Dieser Praxisbezug hat unter anderem eine Auswirkung, die aus deutscher Sicht nur schwer nachzuvollziehen ist. Neue Grundsätze können auch durch die verbreitete Anerkennung und Anwendung durch die Wirtschaftsprüfer geschaffen werden. Wenn also ein Sachverhalt, der bisher noch in keiner Weise von einer der autorisierten Organisationen bearbeitet worden ist, über einen längeren Zeitraum immer wieder von den zuständigen Wirtschaftsprüfern als ordnungsgemäß testiert und diese Praxis in den entsprechenden Fachpublikationen in zumindest mehreren US-Bundesstaaten veröffentlicht worden ist, so entsteht dadurch ein neuer, generell anzuwendender Rechnungslegungsgrundsatz. Diese Fallgestaltung tritt zwar nicht sehr häufig auf, da im Regelfall bestehende Regelungslücken sehr schnell von den zuständigen Stellen aufgegriffen und bearbeitet werden, dennoch können im Einzelfall umfangreiche Recherchen erforderlich sein.

Dies bedeutet aber nun nicht, dass die GAAP eine geringere Verbindlichkeit hätten als zum Beispiel das HGB. Aufgrund der Tatsache, dass das Testat eines Abschlusses nur bei Einhaltung aller Rechnungslegungsgrundsätze erteilt werden darf und dieses Testat Voraussetzung für die ordnungsgemäße Einreichung des Jahresabschlusses ist, entfalten die GAAP Quasi-Gesetzeskraft. Erst mit Einführung des Sarbanes Oxley Act im Jahre 2002 ist eine gesetzliche Verpflichtung zur Prüfung der Jahresabschlüsse von börsennotierten Unternehmen geschaffen worden.

Die Arbeit mit US-GAAP hat aber noch eine weitere Konsequenz: die zwangsläufige Zusammenführung von internem und externem Rechnungswesen. Auch wenn von Accounting Principles die Rede ist, handelt es sich hierbei nicht um reine Bilanzierungsvorschriften. Vielmehr wird in den Standards auf das interne Rechnungswesen Bezug genommen.

Wenn zum Beispiel Vermögenswerte in einer Bilanz mit dem so genannten Fair Value, also dem beizulegenden Zeitwert, darzustellen sind, so wird dieser Wert überwiegend mit Hilfe der Kalkulation des zukünftigen Cashflows ermittelt. Um somit den Vermögenswert überhaupt einbuchen zu können, muss eine entsprechende Kalkulation vorliegen. Auf welcher Grundlage diese Kalkulation durchzuführen ist, ergibt sich wiederum aus dem Standard. Mit anderen Worten: ein effektives Ergebnis kann nur im Rahmen des gesamten Rechnungswesens erzielt werden.

Das Ergebnis ist dann auch entsprechend zu präsentieren, das heißt sowohl die Zahlen als auch deren Ermittlung und Berechnung. So beinhaltet jeder Standard Vorschriften darüber, welche Informationen zu veröffentlichen sind. Diese vollständige Darstellung des unternehmensinternen Vorgangs der Erfassung von Geschäftsvorfällen im Jahresabschluss wird als Financial Reporting bezeichnet. Aus diesem Grunde haben neuere Standards auch sehr häufig in ihrer Zusammenfassung ein eigenständiges Kapitel, in dem erläutert wird, wie dieser Standard das Financial Reporting beeinflusst oder verbessert. Im Gegensatz dazu wird der Begriff Reporting im deutschen Sprachgebrauch üblicherweise für eine eigenständige, gesonderte Berichterstattung gebraucht. Somit kann der unterschiedliche Inhalt dieses Begriffs leicht zu Missverständnissen bei angloamerikanischen Gesprächspartnern führen.

Zudem besteht noch eine weitere Unterscheidung zwischen dem Financial Reporting eines Jahresabschlusses und dem gesonderten Reporting eines Tochterunternehmens an das Mutterunternehmen. Ohne den Details des Kapitels 5 vorgreifen zu wollen, sei an dieser Stelle nur schon erwähnt, dass ein amerikanischer Konzernabschluss nur nach Integration aller Daten der (ausländischen) Tochterunternehmen erstellt werden kann. Dies hat zur Folge, dass der amerikanische Mutterkonzern in der Regel genauere Vorgaben über die Art und den Umfang des Reportings des jeweiligen Tochterunternehmens macht.

So wird vereinzelt allgemein gefordert, dass das Tochterunternehmen einen vollständigen, testierten Einzelabschluss nach den US-GAAP-Rechnungslegungsvorschriften vorlegt. Meistens gibt jedoch das Mutterunternehmen vor, welche Informationen in welcher Form zu berichten sind, damit sie in den Konzernabschluss integriert werden können. Basis dieser besonderen Form der Berichterstattung ist typischerweise eine Excel©-Tabelle, das Spread oder Work Sheet. Die gängigste Form ist dabei ein Arbeitsblatt, das mit der Hauptabschlussübersicht im Rahmen des Jahresabschlusses in der Buchhaltung vergleichbar ist.

	Trial Balance		Adjustments		Adjusted Trial Balance		Income Statement		Balance Sheet	
	Dr.	Cr.	Dr.	Cr.	Dr.	Cr.	Dr.	Cr.	Dr.	Cr.
Accout Titles										

Abbildung 1.1: Typischer Aufbau eines Work Sheet[1]

Ausgangspunkt der Darstellung ist dabei ein Probeabschluss (trial balance), der sich aus den Salden aller gebuchten Konten ergibt. Im nächsten Schritt sind die entsprechenden Anpassungen (adjustments) vorzunehmen, wie zum Beispiel Rechnungsabgrenzungen oder Auflösung von Rückstellungen. Hieraus ergibt sich dann der angepasste Probeabschluss (adjusted trial balance), dessen Werte abschließend auf die Gewinn- und Verlustrech-

[1] Weygandt et al., *Accounting Principles*, S. 135ff

nung und die Bilanz zu verteilen sind.[2)] Üblicherweise sind ergänzend sowohl einzelne Konten als auch die vorgenommenen Anpassungen gesondert zu erläutern und die zugrunde liegende Kalkulation beizufügen.

Unabhängig davon, in welcher Form das Tochterunternehmen seine (Jahres-) Abschlussdaten an den Mutterkonzern zu übermitteln hat, ändern diese Vorgaben nichts an dem Grundsatz, dass auch das Tochterunternehmen seine Geschäftsvorfälle auf der Grundlage des Financial Reportings der US-GAAP-Standards darzustellen hat. Um somit die besonderen Berichtsanforderungen erfüllen zu können, ist zunächst ein Verständnis der allgemeinen Grundsätze der amerikanischen Rechnungslegung erforderlich.

1.1 Beteiligte Institutionen und deren Verlautbarungen

Wie eingangs bereits dargestellt, werden die amerikanischen Rechnungslegungsvorschriften nicht einheitlich vom amerikanischen Gesetzgeber erstellt, sondern von verschiedenen Institutionen. Um somit den Umfang der anzuwendenden Vorschriften richtig einschätzen zu können, ist es unumgänglich, sich zunächst mit den beteiligten Institutionen und ihren Verlautbarungen näher zu beschäftigen.

Die wohl mächtigste Institution ist die Wertpapieraufsichtsbehörde Securities and Exchange Commission (SEC) mit Sitz in Washington D.C.

Als Reaktion auf den »schwarzen Donnerstag« vom 24.10.1929, an dem die New Yorker Börse nach einer wilden Spekulationsphase aufgrund einer einsetzenden Panik der Händler zusammengebrochen war und infolgedessen Tausende von Kleinanlegern ihr Geld verloren hatten, erließ der amerikanische Kongress zwei Gesetze zum Schutz der Investoren und zur Erhaltung der Integrität der Wertpapiermärkte:

- Securities Act von 1933
- Securities Exchange Act von 1934.

Neben weiteren Aufgaben wurde die SEC ermächtigt, die erforderlichen Regeln und Vorschriften (rules) für die Rechnungslegung zu erlassen.

Die SEC entschied, dass sie dieses Recht ausschließlich hinsichtlich der formellen Anforderungen für die bei ihr einzureichenden Jahresabschlüsse ausüben, die Erstellung der Rechnungslegungsgrundsätze aber einem anderen Gremium übertragen würde.

2) Weygandt et al., *Accounting Principles*, S. 136/137

Die wichtigsten, von der SEC erlassenen Regelungen sind:

- Regulation S-X (allgemeiner Aufbau und Inhalt der einzureichenden Abschlüsse)
- Regulation S-K (Veröffentlichung von zusätzlichen Informationen)
- Regulation S-T (Anforderungen an die elektronische Übermittlung der Abschlüsse)

Weiterhin hat die SEC Anleitungen für den Aufbau und Inhalt der verschiedenen Abschlussarten erstellt:

- Form 10-K (Jahresabschluss amerikanischer Unternehmen)
- Form 10-Q (Quartalsabschluss amerikanischer Unternehmen)
- Form 8-K (Ad-hoc-Berichterstattung)
- Form 20-F (Jahresabschluss ausländischer Unternehmen)

Form 10-K als die grundlegende Anleitung für die Erstellung eines Jahresabschlusses wird ausführlich in Kapitel 6.2 erläutert.

Darüber hinaus veröffentlicht die SEC in den so genannten Staff Accounting Bulletins (SAB) Interpretationen und Auslegungen zu grundsätzlichen Themen, die im Rahmen der Prüfung der eingereichten Abschlüsse aufgetreten sind. Eines der bekanntesten dieser Bulletins ist das SAB 104 zu Fragen der Umsatzrealisierung.

Alle Veröffentlichungen stellt die SEC kostenlos auf ihrer Homepage zum Download zur Verfügung.

Ursprünglich hatte die SEC das Recht zur Erstellung und zum Erlass von Rechnungslegungsvorschriften auf den Dachverband der amerikanischen Wirtschaftsprüfer, das American Institute of Certified Public Accountants (AICPA) – vergleichbar dem deutschen IDW – übertragen. Dieser hatte verschiedene Gremien gegründet, die in der Folgezeit Vorschriften für auftretende Bilanzierungsfragen erließen. Da diese Regeln eine einheitliche Linie vermissen ließen und zudem der Dachverband in den Verdacht geriet, Vorschriften ausschließlich im Interesse der Unternehmen zu erlassen, übertrug die SEC im Jahr 1973 die Befugnis zum Erlass der Rechnungslegungsvorschriften auf das neu gegründete Financial Accounting Standards Board (FASB). Das Board besteht aus hauptberuflich tätigen Mitgliedern aus den Bereichen Wirtschaftsprüfung, Industrie und Wissenschaft.

Das FASB erarbeitet und veröffentlicht:

- Statements of Financial Accounting Standards ([S]FAS) (Rechnungslegungsvorschriften für einzelne Sachverhalte; FAS 1–159)

- FASB Interpretations (FIN)
  (Interpretationen und Ergänzungen zu den FAS; FIN 1–48)
- FASB Technical Bulletins (FTB)
- FASB Staff Positions (FSP)
  (Anwendungshilfen zu Bilanzierungs- und Reportingfragen)
- Statements of Financial Accounting Concepts (SFAC; CON)
  (allgemeine Grundlagen der Rechnungslegungsstandards; CON 1–7)

Um auf neu auftretende Bilanzierungsfragen möglichst schnell reagieren zu können, hat das FASB 1984 die Emerging Issues Task Force (EITF) gegründet, die mit ihren Stellungnahmen zu Einzelfragen bestehende Standards oder Interpretationen ergänzt. Diese Stellungnahmen haben genauso wie die Verlautbarungen des FASB verbindlichen Charakter. Auch das FASB stellt alle Veröffentlichungen kostenlos auf seiner Homepage zum Download zur Verfügung.

Durch die Übertragung des Rechts zum Erlass der Rechnungslegungsvorschriften auf das FASB ist in diesem Bereich die Bedeutung des AICPA als Standardsetter zwangsläufigerweise zurückgegangen.

Dennoch sind zum einen einzelne Verlautbarungen der Accounting Research Bulletins (ARB) und der Opinions des Accounting Principles Board (APB), die von den ehemaligen Gremien des AICPA verabschiedet worden sind, noch so lange anzuwenden, bis sie durch die Veröffentlichung eines neuen Standards aufgehoben werden. So sind zum Beispiel nach wie vor einzelne Absätze des ARB 51 vom August 1959 für konsolidierte Jahresabschlüsse anzuwenden.

Zum anderen veröffentlicht eine Arbeitsgruppe des AICPA, das Accounting Standards Executive Committee (AcSEC), in Abstimmung mit dem FASB Statements of Position (SOP) zu einzelnen, zum Teil branchenspezifischen Bilanzierungsfragen. Diese werden einmal jährlich zum 1. Juni zusammen mit weiteren Anwendungsrichtlinien als AICPA Technical Practice Aids veröffentlicht.

Mit dem Sarbanes Oxley Act (SOX, zum Teil auch SOA) wurde ein neues Aufsichtsgremium, das Public Company Accounting Oversight Board (PCAOB), geschaffen. Zwar ist die primäre Aufgabe des Boards die Berufsaufsicht über die Prüfungsgesellschaften für SEC-notierte Unternehmen und die Entwicklung entsprechender Berufsgrundsätze, zugleich ist dem Board aber auch das Recht zur Entwicklung und Verabschiedung von Bilanzierungsregeln eingeräumt worden. Bis jetzt hat sich das Board darauf beschränkt, Prüfungsstandards zu erlassen.

Hierbei darf aber nicht verkannt werden, dass durch die Festlegungen, wie der Jahresabschluss eines Unternehmens zu prüfen ist, zumindest indirekt dessen Bilanzierungspraxis beeinflusst wird. So verlangt zum Beispiel der Gliederungspunkt 9A des Form 10-K von einem Unternehmen eine Darstellung seines internen Kontrollsystems und der Effektivität oder eventueller wesentlicher Schwachstellen dieser Kontrollen (material weaknesses). Für die Überprüfung dieser Darstellung hat das PCAOB einen entsprechenden Auditing-Standard erlassen. Mithin wird die Darstellung in dem Abschluss durch die nachfolgende Prüfung beeinflusst. Auf die Details dieses Gliederungspunktes und die Auswirkungen von Prüfungsvorgaben wird in Kapitel 6.2 bei der Darstellung des Form 10-K eingegangen.

Zusammenfassend lassen sich somit die verschiedenen Institutionen und Quellen der US-GAAP grafisch wie folgt darstellen:

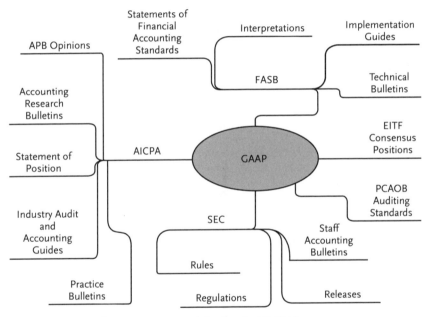

Abbildung 1.2: Beteiligte Institutionen und Quellen der US-GAAP

1.2 System der GAAP

Wie bereits dargestellt, beruhen die Rechnungslegungsstandards auf fall- oder themenorientierten Regelungen. Es ist aber so gut wie unmöglich, jeden erdenklichen Sachverhalt in einem eigenen Standard oder einer Interpretation zu erfassen. Deshalb hat das FASB ergänzend ein so genanntes Rahmenkonzept [Statements of Financial Accounting Concepts (SFAC; CON)] entwickelt.

Sinn des Rahmenkonzeptes ist es, dem Bilanzersteller allgemeine Leitlinien an die Hand zu geben, die ihn in die Lage versetzen, Sachverhalte, die nicht in einem Standard oder einer Interpretation geregelt sind, entsprechend allgemeiner Grundprinzipien der Finanzberichterstattung darzustellen.

Hiervon ausgehend werden im Rahmenkonzept auf einer ersten Stufe die Ziele und Zwecke der Rechnungslegung dargestellt (CON 1). Auf der zweiten Stufe werden die qualitativen Anforderungen an die bereitzustellenden Informationen (CON 2) und die Elemente der Finanzberichterstattung (CON 6) definiert. Diese leiten zur dritten und letzten Stufe über, auf der die Ansatz- und Bewertungskriterien mit ihren Voraussetzungen, Prinzipien und Einschränkungen (CON 5) erläutert werden.

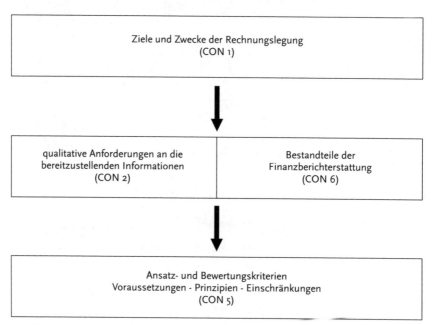

Abbildung 1.3: Aufbau des Rahmenkonzepts

1.2.1 Entscheidungserheblichkeit

Der wesentliche Grundgedanke der amerikanischen Finanzberichterstattung ist die so genannte Entscheidungserheblichkeit (decision usefulness). Dies bedeutet, dass durch die Veröffentlichung eines Jahresabschlusses dem Bilanzleser Informationen zur Verfügung gestellt werden, die diesem für seine zukünftigen wirtschaftlichen Entscheidungen nützen.

Als potenzielle Nutzer dieser Informationen werden aber nicht nur Investoren, Kreditgeber, Analysten oder Broker angesehen, sondern jede Person, die ein wirtschaftliches Interesse an dem veröffentlichenden Unternehmen hat. Dies können Lieferanten und Kunden, aber auch Arbeitnehmer und Gewerkschaften sein. Ebenso zählen Behörden, Wirtschaftspresse und die Öffentlichkeit zum möglichen Adressatenkreis (CON 1.24).

Während das HGB als absolutes Grundprinzip den Gläubigerschutz allen anderen Erwägungen voranstellt, basiert die amerikanische Rechnungslegung aufgrund ihres erheblich größeren Adressatenkreises konsequenterweise auf dem Prinzip des Investorenschutzes.

Verallgemeinert gesprochen, ist es für den amerikanischen Adressaten, also den Investor im weitesten Sinn, primär nicht entscheidend, ob er im Insolvenzfall noch bestehende Ansprüche gegenüber einem Unternehmen realisieren kann. Viel wichtiger ist für ihn die Frage, ob er mit diesem Unternehmen, dessen Abschluss er vorliegen hat, im normalen Geschäftsverlauf zukünftig wird Geschäfte abschließen können.

Die veröffentlichten Informationen müssen daher nützlich sein für

1. zukünftige Investitions- und Kreditentscheidungen (CON 1.34 ff),
2. die Ermittlung von zukünftigen Kapitalflüssen (CON 1.37 ff) und
3. die Identifizierung von Vermögenswerten und Schulden (CON 1.40 ff).

Diese Vorgehensweise hat einerseits zur Folge, dass in einem erheblich größeren Umfang als bei einer Bilanzerstellung nach HGB Informationen bereitgestellt werden müssen. Zugleich wird mit diesem System der Entscheidungserheblichkeit auch der Inhalt des Reportings konkretisiert. Wie bereits eingangs dargestellt, reicht es nicht aus, für den Jahresabschluss lediglich ein Zahlenwerk zusammenzustellen. Vielmehr sind die mit der Erstellung der Zahlen verbundenen Überlegungen und Entscheidungen ebenfalls offenzulegen, also zu berichten.

Aufgrund des großen und unterschiedlichen Adressatenkreises ist es andererseits zwingend erforderlich, eine präzise Auswahl der Daten und Informationen vorzunehmen, um der Gefahr vorzubeugen, den Abschluss zu überladen und den Bilanznutzer zu überfordern. Darum sind im Rahmenkonzept Qualitätsmerkmale festgelegt worden, denen die vorliegenden Informationen entsprechen müssen. Dabei wird zwischen den primären und den sekundären Anforderungen unterschieden (CON 2.32). Die beiden primären Anforderungen sind Relevanz und Verlässlichkeit; die beiden sekundären sind Vergleichbarkeit und Stetigkeit.

1.2.2 Relevanz

Eine Information ist dann relevant, wenn sie Investoren, Kreditgebern oder anderen Bilanzlesern ermöglicht, auf ihrer Grundlage entweder zukünftige Entscheidungen zu treffen oder Erwartungen zu bestätigen oder zu korrigieren (CON 2.47).

Diese allgemeine Aussage wird folgendermaßen konkretisiert:

- Zum einen muss die Information entweder einen Vorhersagewert (predictive value) oder einen Prüfwert (feedback value) oder beides haben. Hierbei dient der Vorhersagewert der Einschätzung von zukünftigen Entwicklungen, der Prüfwert der Analyse vergangener Ereignisse (CON 2.51 ff).
- Zum anderen ist eine Information nur dann relevant, wenn sie dem Bilanzleser zeitnah (timeliness) zur Verfügung gestellt wird. Eine veraltete Information, auf deren Grundlage keine vernünftige wirtschaftliche Entscheidung mehr getroffen werden kann, ist nutzlos (CON 2.56 f).

Wenn zum Beispiel ein Unternehmen die Entscheidung trifft, sich stärker in einem Geschäftsbereich zu engagieren, so hat diese Entscheidung einen Vorhersagewert, da daran eine Einschätzung der künftigen wirtschaftlichen Entwicklung vorgenommen werden kann. Zugleich könnte aber auch überprüft werden, warum diese Entscheidung zu diesem Zeitpunkt getroffen worden ist und nicht bereits zuvor. Insoweit ist auch ein Prüfwert gegeben.

Diese Ambivalenz einer Information wird oft vernachlässigt. In vielen Abschlüssen finden sich zum Teil umfangreiche Darstellungen der zukünftigen Entwicklung und des daraus resultierenden Nutzens einer Entscheidung des Unternehmens. Eine Begründung, warum diese Entscheidung jetzt und nicht bereits früher getroffen worden ist, fällt häufig demgegenüber sehr dürftig aus oder fehlt ganz.

Das Prinzip der Zeitnähe und die sich daraus ergebende Relevanz spiegelt sich zum Beispiel in den Fristen zur Einreichung des Jahresabschlusses bei der SEC wider. In Form 10-K, Abschnitt A.2 [3] wird eine Dreiteilung vorgenommen:

- große Accelerated Filers
  (Unternehmen mit einem Marktwert ihrer Stammaktien von mindestens 700 Millionen US-Dollar [4]
- Accelerated Filers
  (Unternehmen mit einem Marktwert ihrer Stammaktien von mindestens 75 Millionen US-Dollar [5]
- übrige Bilanzeinreicher

Entsprechend dieser Unterteilung haben die Unternehmen ihren Jahresabschluss 60, 75 oder 90 Tage nach Ende des Wirtschaftsjahres einzureichen. Damit wird der Tatsache Rechnung getragen, dass mit zunehmender Unternehmensgröße das Interesse der Bilanznutzer, über Entwicklungen und Veränderungen in dem betroffenen Unternehmen schnellstmöglich informiert zu werden, um entsprechend disponieren zu können, steigt.

1.2.3 Verlässlichkeit

Eine Information ist dann verlässlich, wenn sie frei von Irrtümern und Verzerrungen ist (CON 2.58 ff). Wie schon bei der Relevanz wird auch in diesem Fall die allgemeine Definition durch drei Bestandteile (ingredients) konkretisiert:

- Die Information muss nachprüfbar (verifiable) sein. Das heißt, mehrere Bilanzleser kommen unabhängig voneinander mit den gleichen Methoden zu ähnlichen Ergebnissen (CON 2.81 ff).
- Des Weiteren muss die Information den Tatsachen entsprechen (faithful representation). Dies bedeutet, dass der im Jahresabschluss abgebildete Sachverhalt mit dem zugrunde liegenden tatsächlichen Sachverhalt übereinstimmt. Das wird zum einen durch Genauigkeit (precision), zum anderen durch Vollständigkeit (completeness) erreicht (CON 2.72 ff).

---

[3] Vgl. Abdruck in Kap. 7: Anhang
[4] Securities Exchange Act 34, Rule 12b-2, Nr. 2
[5] Securities Exchange Act 34, Rule 12b-2, Nr. 1

- Letztlich muss die Information neutral (neutral) sein, darf also nicht ausschließlich im Interesse einer bestimmten Gruppe ausgewählt, vorbereitet oder dargestellt worden sein (CON 2.98 ff).

1.2.4 Vergleichbarkeit

Eine Information ist umso wertvoller, je besser sie ähnlichen Informationen von anderen Unternehmen (externe Vergleichbarkeit) oder Informationen desselben Unternehmens, aber aus einer anderen Berichtsperiode (interne Vergleichbarkeit) gegenübergestellt werden kann. Die Bedeutung einer Information hängt somit in hohem Maße davon ab, inwieweit der Bilanzleser sie mit einer Benchmark vergleichen kann (CON 2.111).

Eine Umsetzung des Prinzips der internen Vergleichbarkeit erfolgt zum Beispiel durch die Vorgabe der SEC, dass im Jahresabschluss Vergleichszahlen der Vorperioden anzugeben sind.[6]

Darüber hinaus werden sowohl die externe wie auch die interne Vergleichbarkeit durch die Vorgaben in der APB Opinion No. 22 zur Offenlegung der angewandten Bilanzierungsmethoden in den Anhangsangaben gewährleistet. Anhand dieser Angaben wird der Bilanzleser in die Lage versetzt, selbst zu entscheiden, inwieweit die veröffentlichten Informationen vergleichbar sind.

1.2.5 Stetigkeit

Eng mit der Vergleichbarkeit verknüpft ist das Merkmal der Stetigkeit. Hier hängt die Nützlichkeit einer Information davon ab, ob sie auf der Basis gleich bleibender Bilanzierungsmethoden ermittelt worden ist. Dies bedeutet aber nicht, dass prinzipiell ein Methodenwechsel ausgeschlossen ist. Wenn durch den Wechsel der Bilanzierungsmethode die wirtschaftliche Situation eines Unternehmens besser dargestellt werden kann, so ist dies unter Aufgabe des Prinzips der Stetigkeit möglich. In diesem Fall hat das Unternehmen eine Abwägung zu treffen, inwieweit der Vorteil der besseren Darstellung den Nachteil des Verlusts der Stetigkeit aufwiegt (CON 2.122). Die dementsprechende Veränderung ist in den Notes darzustellen (siehe Kapitel 1.4).

Wie bereits dargestellt, erfolgt eine Einteilung dieser vier Merkmale, die zugleich eine Wertigkeit beinhaltet. Relevanz und Verlässlichkeit sind die primären Merkmale. Sie sind unverzichtbar für die Beurteilung der erfor-

6) Vgl. Kap. 7: Form 10-K, Part II, Item 8

derlichen Informationen. Durch sie wird der Grundsatz der fair presentation erfüllt. Dieser besagt, dass ein auf der Basis von relevanten und verlässlichen Informationen erstellter Abschluss ein den tatsächlichen Verhältnissen entsprechendes Bild der Unternehmenslage vermitteln soll. Die eminente Bedeutung dieses Grundsatzes wird dadurch unterstrichen, dass er ein so genanntes overriding principle darstellt. Das bedeutet, dass bei einem Widerspruch zwischen den primären und den sekundären Merkmalen die sekundären anzupassen sind.

Angenommen, ein Unternehmen sei aufgrund eines neu entwickelten technischen Verfahrens in der Lage, die betriebsgewöhnliche Nutzungsdauer eines Teils seiner Maschinen erheblich präziser bestimmen zu können. Wenn dieses Verfahren verlässliche Ergebnisse liefert, wäre das in die Bilanz aufzunehmen und in den Notes zu erläutern, obwohl zu diesem Zeitpunkt weder Vergleichbarkeit noch Stetigkeit gegeben sind.

1.2.6 Hierarchie der Merkmale

Diese Rechnungslegungsmerkmale sind in einer Hierarchie zusammengefasst (CON 2.32):

	Hierarchie der Rechnungslegungsmerkmale	
Bilanznutzer	Entscheidungsträger	
grundlegende Einschränkung	Kosten-Nutzen-Relation	
nutzerspezifisches Merkmal	Verständlichkeit	
	Entscheidungserheblichkeit	
primäre entscheidungsspezifische Merkmale	Relevanz	Verlässlichkeit
Bestandteile	Vorhersagefähigkeit Überprüfbarkeit Zeitnähe	Verifizierbarkeit verlässliche Darstellung
sekundäre und interaktive Merkmale	Vergleichbarkeit Stetigkeit	Neutralität
Ansatzschwelle	Wesentlichkeit	

Abbildung 1.4: Hierarchie der Rechnungslegungsmerkmale

Ausgangspunkt der Überlegungen sind die Adressaten der Informationen, also die Bilanzleser als Entscheidungsträger. Diesen sind – als zentrales Merkmal – entscheidungserhebliche Informationen zur Verfügung zu stellen. Objektiv ist dabei als grundlegende Einschränkung die Kosten-Nutzen-Relation zu beachten, das heißt, nur eine Information, die dem Bilanzleser etwas nutzt, rechtfertigt die Kosten für ihre Ermittlung und Darstellung (CON 2.32).

Da sich ein Jahresabschluss grundsätzlich an jeden möglichen Interessenten wendet, unabhängig davon, ob er diesen beruflich oder privat nutzt, stellt sich die Frage der subjektiven Verständlichkeit der Informationen, inwieweit also auf den unterschiedlichen Wissens- und Kenntnisstand einzugehen ist (CON 2.36 ff).

Hierzu hat das FASB folgenden Vergleich gemacht: »Finanzinformationen sind ein Werkzeug, und wie die meisten Werkzeuge nützt es denen nur wenig, die unfähig oder unwillig sind, es überhaupt zu gebrauchen, oder die es falsch gebrauchen. Selbstverständlich kann die Anwendung gelernt werden, und die Finanzberichterstattung sollte die Informationen zur Verfügung stellen, die von allen – Privatpersonen und Experten – genutzt werden können, die bereit sind, eine regelgerechte Anwendung zu lernen« (CON 1.36, 2.40).

Nach Überprüfung der primären und sekundären Merkmale stellt sich dann abschließend vor der Verpflichtung zum Ansatz dieser Information in der Bilanz noch die Frage der Wesentlichkeit (materiality). Obwohl Relevanz und Wesentlichkeit sehr viel gemeinsam haben, lassen sich diese beiden Merkmale dennoch unterscheiden.

Die Entscheidung, eine bestimmte Information nicht offenzulegen, kann zum Beispiel darauf beruhen, dass entweder der Bilanzleser kein Interesse an dieser speziellen Information hat, sie also nicht relevant ist, oder dass der mit der Information verbundene Betrag so gering ist, dass er keinen Unterschied macht, also unwesentlich ist (CON 2.125). Mit anderen Worten: Relevanz bezieht sich auf die Information an sich, Wesentlichkeit auf ihren materiellen Wert.

Dies bedeutet aber im Umkehrschluss nicht etwa, dass (vermeintlich) unwesentliche Informationen weggelassen werden dürfen. Vielmehr wird durch das Merkmal der Wesentlichkeit nur festgelegt, ob eine Information einzeln im Jahresabschluss darzustellen ist oder ob eine Zusammenfassung erlaubt ist.

1.3 Rechnungslegungsgrundsätze

Obwohl die einzelnen Rechnungslegungsmerkmale in dem jeweiligen Rahmenkonzeptstandard nicht nur definiert, sondern auch erläutert worden sind, sind sie sehr allgemein gefasst. Aus diesem Grunde wurden Anwendungsleitlinien entwickelt, um diese Merkmale weiter zu konkretisieren. Allgemein lassen sie sich in die drei Kategorien Prämissen, Prinzipien und Einschränkungen einteilen.

Die Prämissen bilden dabei die Basis der buchhalterischen Erfassung. Die Prinzipien legen fest, wie wirtschaftliche Vorgänge zu erfassen sind. Die Einschränkungen erläutern, unter welchen Voraussetzungen von den Prinzipien abgewichen werden darf. [7]

1.3.1 Prämissen

Die vier Grundvoraussetzungen sind:

- Geldeinheit (monetary unit assumption)
- Wirtschaftseinheit (economic entity assumption)
- Zeiteinheit (time period assumption)
- Unternehmensfortführung (going concern assumption).

Die Voraussetzung Geldeinheit besagt, dass ausschließlich wirtschaftliche Vorgänge, die einen monetären Wert haben, sich also in Geld ausdrücken lassen können, erfasst werden dürfen. Unerheblich ist in diesem Zusammenhang, ob dieser Wert von vornherein feststeht oder ob er erst anhand anderer Indikatoren ermittelt werden muss, vorausgesetzt, er kann direkt zugeordnet werden. Eine Auswirkung dieser Voraussetzung ist zum Beispiel das grundsätzliche Verbot der Aktivierung selbst geschaffener immaterieller Vermögenswerte.

Ebenfalls unter diesem Gesichtspunkt ist die in letzter Zeit verstärkt geführte Diskussion um die Bilanzierungsfähigkeit der Erfahrung beziehungsweise des Know-hows von Mitarbeitern zu sehen. Unbestritten ist, dass der Wert eines Unternehmens nicht nur von seinen materiellen und immateriellen Vermögenswerten abhängt, sondern dass auch die Erfahrung und Ausbildung der Mitarbeiter einen wesentlichen Faktor ausmacht. Ob und inwieweit eine solche Wissensbewertung aber bilanziell darstellbar ist, ist sehr umstritten.

[7] Weygandt et al., *Accounting Principles*, S. 492

Derzeit existiert ein Vorschlag des Steering Committee des FASB, den Unternehmen auf freiwilliger Basis zu gestatten, zumindest im Anhang Angaben zu nicht bilanzierungsfähigen immateriellen Vermögenswerten, zu denen auch das Wissen der Mitarbeiter (human resources) gehört, machen zu können. [8]

Die Voraussetzung Wirtschaftseinheit geht davon aus, dass die Aktivitäten eines Unternehmens sowohl von denen seiner Anteilseigner als auch von denen anderer Unternehmen unterschieden werden können. Eine Verletzung dieser Prämisse liegt zum Beispiel dann vor, wenn Unternehmensvermögen für Privatzwecke genutzt wird.

Unter der Voraussetzung Zeiteinheit versteht man, dass das Wirtschaftsleben eines Unternehmens in künstliche Zeiteinheiten wie Monate, Quartale und Jahre unterteilt werden kann. Hiervon zu unterscheiden ist der so genannte operating cycle, welcher der Abgrenzung zwischen Anlage- und Vorratsvermögen dient und im Regelfall ein Jahr beträgt. Hierbei handelt es sich aber nicht um eine starre Obergrenze, sondern es sind branchentypische Änderungen möglich (ARB 43, ch. 3.5; vgl. Kapitel 4.3).

Die Voraussetzung Unternehmensfortführung beinhaltet, dass ein Unternehmen bis zur Erfüllung seiner Zwecke fortgeführt wird. Ist diese Voraussetzung nicht mehr gewährleistet, zum Beispiel weil die Geschäftsleitung beschlossen hat, einen Teilbereich des Unternehmens einzustellen, hat dies zur Folge, dass die diesem Geschäftsbereich zuzuordnenden Vermögenswerte in der Bilanz umzugruppieren und neu zu bewerten sind.

1.3.2 Prinzipien

Auf der Basis dieser Voraussetzungen für eine bilanzielle Erfassung sind dann Prinzipien entwickelt worden, wie wirtschaftliche Vorgänge zu erfassen und darzustellen sind.

Zu den Grundprinzipien zählen:

- Umsatzrealisationsprinzip (revenue recognition principle)
- Abstimmungsprinzip (matching principle)
- Offenlegungsprinzip (full disclosure principle)
- Kostenprinzip (cost principle)

Das Umsatzrealisationsprinzip besagt, dass Umsätze in der Periode anzusetzen sind, in der sie verdient wurden. Das Spiegelbild hierzu, das Auf-

[8] FASB Steering Committee Report 2001, *Improving Business Reporting*, S. 10f

wandsrealisationsprinzip (expense recognition principle), legt fest, dass Aufwendungen den Umsätzen in der Periode zuzuordnen sind, in der sie zur Umsatzgenerierung beigetragen haben. Aufwendungen werden also nicht erfasst, wenn Zahlungen vorgenommen oder Arbeiten durchgeführt worden sind, sondern dann, wenn die Arbeit oder das hierbei fertiggestellte Produkt zur Umsatzrealisierung geführt hat. Aufgrund der Anpassung der Aufwendungen an die Umsätze wird dieses Prinzip auch als Abstimmungsprinzip (matching principle) bezeichnet.

Dieses Prinzip versteht sich aus einem entsprechenden Kostenansatz. Kosten, die Umsätze ausschließlich in der laufenden Berichtsperiode generieren, werden sofort als Aufwand erfasst und als betrieblicher Aufwand (operating expenses) in der Gewinn-und-Verlust-Rechnung dargestellt. Man bezeichnet sie auch als verbrauchte Kosten (expired costs).

Kosten, die Umsätze erst in zukünftigen Berichtsperioden generieren, werden demgegenüber als Vermögenswerte aktiviert, wie zum Beispiel Vorräte, Vorauszahlungen oder Sachanlagevermögen. Diese Kosten bezeichnet man als nicht verbrauchte Kosten (unexpired costs). Nicht verbrauchte Kosten werden zu Aufwendungen entweder als Umsatzkosten zu dem Zeitpunkt, zu dem die Vorräte veräußert werden, oder zu betrieblichem Aufwand durch Verbrauch (zum Beispiel Lagerbestände) oder Zeitablauf (zum Beispiel Vorauszahlungen). [9]

Auch die gemeinsame Basis sowohl des Umsatz- als auch des Aufwandsrealisationsprinzips, das Prinzip der periodengerechten Darstellung (accrual-basis accounting), wird mit dieser Technik erfüllt. Es besagt, dass Transaktionen in der Periode zu erfassen sind, in der sie anfallen. Umsätze werden erfasst, wenn die zugrunde liegende Leistung erbracht worden ist, Aufwendungen werden erfasst, wenn sie zur Umsatzrealisierung beigetragen haben. In beiden Fällen wird nicht auf einen Zahlungseingang beziehungsweise -ausgang abgestellt, da diese Art der Erfassung mit den allgemein anerkannten Rechnungslegungsprinzipien unvereinbar ist. [10]

Das Offenlegungsprinzip fordert, dass alle Umstände und Ereignisse, die eine Auswirkung auf die Finanzberichterstattung gehabt haben, dem Bilanzleser darzustellen und zu erläutern sind. Somit ist das Offenlegungsprinzip eine Konkretisierung des Rechnungslegungsmerkmals der Vergleichbarkeit.

Das Kostenprinzip verlangt, dass Vermögenswerte zu ihren (Anschaffungs- beziehungsweise Herstellungs-)Kosten erfasst werden.

---

[9] Weygandt et al., *Accounting Principles*, S. 497
[10] Weygandt et al., *Accounting Principles*, S. 90

1.3.3 Einschränkungen

Einschränkungen ermöglichen es dem Unternehmen, Rechnungslegungsgrundsätze zu modifizieren, ohne zugleich die Nützlichkeit der dargestellten Information zu verringern. Die beiden möglichen Einschränkungen sind Wesentlichkeit und Vorsicht (conservatism).

Wie bereits im Kapitel 1.2.6 dargestellt, führt der Grundsatz der Wesentlichkeit dazu, dass ein Unternehmen entscheiden kann, ob eine Information einzeln im Jahresabschluss darzustellen ist oder ob eine Zusammenfassung erlaubt ist.

Die Einschränkung der Vorsicht bedeutet, dass im Zweifelsfall die Bilanzierungsmethode anzuwenden ist, die eine Überbewertung der Vermögenswerte oder des Periodengewinns ausschließt. Dies bedeutet andererseits nicht, dass Vermögenswerte oder der Periodengewinn zu niedrig angesetzt werden dürfen, da dieses dem Grundsatz der fair presentation widersprechen würde. Nur für den Fall, dass zwei mögliche Bilanzierungsmethoden zu ansonsten identischen Ergebnissen führen, ist nach dem Vorsichtsprinzip zu verfahren.

1.4 Änderungen und Korrekturen

Auch wenn ein Unternehmen bei der Erstellung seiner Jahresabschlüsse den Grundsatz der Stetigkeit beachtet, so können doch sowohl innere als auch äußere Umstände die Unternehmensleitung dazu veranlassen, die Art der Bilanzierung umzustellen. Zudem können auch bei sorgfältigster Arbeit und Prüfung Fehler auftreten, die erst in der Folgeperiode auffallen und die entsprechend zu korrigieren sind.

1.4.1 Bilanzänderung

Bei einer Bilanzänderung wird zwischen einer Methodenänderung und einer Änderung einer Schätzung unterschieden.

Eine Methodenänderung liegt zum einen bei einem *Wechsel* von einem allgemein anerkannten Rechnungslegungsgrundsatz zu einem anderen vor, weil entweder beide Grundsätze anwendbar sind oder weil ein Grundsatz unanwendbar geworden ist.

Das wohl bekannteste Beispiel hierfür ist der Wechsel in der Bilanzierung von immateriellen Vermögenswerten. Ursprünglich waren nach APB immaterielle Vermögenswerte mit ihren Anschaffungskosten anzusetzen und über eine Laufzeit von höchstens 40 Jahren abzuschreiben. Der seit dem 1.1.2002 anzuwendende FAS 142 schreibt nunmehr einen Ansatz zum fair value vor und macht die Abschreibung davon abhängig, ob der immaterielle Vermögenswert eine begrenzte oder unbegrenzte Nutzungsdauer hat.

Zum anderen wird auch als Methodenänderung angesehen, wenn ausschließlich die Methode der Anwendung eines Rechnungslegungsgrundsatzes gewechselt worden ist (FAS 154.2c). Ein typisches Beispiel für eine Methodenänderung ist der Wechsel von der FIFO-Methode zur LIFO-Methode bei der Vorratsbewertung. [11]

Im Fall einer Methodenänderung ist diese im Jahresabschluss grundsätzlich so darzustellen, als ob die neue Methode schon immer angewendet worden wäre (retrospektive Anwendung; FAS 154.2k).

Die rückwirkende Anwendung der neuen Bilanzierungsmethode führt dazu, dass einerseits die Buchwerte der betroffenen Vermögenswerte oder Verbindlichkeiten um den kumulierten Effekt der Änderung in der laufenden Berichtsperiode anzupassen sind und dass der sich eventuell ergebende Differenzbetrag ergebnisneutral gegenüber der Gewinnrücklage zu verbuchen ist. Andererseits sind die Bilanzen der veröffentlichten Vorperioden entsprechend anzupassen, um die periodenspezifischen Auswirkungen der Änderung der Bilanzierungsmethode darzustellen (FAS 154.7 a–c).

Die rückwirkende Anwendung umfasst ausschließlich die direkten Effekte der Änderung (FAS 154.10 S. 1). Hierunter versteht man die Veränderung der Buchwerte durch die Anwendung der neuen Methode sowie die damit verbundenen Effekte, wie zum Beispiel die Auswirkungen auf die latenten Steuern (FAS 154.2g). Indirekte Effekte sind demgegenüber Veränderungen des aktuellen und zukünftigen Cashflows aufgrund der Methodenänderung (FAS 154.2i). Diese werden nicht retrospektiv, sondern ergebniswirksam in der betroffenen aktuellen und den zukünftigen Perioden erfasst (FAS 154.10 S. 2/3).

Eine rückwirkende Anpassung kann unterbleiben, wenn es praktisch nicht möglich ist, sie durchzuführen. Eine solche praktische Unmöglichkeit liegt vor, wenn die nachfolgenden Voraussetzungen erfüllt sind:

a) das Unternehmen hat sich angemessen bemüht, die Anforderungen zu erfüllen;

---

11) Weitere Beispiele in: AICPA, *Accounting Trends & Techniques 2006*, S. 56 ff

b) die rückwirkende Anwendung erfordert Annahmen über die Absicht des Managements bezüglich einer vorhergehenden Periode, die nicht von unabhängiger Seite nachgewiesen werden können;

c) die rückwirkende Anwendung erfordert wesentliche Schätzungen von Beträgen, und es ist unmöglich, objektiv festzustellen, ob diese Schätzungen zum Zeitpunkt der ursprünglichen Aufstellung des Vorjahresabschlusses vorgelegen hätten (FAS 154.11).

Im Anhang sind die Gründe für die Änderung darzulegen inklusive einer Erläuterung, warum die neue Methode vorzuziehen ist. Darüber hinaus ist die Art der Änderung mit ihren Auswirkungen auf den Jahresabschluss im Einzelnen darzustellen (FAS 154.17).

Eine Änderung einer Schätzung ist eine Anpassung des Buchwertes oder die Veränderung der zukünftigen Bilanzierung von Vermögenswerten oder Verbindlichkeiten. Die Änderung basiert dabei auf neuen Informationen. Typische Beispiele hierfür sind die Uneinbringlichkeit von Forderungen, längere oder kürzere Nutzungsdauer und andere Restwerte (FAS 154.2d).

Aufgrund der Tatsache, dass eine Schätzungsänderung nur die laufende und eventuell zukünftige Berichtsperiode betrifft, ist eine retrospektive Anpassung nicht erforderlich. Vielmehr werden die Veränderungen ergebniswirksam in der betroffenen aktuellen und den zukünftigen Perioden erfasst (FAS 154.19).

1.4.2 Fehlerkorrektur

Unter einem Fehler versteht man einen Fehler im Ansatz, der Bewertung, der Darstellung oder der Offenlegung in einem Abschluss aufgrund von Rechtsfehlern, der fehlerhaften Anwendung eines Rechnungslegungsgrundsatzes oder dem Übersehen oder falschen Anwenden von Daten, die zum Zeitpunkt der Abschlusserstellung vorgelegen haben (FAS 154.2h).

Jeder Fehler in einem Vorjahresabschluss ist als eine Vorjahresanpassung der laufenden Periode zu erfassen. Diese Vorjahresanpassung erfolgt im Wege der Neuerstellung (restatement) des Vorjahresabschlusses. Die Neuerstellung erfordert, dass

a) die Buchwerte der betroffenen Vermögenswerte oder Verbindlichkeiten um den kumulierten Effekt des Fehlers in der laufenden Berichtsperiode anzupassen sind;

b) der sich eventuell ergebende Differenzbetrag ergebnisneutral gegenüber der Gewinnrücklage zu verbuchen ist;
c) die Bilanzen der veröffentlichten Vorperioden entsprechend anzupassen sind, um die periodenspezifischen Auswirkungen des Fehlers darzustellen (FAS 154.25).

Im Anhang hat das Unternehmen anzugeben, dass seine Vorjahresabschlüsse neu erstellt worden sind. Die Art des Fehlers muss dabei erläutert werden. Weiterhin hat das Unternehmen die Auswirkungen der Korrektur für jede Abschlussposition sowie den kumulierten Effekt der Veränderung der Gewinnrücklage darzustellen (FAS 154.26). [12]

---

12) Beispiel in: AICPA, *Accounting Trends & Techniques* 2006, S. 64

Kapitel 2
Gewinn-und-Verlust-Rechnung

Die Gewinn-und-Verlust-Rechnung (GuV) hat in der amerikanischen Rechnungslegung eine größere Bedeutung als bei uns. Aufgrund der Tatsache, dass die GuV durch die Darstellung der Erträge und Aufwendungen die Entwicklung des Unternehmens in der jeweiligen Berichtsperiode widerspiegelt, wird damit dem Grundgedanken der amerikanischen Rechnungslegung, der Informationsvermittlung, in besonderer Weise Rechnung getragen. Mit Hilfe der GuV lassen sich zukünftige Zahlungsströme – insbesondere unter zusätzlicher Zuhilfenahme der Kapitalflussrechnung – besser abschätzen als mit Hilfe der Bilanz, welche den Stand des Vermögens ausschließlich zu einem bestimmten Stichtag darstellt.

Außerdem können unterschiedliche Gewinngrößen in der Bilanz und der GuV auftreten. Ohne den Details in Kapitel 3 zu weit vorzugreifen, sei bereits jetzt darauf hingewiesen, dass die amerikanische Rechnungslegung ergebnisneutrale Buchungen gegenüber dem Eigenkapital kennt, zum Beispiel die Verbuchung nicht realisierter Gewinne oder Verluste aus langfristig gehaltenen Wertpapieren. Untechnisch gesprochen, werden diese Gewinne oder Verluste ohne Auswirkung auf die GuV im Eigenkapital »geparkt«. Erst bei einer Veräußerung dieser Wertpapiere erfolgt eine erfolgswirksame Auflösung.

Im Rahmen der Analyse eines Jahresabschlusses führt dieser Unterschied konsequenterweise dazu, dass der eigenständigen Beurteilung der GuV ein höherer Stellenwert beigemessen wird, da das Eigenkapital auch potenzielle zukünftige Gewinne oder Verluste beinhaltet. Wenn man sich jetzt noch einmal in Erinnerung ruft, dass es dem amerikanischen Bilanzleser primär um die Beantwortung der Frage geht, inwieweit zukünftig Geschäfte mit dem bilanzierenden Unternehmen, und sei es in Form der Investitionen in dessen Aktien, getätigt werden können, ist es nachvollziehbar, warum üblicherweise bei der Anordnung der Finanzdaten die GuV an erster Stelle steht. Aus diesem Grunde wird sie auch hier an den Anfang der Erläuterungen über die Bestandteile eines Jahresabschlusses nach US-GAAP gestellt.

2.1 Aufbau

Die Anforderungen an den Aufbau einer GuV sind nur in geringem Umfang formalisiert; ein dem HGB entsprechendes, detailliert vorgegebenes Gliederungsschema ist den US-GAAP fremd. Für börsennotierte Unternehmen hat die SEC zwar Mindestgliederungsvorschriften vorgegeben, hierbei aber zugleich festgestellt, dass die einzelnen Unterpunkte nur bei deren Anwendbarkeit (if applicable) aufzuführen sind (Reg. S-X, §210.5-03):[1]

1. Umsatzerlöse
2. Kosten der umgesetzten Leistung (Umsatzkosten)
3. Sonstige betriebsbedingte Aufwendungen
4. Vertriebs- und allgemeine Verwaltungskosten
5. Aufwand für zweifelhafte Forderungen
6. Sonstige Gemeinkosten
7. Sonstige nichtbetriebliche Erträge
8. Zinserträge und -aufwendungen
9. Sonstige nichtbetriebliche Aufwendungen
10. Ergebnis vor Steuern und anderen abzugrenzenden Positionen
11. Ertragsteuern
12. Anteil der Minderheitsgesellschafter am Ergebnis
13. Anteil nicht konsolidierter Tochterunternehmen am Ergebnis
14. Ergebnis der gewöhnlichen Geschäftstätigkeit
15. Ergebnis aus der Aufgabe von Geschäftsbereichen
16. Ergebnis vor außerordentlichen Einflüssen und Auswirkungen durch den Wechsel der Bewertungsmethoden
17. Außerordentliches Ergebnis abzüglich der gesondert auszuweisenden Ertragsteuern
18. Gesamtauswirkung durch den Wechsel der Bewertungsmethoden
19. Ergebnis der Periode
20. Ergebnis je Aktie

Häufig wird nach Abzug der Herstellungskosten von den Umsatzerlösen als zusätzliche Zwischengröße nach Punkt 2 ein Bruttoergebnis vom Umsatz (gross profit) ausgewiesen. Eine weitere zusätzliche Ergebnisgröße ist das Ergebnis des betrieblichen Bereichs (income [loss] from operations), welches viele Unternehmen nach Punkt 6 einfügen, um somit die betriebliche von der betriebsfremden Tätigkeit zu trennen.

[1] Auszüge sind im Original im Anhang des Buches abgedruckt

Die Einfügung dieser Zwischenergebnisse ist zulässig, da sie sich direkt aus der Addition beziehungsweise Subtraktion der vorherigen Positionen ergeben. Anders verhält es sich bei den so genannten non-US-GAAP financial measures. Hierunter versteht man Maß- oder Verhältniszahlen, die sich auf die vergangene oder zukünftige Vermögens-, Finanz- oder Ertragslage beziehen, denen zwar US-GAAP-Posten zugrunde liegen, aus denen aber bestimmte Beträge herausgerechnet oder hinzugefügt wurden (Reg. G, Rule 101 a).[2] Die wohl bekanntesten Beispiele hierfür sind EBITDA (earnings before interest, tax and amortization) und EBIT (earnings before interest and tax). Diese Ertragskennzahlen müssen entweder auf das Ergebnis der Periode (net income, Pos. 19) oder auf die Zwischengröße Ergebnis des betrieblichen Bereichs (income [loss] from operations) übergeleitet werden (Reg. G, Rule 100 a 2). Überleitung bedeutet, dass in den Notes ausgehend von den beiden möglichen GuV-Positionen die Berechnung dieser Kennzahlen gesondert zu erläutern ist.

Um den allgemeinen Grundsatz der internen Vergleichbarkeit zu erfüllen, sind neben den Zahlen der laufenden Berichtsperiode auch die Daten der beiden letzten Vorjahre abzubilden (Reg. S-X, § 210.3-02 [a]).[3]

2.2 Grundsätze des Umsatzkostenverfahrens

Wie aus Punkt 2 der obigen Gliederungsvorschriften ersichtlich, erfolgt die Ergebnisermittlungsrechnung auf der Grundlage des Umsatzkostenverfahrens, welches die einzig zulässige Methode ist. Ein Wahlrecht wie nach HGB mit dem Gesamtkostenverfahren besteht nicht.

Während das Gesamtkostenverfahren alle der Produktion des Unternehmens zurechenbaren Aufwendungen erfasst und den Umsatzerlösen gegenüberstellt, werden im Umsatzkostenverfahren nur diejenigen Aufwendungen erfasst, die durch den Umsatzprozess verursacht worden sind. Herstellungskosten für produzierte, aber in der Periode nicht verkaufte Produkte sowie für Eigenleistungen stellen damit keinen Periodenaufwand dar, sondern sind zu aktivieren.

Dies hat zur Folge, dass das Umsatzkostenverfahren bei Bestandserhöhungen in Höhe des Lageraufbaus einen geringeren Aufwand zeigt. Bei Bestandsverminderungen ist demgegenüber der Aufwand für die abgesetzten

---

[2] Originaltext steht im Internet unter http://www.sec.gov/about/forms/regg.pdf zur Verfügung
[3] Auszüge sind im Original in Kapitel 7 des Buches abgedruckt

Produkte der Periode durch den Lagerabbau höher als der tatsächliche Produktionsaufwand der Periode.

Allgemein ergibt sich für das Umsatzkostenverfahren folgende »Grundrechenregel«:

    Ertrag   (Umsatzerlöse der Periode)
− **Aufwand** (Umsatzaufwand:
                = Produktionsaufwendungen der Periode
                − Bestandserhöhungen fertiger/unfertiger Erzeugnisse
                − Aufwand für andere aktivierte Eigenleistungen
                + Bestandsminderungen fertiger/unfertiger Erzeugnisse)
= **Erfolg**

Abbildung 2.1:   Grundprinzip des Umsatzkostenverfahrens

Die Anwendung des in Deutschland gebräuchlicheren Gesamtkostenverfahrens ist nach US-GAAP aus zwei Gründen nicht möglich: Zum einen werden im Gesamtkostenverfahren Bestandserhöhungen oder -verminderungen nicht mit dem Aufwand, sondern mit den Umsatzerlösen verrechnet. Diese Form der Erlösverrechnung ist aber nach den Vorschriften über die Umsatzrealisierung ausdrücklich untersagt. Zum anderen kann nur mit Hilfe des Umsatzkostenverfahrens ein weiterer allgemeiner Grundsatz der amerikanischen Rechnungslegung, das so genannte matching principle, eingehalten werden, nach dem ein Aufwand erst dann ausgewiesen werden darf, wenn ihm ein entsprechender Erlös gegenübersteht (ARB chap. 4 stat. 2).[4]

Sollte somit das bilanzierende Unternehmen seine GuV nach dem Gesamtkostenverfahren erstellen, ist bei einer Überleitung oder einem Reporting nach US-GAAP eine Umstellung der Kontenzuordnung zwingend erforderlich. Dies erfolgt üblicherweise im Rahmen der Kostenartenrechnung, in der alle angefallenen Kosten erfasst und gegliedert werden. Die Gliederungssystematik richtet sich dabei nach dem jeweiligen Verfahren: Im Gesamtkostenverfahren erfolgt die Gliederung nach der Art der Aufwendungen oder der verbrauchten Produktionsfaktoren (zum Beispiel Personalkosten, Materialkosten, Raumkosten); im Umsatzkostenverfahren wird nach der betrieblichen Funktion der Aufwendungen gegliedert (zum Beispiel Beschaffungskosten, Fertigungskosten, Vertriebskosten). Das Verfahren der Umgruppierung erfolgt dabei häufig anhand des so genannten Account

---

[4] Vgl. Kapitel 1.3.2

Mappings, also der Gegenüberstellung der Konten der beiden Verfahren und deren wechselseitiger Zuordnung.

2.3 Umsatzerlöse und deren Realisierung

Erlöse sind nach der Grundlagendefinition des CON 6.79 gegenwärtige oder erwartete Zahlungseingänge aufgrund der gewöhnlichen, hauptsächlichen Geschäftstätigkeit eines Unternehmens.

Entsprechend dem Gliederungsschema der Regulation S-X sind unter dem Oberbegriff der revenues getrennt voneinander zum einen die Umsatzerlöse, abzüglich Rabatte, Nachlässe und Rückzahlungen (net sales), zum anderen die sonstigen Erlöse, zum Beispiel aus Vermietung und Verpachtung oder der Erbringung von Dienstleistungen, auszuweisen (Reg. S-X, § 210.5-03.1).

Wenn ein Skontoabzug eingeräumt worden ist, muss das bilanzierende Unternehmen die Wahrscheinlichkeit abschätzen, mit der der Vertragspartner von dieser Abzugsmöglichkeit Gebrauch macht, und eine entsprechende Reduzierung der Umsatzerlöse vornehmen.[5]

2.3.1 Grundsatz der Umsatzrealisierung

Der Zeitpunkt der Realisierung eines Umsatzes – und die damit verbundene buchhalterische Erfassung der jeweiligen Transaktion (revenue recognition) – ist grundlegend im CON 5.83 geregelt. Danach ist Voraussetzung für eine Erfassung, dass der Umsatz zum einen realisiert oder realisierbar und zum anderen verdient ist.

Umsätze sind realisiert, wenn Produkte (Güter oder Dienstleistungen), Handelsware oder andere Vermögenswerte gegen Geld oder eine Forderung getauscht worden sind (CON 5.83a Satz 2). Demgegenüber sind Umsätze realisierbar, wenn erhaltene nichtmonetäre Ressourcen oder Rechte in Geld oder in eine Forderung umgewandelt werden können (CON 5.83a Satz 3).

Umsätze sind verdient, wenn das Unternehmen seine Vertragsverpflichtungen im Wesentlichen so erfüllt hat, dass es einen Anspruch auf die Gegenleistung hat (CON 5.83b).

Im Regelfall sind diese beiden Grundvoraussetzungen zu dem Zeitpunkt erfüllt, zu dem entweder das Produkt oder die Handelsware ausgeliefert oder die Dienstleistung für den Kunden erbracht worden ist (CON 5.84a).

[5] Stickney/Weil, *Financial Accounting*, S. 100

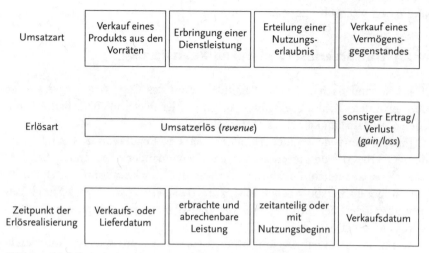

Abbildung 2.2: Typische Umsatzarten und Zeitpunkt der Erlösrealisierung

2.3.2 Konkretisierung der Voraussetzungen durch die SEC

Nachdem die SEC im Rahmen ihrer Überprüfungen der eingereichten Jahresabschlüsse immer wieder feststellen musste, dass von den Unternehmen Umsätze nicht periodengerecht dargestellt worden waren, sondern entweder zu früh oder zu spät ausgewiesen wurden, nahm sie diese Entwicklung zum Anlass, in einem ausführlichen Staff Accounting Bulletin (SAB) zu immer wiederkehrenden Fragen zur korrekten Erfassung von Umsätzen (revenue recognition) Stellung zu nehmen.

Das ursprüngliche SAB 101 vom 3.12.1999 wurde aufgrund der dann aufgetretenen Einzelfragen, die zunächst in den SAB 101 A und 101 B beantwortet worden waren, noch einmal vollständig überarbeitet und am 17.12.2003 als neues SAB 104 rev. veröffentlicht.[6]

Das Bulletin ist nach dem Frage-und-Antwort-Prinzip aufgebaut: es werden konkrete Sachverhalte in Frageform geschildert, die dann unter Darlegung der bilanziellen Anforderungen beantwortet werden.

Nach Ansicht der SEC sind die Kriterien »realisiert« beziehungsweise »realisierbar« und »verdient« dann erfüllt, wenn folgende vier Voraussetzungen gegeben sind (SAB 104, A1):

---

[6] Der Originaltext steht im Internet unter http://www.sec.gov/interps/account/sab104rev.pdf als Download zur Verfügung

- eindeutiger Nachweis einer wirksamen Vereinbarung
  (persuative evidence of an arrangement)
- erfolgte Lieferung/erbrachte Leistung
  (delivery and performance)
- feststehender oder bestimmbarer Verkaufspreis
  (fixed or determinable sales price)
- hinreichende Sicherheit der Zahlung
  (reasonably assured collectibility)

Wann ein eindeutiger Nachweis für eine wirksame Vereinbarung vorliegt, hängt von der jeweiligen Geschäftspraxis des Unternehmens ab. Wenn es zum Beispiel in einem Unternehmen üblich ist, dass bei Bestellungen ab einer bestimmten Höhe diese schriftlich und von der dazu autorisierten Person unterschrieben vorliegen müssen, ist konsequenterweise eine mündliche Bestellung nicht ausreichend, mit der Folge, dass trotz bereits erfolgter Lieferung der Ware ein entsprechender Umsatzerlös noch nicht erfasst werden darf, auch wenn üblicherweise die schriftliche Bestätigung binnen kurzer Zeit nachfolgt (SAB 104, A2 Question 1).

Auch ein Eigentumsübergang auf den Käufer führt nicht zwangsläufig dazu, dass der mit der Transaktion verbundene Umsatzerlös bereits erfasst werden kann. In den nachfolgenden Fällen geht die SEC davon aus, dass trotz erfolgter Lieferung und Eigentumsübergang eine Umsatzerfassung unzulässig ist (SAB 104, A2 Question 2):

- Rückgaberecht des Käufers sowie Erfüllung einer der nachfolgenden Varianten:
  - kein fest vereinbarter Zahlungstermin
  - Zahlung erst nach Weiterverkauf oder Nutzung der Ware
  - keine Zahlungsverpflichtung bei Diebstahl oder Zerstörung der Ware
  - keine eigene wirtschaftliche Nutzung des Käufers aus einem Wiederverkauf
  - wesentliche weitere Verpflichtungen des Verkäufers zur Unterstützung des Käufers beim Wiederverkauf
- Rückkaufverpflichtung des Verkäufers zu einem festgelegten Preis
- Garantie eines Mindestwiederverkaufswertes
- Lieferung ausschließlich zu Demonstrationszwecken

Demgegenüber ist ein vertraglich vereinbarter (verlängerter) Eigentumsvorbehalt unschädlich für die Erfassung des Umsatzerlöses, vorausgesetzt, die übrigen Voraussetzungen sind erfüllt (SAB 104, A2 Question 3).

Weitere Voraussetzung für die Erfassung eines Umsatzerlöses ist, dass die Lieferung der Ware erfolgt ist. Dies bedeutet, dass sowohl das rechtliche Eigentum als auch die wirtschaftlichen Risiken (zum Beispiel des Verlustes oder Diebstahls der Ware) auf den Käufer übergegangen sind. Zu welchem Zeitpunkt dies erfolgt, hängt von der jeweiligen vertraglichen Vereinbarung ab, etwa von den dem Vertrag zugrunde liegenden Lieferbedingungen (zum Beispiel incoterms, SAB 104, A3 a).

Wenn also ein Unternehmen mit seinem Kunden vereinbart, diesem die Ware an einen vereinbarten Standort zu liefern, darf der Umsatzerlös aus dieser Transaktion erst mit Erreichen des Zielortes ausgewiesen werden. Für die Zwischenzeit sind die Waren aus der Bilanzposition Vorräte in die Bilanzposition Goods in Transit umzubuchen.

Für den Fall, dass der Käufer zwar einerseits bereits Ware bestellt, aber andererseits die Auslieferung der Ware zum Beispiel aufgrund eingeschränkter Lagerkapazitäten verschiebt (so genanntes bill-and-hold agreement), kann ein Umsatzerlös trotz noch ausstehender Lieferung unter folgenden Voraussetzungen ausgewiesen werden (SAB 104, A3 a):

- Gefahrübergang auf den Käufer
- konkrete Kaufverpflichtung
- Forderung des Käufers nach bill-and-hold
- festgelegter Zeitpunkt der Lieferung
- keine weitergehenden Vertragsverpflichtungen des Verkäufers
- Absonderung der bestellten Ware
- Versandfertigkeit der bestellten Ware

Ob die Annahme der Ware durch den Kunden zur vollständigen Vertragserfüllung gehört, hängt wiederum von der zwischen den Parteien getroffenen Vereinbarung ab.

Nach Ansicht der SEC ist eine Annahme nicht generell zwingend erforderlich, um das Kriterium »verdient« zu erfüllen. Vielmehr ist zu unterscheiden, in welchem Zusammenhang die Annahme mit den übrigen vertraglichen Vereinbarungen steht. Hierbei geht man von vier Fallkonstellationen aus:

a) Hat ein Kunde eine Ware zur Ansicht erhalten und ist er zur Zahlung des Kaufpreises erst nach Ablauf einer Prüfungsfrist verpflichtet, so ist die Annahme wesentlicher Vertragsbestandteil, mit der Folge, dass der Verkäufer seinen Umsatzerlös erst nach Ablauf der Prüfungsfrist erfassen darf.

b) Wurde dem Kunden bei Erhalt der Ware das Recht eingeräumt, diese bei Nichtgefallen innerhalb einer Frist wieder zurückzugeben, so darf der Verkäufer den Umsatzerlös nur dann direkt erfassen, wenn er in der Lage ist, nachzuweisen, wie hoch der Anteil möglicher Rückgaben sein wird. In diesem Umfang ist eine entsprechende Rückstellung zu bilden. Ist ein derartiger Nachweis nicht möglich, erfolgt die Umsatzrealisierung erst nach Ablauf der eingeräumten Rückgabefrist.

c) Ähnlich ist vorzugehen, wenn der Verkäufer allgemein die Garantie für das Bestehen bestimmter Eigenschaften seiner Ware übernommen hat. Soweit er in der Lage ist, nachzuweisen, dass die Ware die garantierten Eigenschaften auch besitzt, kann der Umsatzerlös der jeweiligen Transaktion dargestellt werden. Soweit hinreichend verlässliche Schätzungen über den Umfang eventueller Garantieleistungen bestehen, ist eine entsprechende Rückstellung zu bilden.

d) Anders verhält es sich, wenn der Verkäufer gegenüber einem einzelnen Kunden zugesichert hat, dass die von ihm gelieferte Ware den speziellen Kundenansprüchen genügt. In diesem Fall ist in der Regel auf Annahme des Kunden abzustellen, um eine Umsatzrealisierung herbeizuführen, auch wenn in Ausnahmefällen davon abgewichen werden kann (SAB 104, A 3b Question 1).

Wenn der Kunde demgegenüber ein maßgefertigtes Produkt erhält und im Vertrag vereinbart ist, dass der Kunde zur Zahlung des Kaufpreises nur dann verpflichtet ist, wenn das Produkt seinen Anforderungen entspricht, hat der Verkäufer auf jeden Fall den Nachweis der Abnahme durch den Kunden zu führen, bevor er den entsprechenden Umsatzerlös ausweisen kann (SAB 104, A3b Question 5).

Darüber hinaus beschäftigt sich SAB 104 unter anderem auch mit der Darstellung zukünftiger Raten aus einem Leasingverhältnis, deren Eingang der Leasinggeber als sicher unterstellt.

Ein Leasinggeber hat neben einer Grundmiete einen Zuschlag für den Fall vereinbart, dass der Leasingnehmer durch die Nutzung des gemieteten Gegenstandes eine bestimmte Umsatzschwelle überschreiten wird. Auch wenn der Leasinggeber aufgrund bisheriger Erfahrung mit hoher Wahrscheinlichkeit davon ausgehen kann, dass der Zuschlag fällig werden wird, darf dieser Erlös erst dann dargestellt werden, wenn die Umsatzschwelle tatsächlich überschritten ist (SAB 104, A4 c).

Im Abschnitt B des SAB 104 werden die Offenlegungspflichten auf der Grundlage der Anforderungen der Reg. S-X, §210.5-03.1 konkretisiert. So ist für jede Transaktionsart die Basis für die Ermittlung des Zeitpunkts der Umsatzrealisierung gesondert darzustellen, so diese voneinander abweichen. Weiterhin sind alle Veränderungen, zum Beispiel durch geänderte Lieferbedingungen, aufzuführen (SAB 104, B Question 1).

2.3.3 Teilerlösrealisierung

Die wohl wichtigste Ausnahme von dem Grundprinzip, dass ein Umsatz erst dann als realisiert betrachtet werden darf, wenn ein Unternehmen seine eigenen Vertragsverpflichtungen im Wesentlichen erfüllt hat, besteht für den Fall, dass eine Ware oder eine Dienstleistung bereits vor ihrer Herstellung oder Erbringung verbindlich bestellt worden ist und die Erfüllung der Vertragsverpflichtung einen längeren Zeitraum in Anspruch nehmen wird. Unter diesen Gegebenheiten ist eine Teilerlösrealisierung entsprechend dem Grad der Fertigstellung (percentage of completion, PoC) vorzunehmen (CON 5.84c).[7]

Zur Klarstellung sei noch einmal deutlich darauf hingewiesen, dass es sich hierbei nicht um ein Wahlrecht des bilanzierenden Unternehmens handelt. Vielmehr ist dieses bei Vorliegen der nachfolgenden Voraussetzungen verpflichtet, die PoC-Methode anzuwenden und damit eine Teilerlösrealisierung auszuweisen.

Die Voraussetzungen für die Anwendung der PoC-Methode sind (SOP 81-1.23):

- klare vertragliche Regelungen über die zu liefernden Produkte oder die zu erbringenden Leistungen, das zu zahlende Entgelt und die Art und Weise der Vertragserfüllung
- hinreichende Wahrscheinlichkeit der Erfüllung der vertraglichen Verpflichtungen beider Vertragsparteien

Weitere Voraussetzung für die Anwendung ist, dass die anfallenden Gesamtkosten verlässlich geschätzt werden können. Sollte eine derartige Schätzung nicht möglich sein, ist nach dem Grundprinzip zu verfahren und der Umsatzerlös erst dann auszuweisen, wenn der Vertrag im Wesentlichen erfüllt ist (complete contract method, ARB 45.15). Mithin entspricht diese Ausnahmeregelung der üblichen Vorgehensweise nach HGB.

[7] Beispiele: AICPA, *Accounting Trends & Techniques* 2006, S. 381ff

Für die Ermittlung des Fertigstellungsgrades können grundsätzlich entweder so genannte inputorientierte Verfahren oder so genannte outputorientierte Verfahren angewandt werden.

Die inputorientierten Verfahren stellen auf den Einsatz ab, den der Auftragnehmer zur Erfüllung seiner vertraglichen Verpflichtung bereits geleistet hat, das heißt, der Einsatz einer Periode wird in Relation zum Gesamteinsatz gesehen. Das bekannteste inputorientierte Verfahren ist die Cost-to-Cost-Methode, bei der die Kosten einer Periode in Relation zu den Gesamtkosten gestellt werden, um anhand des so ermittelten Prozentsatzes den entsprechenden Gewinnanteil zu berechnen (SOP 81-1.46 Satz 2 f).

Demgegenüber orientieren sich outputorientierte Verfahren nicht nach dem geleisteten Einsatz, sondern nach der erbrachten Leistung und stellen diese im Verhältnis zur zu erbringenden Gesamtleistung dar. Ein outputorientiertes Verfahren ist die Milestones-Methode, die sich an vertraglich festgelegten Zwischenstufen (milestones) auf dem Wege zum Endprodukt orientiert. Diese Methode wird in der Praxis häufig bei Dienstleistungsaufträgen – zum Beispiel Erstellung einer unternehmensspezifischen Software – eingesetzt. Ein weiteres outputorientiertes Verfahren ist der Vergleich von (physischen) Teilleistungen mit der Gesamtleistung (SOP 81-1.46 Satz 4 f).

Entsprechend dem gewählten Verfahren erfolgt die Berechnung:

- Beim inputorientierten Verfahren werden die tatsächlich angefallenen Auftragskosten als Aufwand gezeigt und die Umsatzerlöse in prozentualer gleicher Höhe berücksichtigt, so dass sich als Differenz ein entsprechender Gewinnanteil ergibt (SOP 81-1.80).
- Beim outputorientierten Verfahren werden zwar auch die tatsächlich angefallenen Auftragskosten als Aufwand gezeigt, dann aber der Gewinnanteil prozentual ermittelt, so dass sich als Summe der anteilige Umsatzerlös ergibt (SOP 81-1.81).

Beispiel:
Ein Unternehmen hat im Jahre 01 einen Auftrag zur Erstellung eines Softwaresystems erhalten, der sich voraussichtlich über drei Jahre erstrecken wird. Für das Jahr 01 sind folgende Zahlen (in 1 000 US-Dollar) ermittelt worden:

- geschätzter Gesamterlös   28,0
- geschätzte Gesamtauftragskosten   25,0
- geschätzter Bruttogewinn   3,0
- angefallene Auftragskosten des Jahres 01   10,0

- beim Vergleich des für das Jahr 01 festgelegten Leistungsfortschritts mit dem Gesamtergebnis sind 50 Prozent der Gesamtleistung erbracht

Während der Fertigstellungsgrad für das outputorientierte Verfahren gesondert festgestellt werden muss (im obigen Beispiel mit 50 Prozent festgelegt), wird der Fertigstellungsgrad für das inputorientierte Verfahren rein rechnerisch ermittelt:

$$\frac{\text{angefallene Auftragskosten}}{\text{geschätze Gesamtauftragskosten}} = \frac{10}{25} = 0{,}4 = 40\%$$

Hieraus ergibt sich folgende Berechnung für das Jahr 01:

- Abrechnung nach Cost-to-Cost-Methode:
  anteiliger Umsatzerlös (40 Prozent von 28,0)   11,2
  ./. angefallene Auftragskosten   ./. 10,0
  = anteiliger Bruttogewinn   =   1,2
- Abrechnung nach der Milestones-Methode:
  anteiliger Bruttogewinn (50 Prozent von 3,0)   1,5
  + angefallene Auftragskosten   + 10,0
  = anteiliger Umsatzerlös   = 11,5

Bei der Kalkulation des Fertigstellungsgrades der Folgeperioden ist zu berücksichtigen, dass hierbei jeweils die insgesamt angefallenen Auftragskosten den geschätzten Gesamtauftragskosten gegenübergestellt werden, da sich der Fertigstellungsgrad auf das Gesamtergebnis bezieht und somit konsequenterweise von Periode zu Periode steigt. Dies hat zur Folge, dass die Ergebnisse der Vorperiode(n) in den Folgeperioden entsprechend zu berücksichtigen sind, um den Bruttogewinn der jeweiligen Berichtsperiode zu ermitteln.

Beispiel:

Ein Unternehmen erhält den Auftrag, eine Spezialmaschine zum Preise von 12 Millionen Dollar zu liefern. Die Bauzeit wird drei Jahre betragen; die geschätzten Kosten belaufen sich auf insgesamt 8 Millionen Dollar, die sich wie folgt auf die drei Jahre verteilen: 1,6 Millionen Dollar im Jahr 01, 4 Millionen Dollar im Jahr 02 und 2,4 Millionen Dollar im Jahr 03.

Es ergibt sich somit folgende Berechnung:

Tabelle 2.1: Kalkulation des Bruttogewinns je Periode

	Jahr 01		Jahr 02		Jahr 03	
bisher angefallene Kosten	1600,00		5600,00		8000,00	
geschätzte Gesamtkosten		8000,00		8000,00		8000,00
Fertigstellungsgrad		0,20		0,70		1,00
	Stand 31.12.		Vorjahr		lfd. Jahr	
Jahr 01						
realisierter Erlös						
(20% v. 12000)	2400,00				2400,00	
Aufwand	1600,00				1600,00	
Bruttogewinn		800,00				**800,00**
Jahr 02						
realisierter Erlös						
(70% v. 12000)	8400,00		2400,00		6000,00	
Aufwand	5600,00		1600,00		4000,00	
Bruttogewinn		2800,00		800,00		**2000,00**
Jahr 03						
realisierter Erlös	12000,00		8400,00		3600,00	
Aufwand	8000,00		5600,00		2400,00	
Bruttogewinn		4000,00		2800,00		**1200,00**

(Angaben in 1000 Dollar)

2.3.4 Erlösrealisierung mit Zahlungseingang

Solange die Zahlungen des Auftraggebers hinreichend wahrscheinlich sind, ist wie gesagt eine Teilerlösrealisierung entsprechend der PoC-Methode vorzunehmen. Wenn der Auftragnehmer aber nicht mehr verlässlich abschätzen kann, wann und in welchem Umfang er Zahlungen erhalten wird, kann eine Erlösrealisierung mit Zahlungseingang vorgenommen werden.[8]

Die Zulässigkeit dieser Vorgehensweise ist eine ausdrückliche Ausnahme von dem allgemeinen Verbot der Erfassung von Umsatzerlösen bei Zahlungseingang. Aus diesem Grund muss das Unternehmen auch dokumentieren und nachweisen, aus welchen Gründen es nicht in der Lage ist, den Zahlungseingang verlässlich zu schätzen (ARB 43, Chap. 1A, 1).

---

[8] Schroeder et al., *Financial Accounting*, S. 73

In einem solchen Fall stehen dem Unternehmen zwei Methoden zur Verfügung:

- installment method
- cost recovery method

Bei der installment method werden Umsatzerlöse in dem Umfang erfasst, in dem Zahlungen eingehen. Der Aufwand wird im gleichen prozentualen Umfang erfasst, wie die eingegangene Zahlung zum Gesamterlös steht.[9] Während also bei der Teilerlösrealisierung bei Anwendung der Cost-to-Cost-Methode das prozentuale Verhältnis der angefallenen Kosten zu den Gesamtkosten auf den Erlös übertragen wird, wird bei der installment method das prozentuale Verhältnis des Teilerlöses zum Gesamterlös auf den Aufwand übertragen.

Beispiel:
Ein Unternehmen erhält den Auftrag, eine Spezialmaschine zum Preis von 12 Millionen Dollar zu liefern. Die Bauzeit wird drei Jahre betragen; die geschätzten Kosten belaufen sich auf insgesamt 8 Millionen Dollar, die sich wie folgt auf die drei Jahre verteilen: 1,6 Millionen Dollar im Jahr 01, 4 Millionen Dollar im Jahr 02 und 2,4 Millionen Dollar im Jahr 03.

Innerhalb der nächsten fünf Jahre erhält das Unternehmen folgende Zahlungen des Auftraggebers: Jahr 01: 600 000 Dollar; Jahr 02: 1,2 Millionen Dollar; Jahr 03: 2,4 Millionen Dollar; Jahr 04: 3,6 Millionen Dollar; Jahr 05: 4,2 Millionen Dollar.

Es ergibt sich somit folgende Berechnung:

Tabelle 2.2: Erlösrealisierung nach der installment method

Periode	realisierter Erlös	Aufwand	Bruttogewinn
01	600	400	200
02	1200	800	400
03	2400	1600	800
04	3600	2400	1200
05	4200	2800	1400
Gesamt	12000	8000	4000

(Angaben in 1000 Dollar)

[9] Bragg, *GAAP Implementation Guide*, S. 77
Weygandt et al., *Accounting Principles*, S. 496

Im Gegensatz hierzu wird bei der cost recovery method jeder Zahlungseingang zunächst mit den Aufwendungen verrechnet. Erst wenn alle Aufwendungen erfasst worden sind, wird der übersteigende Betrag als Erlös ausgewiesen.[10]

Tabelle 2.3: Erlösrealisierung nach der cost recovery method

Periode	realisierter Erlös	Aufwand	Bruttogewinn
01	600	600	0
02	1200	1200	0
03	2400	2400	0
04	3600	3600	0
05	4200	200	4000
Gesamt	12000	8000	4000

(Angaben in 1000 Dollar)

Für das obige Beispiel ergibt sich daher nach der cost recovery method folgende Darstellung:

2.3.5 Mehrkomponentenvertrag

Ein weiteres Problem der zeitgerechten Realisierung eines Umsatzerlöses tritt dann auf, wenn eine vertragliche Vereinbarung nicht nur die Lieferung einer Ware oder die Erbringung einer Dienstleistung beinhaltet, sondern wenn der Vertrag aus mehreren Einzelleistungen besteht, so zum Beispiel wenn eine Maschine geliefert und montiert werden muss und darüber hinaus eventuell noch eine regelmäßige Wartung vereinbart worden ist. Eine solche Vereinbarung wird als Mehrkomponentenvertrag bezeichnet.

In diesem Zusammenhang ist zu prüfen, ob die vertraglichen Verpflichtungen eine Einheit dergestalt bilden, dass erst mit Erfüllung der letzten Verpflichtung eine Umsatzrealisierung erfolgen darf, oder ob der Vertrag in seine Komponenten zerlegt werden kann mit der Folge, dass jeweils nach Erfüllung der einzelnen Komponenten eine Umsatzrealisierung eingetreten ist (EITF 00-21.8).

10) Bragg, GAAP Implementation Guide, S. 77

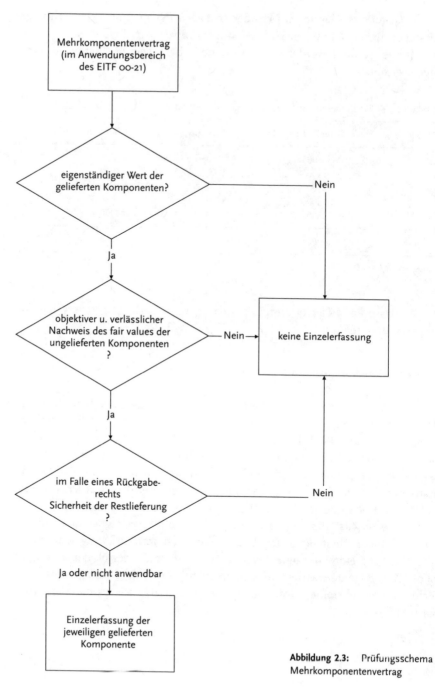

Abbildung 2.3: Prüfungsschema Mehrkomponentenvertrag

Ein Vertrag ist dann in separate Abrechnungseinheiten (accounting units) aufzuteilen, wenn nachfolgende Voraussetzungen erfüllt sind (EITF 00-21.9):

- Die bereits gelieferten Komponenten haben einen eigenständigen Wert. Dies ist dann der Fall, wenn diese Komponenten entweder von jedem anderen Händler separat verkauft oder vom Kunden weiterveräußert werden könnten.
- Die noch nicht gelieferten Komponenten haben einen objektiv und verlässlich bestimmbaren Marktwert (fair value).
- Für den Fall, dass der Vertrag ein Rückgaberecht für die bereits gelieferten Komponenten beinhaltet, muss die Lieferung der fehlenden Komponenten ausschließlich von der Entscheidung des Händlers abhängen.

Sind die Voraussetzungen erfüllt, ist für jede einzelne Abrechnungseinheit zu prüfen, ob die Voraussetzungen für die Erfassung eines Umsatzerlöses entsprechend den oben aufgeführten Prüfungskriterien erfüllt sind (EITF 00-21.7). Ist dies nicht der Fall oder sind die allgemeinen Voraussetzungen nicht erfüllt, ist der Vertrag als Einheit anzusehen. Selbstverständlich ist auch in diesem Fall festzulegen, wann eine Umsatzrealisierung eingetreten ist.

2.3.6 Weitere Sonderregelungen

Über die Regelung zu einem Mehrkomponentenvertrag hinaus existiert eine weitere Anzahl von Vorschriften über die Erfassung von Umsatzerlösen in besonderen Fällen.

So befasst sich zum Beispiel EITF 95-1 mit der Frage der Umsatzrealisierung bei Verkäufen mit einem garantierten Mindestwiederverkaufswert, EITF 01-9 mit der Erfassung von Zusatzleistungen des Händlers an den Kunden. Die Statements of Position (SOP) 97-2 und 98-9 konkretisieren die Umsatzrealisierung im Softwarebereich, die SOP 00-2 beinhaltet Sondervorschriften für die Filmindustrie.

Auch wenn im Einzelfall sehr umfangreiche Regeln entwickelt worden sind, basieren sie doch alle auf dem ursprünglichen Grundsatz der Umsatzrealisierung nach CON 5.83.

2.4 Umsatzkosten

Entsprechend dem Prinzip des Umsatzkostenverfahrens werden den Umsatzerlösen diejenigen Aufwendungen gegenübergestellt, die durch den Umsatzprozess verursacht worden sind. Somit ist es für die Ermittlung der Umsatzkosten von entscheidender Bedeutung, ob es sich bei dem bilanzierenden Unternehmen um ein Handelsunternehmen oder um ein Produktionsunternehmen handelt. Dementsprechend werden im amerikanischen Sprachgebrauch die Umsatzkosten entweder allgemein als cost of sales (COS) oder differenzierend als cost of goods sold (COGS) für den Handel und als cost of goods manufactured and sold für die Produktion bezeichnet.

Bei einem Handelsunternehmen sind die Anschaffungskosten für die Vorräte die Basis für die Ermittlung der Umsatzkosten, so dass sich folgendes Berechnungsschema ergibt:

Tabelle 2.4: Berechnungsschema Umsatzkosten Handel

ABC Merchandise Company
Schedule of Cost of Goods Sold
For the Year Ended December 31, 2004

Beginning inventory			$ xxx
Add:	Purchases	xxx	
	Freight-in	xxx	
Cost of purchases		xxx	
Less:	Purchase discounts	xxx	
	Purchase R&A	xxx	(xxx)
Net purchases			xxx
Cost of goods available for sale			xxx
Less:	Ending Inventory		(xxx)
Cost of goods sold			**xxx**

R&A = returns and allowances

Demgegenüber sind bei einem Produktionsunternehmen zunächst die Herstellungskosten zu ermitteln, bevor daraus unter Berücksichtigung eventueller Bestandsveränderungen bei den Vorräten die Umsatzkosten berechnet werden können.

Tabelle 2.5: Berechnungsschema Umsatzkosten Produktion

Direct materials used			xxx
Direct labour			xxx
Factory overhead:			
	Depreciation of factory equipment	xxx	
	Utilities	xxx	
	Indirect factory labour	xxx	
	Indirect materials	xxx	
	Other overhead items	xxx	xxx
Manufacturing cost incurred in 2004			xxx
Add:	Work in progress 1/1/04		xxx
Less:	Work in progress 12/31/04		(xxx)
Cost of goods manufactured			xxx

ABC Manufacturing Company
Schedule of Cost of Goods Sold
For the Year Ended December 31, 2004

Finished goods inventory 1/1/04		$ xxx
Add:	Cost of goods manfactured	xxx
Cost of goods available for sale		xxx
Less:	Finished goods inventory 12/31/04	(xxx)
Cost of goods sold		xxx

Generell werden zu den Anschaffungs- oder Herstellungskosten alle Kosten gerechnet, die direkt oder indirekt erforderlich sind, um das Produkt in einen verkaufswilligen Zustand zu versetzen (ARB 43, chap. 4.3).

2.4.1 Anschaffungskosten

Zu den Anschaffungskosten zählen unter anderem:

- Kaufpreis (purchase price)
- Frachtkosten (freight-in)
- Lagerkosten (warehousing)
- Versicherungen (insurance)
- alle übrigen direkt zuzuordnenden Kosten

Wenn somit zum Beispiel ein Handelsunternehmen eingekaufte Ware vor der Weiterveräußerung einer Qualitätskontrolle unterzieht, handelt es sich bei den hierbei entstehenden Kosten um zuzuordnende Anschaffungsnebenkosten. Abzuziehen sind alle zulässigen Preisminderungen wie etwa Boni oder Rabatte.

2.4.2 Herstellungskosten

Die Herstellungskosten setzen sich im Wesentlichen wie folgt zusammen:

- Materialeinzelkosten (direct materials)
- Fertigungseinzelkosten (direct labor)
- Fertigungsgemeinkosten (manufacturing overhead)

Bei den Materialeinzelkosten handelt sich um diejenigen Rohstoffe, die für die Herstellung des fertigen Produkts benötigt und in diesem verarbeitet werden. Hilfs- und Betriebsstoffe und sonstige Materialien, die entweder nicht direkt dem Produkt zugeordnet werden können oder die im Kostenvergleich nur geringwertig sind (indirect materials), werden demgegenüber den Fertigungsgemeinkosten zugeordnet.

Kosten für verschwendete oder unbrauchbar gewordene Materialien sind in der Regel als Aufwand in der entsprechenden Periode auszuweisen (FAS 151.2).

Fertigungseinzelkosten beinhalten die Löhne und Gehälter sowie die Aufwendungen für soziale Einrichtungen für Mitarbeiter der Produktion. Löhne und Gehälter, die dem Produkt zwar nicht direkt zugeordnet werden können, die aber mit diesem in einem Zusammenhang stehen (indirect labor), sind ebenfalls den Fertigungsgemeinkosten zuzurechnen.

Die Fertigungsgemeinkosten setzen sich somit aus den Material- und Lohngemeinkosten sowie sonstigen Gemeinkosten wie Abschreibung, Versicherung und Steuern zusammen. Die Aufteilung und Zuordnung dieser Gemeinkosten erfolgt üblicherweise mit Hilfe eines Betriebsabrechnungsbogens im Rahmen der Kostenstellenrechnung auf der Basis der durch die Finanzbuchhaltung ermittelten Daten. Die Ergebnisse werden – spätestens zum Bilanzstichtag – wieder in die Finanzbuchhaltung übernommen.

Die Zurechnung erfolgt dabei unter der Annahme einer normalen Auslastung der Produktionsstätten. Hierunter versteht man ein durchschnittliches Produktionsvolumen über mehrere Abrechnungszeiträume unter Berücksichtigung von Produktionsunterbrechungen aufgrund von notwendigen Wartungs- und Instandhaltungsmaßnahmen. Indikatoren für eine unterdurchschnittliche Auslastung der Produktionsstätten sind unter anderem Nachfragerückgang, Personal- oder Materialverknappung oder unvorhergesehener Stillstand der Produktionsanlagen.

Im Fall einer ungewöhnlich niedrigen Auslastung darf der Anteil der Fertigungsgemeinkosten nicht in der Art erhöht werden, dass die Vorräte über dem Durchschnittskostensatz bewertet werden. Spiegelbildlich ist bei einer ungewöhnlich hohen Auslastung der Anteil der Fertigungsgemeinkosten gegebenenfalls so weit zu reduzieren, dass insgesamt die Vorräte nicht über den durchschnittlichen Herstellungskosten bewertet werden (FAS 151.2).

Nicht zuzuordnende Gemeinkosten sind als Aufwand der entsprechenden Abrechnungsperiode zu erfassen. Ebenfalls ausdrücklich ausgeschlossen sind Verwaltungskosten, soweit sie einem Produkt nicht direkt zugerechnet werden können, sowie Vertriebskosten (FAS 151.2).

Zinsaufwendungen für Produkte, die im Rahmen eines standardisierten Produktionsverfahrens oder in großer Menge hergestellt werden, dürfen bei der Ermittlung der Herstellungskosten nicht berücksichtigt werden, sondern sind als Finanzierungskosten darzustellen (FAS 34.10).

Entscheidet sich ein Unternehmen zu einem späteren Zeitpunkt, die Einbeziehung bestimmter Kosten bei der Ermittlung der Anschaffungs- oder Herstellungskosten zu verändern, so handelt es sich hierbei um eine Änderung der Bilanzierungs- und Bewertungsmethode (FIN 1.5). Dies hat zur Folge, dass in der Regel die für Vergleichszwecke dargestellten Vorjahreswerte retrospektiv anzupassen sind und die Änderung der Bilanzierungs- und Bewertungsmethode in den notes darzulegen und zu erläutern ist (FAS 154.7, 17).

2.4.3 Transport- und/oder Bearbeitungskosten

Transport- und/oder Bearbeitungskosten sind – unabhängig davon, ob sie bei der Anschaffung oder der Herstellung anfallen – entweder im Rahmen der Umsatzkosten zu erfassen oder aber bei einem erheblichen Umfang als gesonderte Position auszuweisen (EITF 00-10.6).

2.5 Forschungs- und Entwicklungskosten

Forschungs- und Entwicklungskosten (R&D costs) sind die wohl bekanntesten other operating costs and expenses aus der Mindestgliederung der SEC (Reg. S-X, §210.5-03 Nr. 3). Sie sind grundsätzlich als Aufwand in der Periode ihrer Entstehung zu behandeln (FAS 2.12).

Grund für diese Entscheidung war zum einen die Überlegung, dass bei Forschungs- und Entwicklungsprojekten bis zum Schluss eine hohe Ungewissheit bezüglich des zukünftigen wirtschaftlichen Nutzens besteht, so dass dieser nicht verlässlich bestimmt werden kann (FAS 2.39). Zum anderen lässt sich auch nur schwer ein direkter Zusammenhang zwischen den Kosten und zukünftigen Umsatzerlösen herstellen (FAS 2.41).

Zu den Forschungs- und Entwicklungskosten (F&E) gehören:

- Kosten für F&E-Arbeiten, die von Dritten ausgeführt worden sind
- Gemeinkosten im Zusammenhang mit den F&E-Arbeiten
- Materialien, Gerätschaften und Räumlichkeiten, die für F&E-Arbeiten genutzt werden
- Personalkosten [11]

Der Gesamtbetrag der Forschungs- und Entwicklungskosten ist als gesonderte Position in der Gewinn-und-Verlust-Rechnung aufzuführen und entsprechend im Anhang zu erläutern (FAS 2.13). Unabhängig davon, dass viele Unternehmen diese Position nutzen, um damit ihre Aktivitäten auf dem Gebiet der Erforschung und Entwicklung neuer Produkte zu dokumentieren, hat diese Festlegung einen bilanztechnischen Hintergrund: sollte das forschende Unternehmen von einem anderen Unternehmen erworben werden, so hätte dies zur Folge, dass das erwerbende Unternehmen zu überprüfen hätte, ob durch die Übernahme die Entwicklungsergebnisse als immaterielle Vermögenswerte zu aktivieren wären.

2.6 Vertriebs-, Verwaltungs- und allgemeine Kosten

In der von der SEC vorgegebenen Mindestgliederung einer Gewinn-und-Verlust-Rechnung sind die Vertriebs-, Verwaltungs- und allgemeinen Kosten (selling, general and administrative expenses, SG&A) gesondert darzustellen (Reg. S-X, §210.5-03 Nr. 4). In diesem Zusammenhang ist darauf hinzuweisen, dass ein Bereich der Vertriebskosten eine Sonderbehandlung erfahren

---

[11] Bragg, GAAP Implementation Guide, S. 126

hat: die Werbungskosten. Grundsätzlich sind zwar auch Werbungskosten als Aufwand darzustellen, unter gewissen Voraussetzungen kann aber eine Aktivierungspflicht bestehen (SOP 93-7.26).[12]

Unter Werbung versteht man allgemein die Förderung eines Produktes oder eines Produktnamens zur Stimulierung und/oder Verbesserung der Kundennachfrage (SOP 93-7.22). Hierbei ist zu unterscheiden, ob es sich um eine allgemeine Werbung oder um eine so genannte Direktwerbung (direct response advertising) handelt.

Die Kosten für eine Direktwerbung sind zu aktivieren, wenn die beiden nachfolgenden Kriterien erfüllt sind (SOP 93-7.33):

a) der Hauptzweck der Werbung ist die Auswahl von zukünftigen Kunden, die nachweislich auf diese Form der Werbung reagiert haben;
b) aufgrund der Direktwerbung ergibt sich ein zukünftiger wirtschaftlicher Nutzen.

Der Nachweis für die Reaktion der Kunden auf diese Werbung ist anhand einer entsprechenden Dokumentation zu erbringen, die zum Beispiel Kundennamen und -daten aufgrund dieser Werbung nachweist, indem zum Beispiel ein spezielles Bestellformular für diese Werbung mit Kundennamen entwickelt worden ist (SOP 93-7.34).

Wenn also ein Unternehmen seinen Werbekatalog nicht allgemein verteilt, sondern ihn mit einer Bestellkarte versieht, die fest damit verbunden ist und auf der sowohl der Name des Kunden als auch eine bereits vergebene Kundennummer vermerkt sind, und diesen Katalog direkt an den potenziellen neuen Kunden verschickt, ist durch diese Vorgehensweise im Fall der Rücksendung der Bestellkarte der geforderte Nachweis eines direkten Zusammenhangs zwischen der Werbung und der Kundenreaktion erbracht.

Der zukünftige wirtschaftliche Nutzen ist ebenfalls überzeugend nachzuweisen. Dies kann nur durch eine dokumentierte Auswertung vorheriger Aktionen geschehen (SOP 93-7.37).

Ist der Nachweis gelungen, so sind sämtliche mit der Direktwerbung in Zusammenhang stehenden Kosten wie zum Beispiel für Entwürfe, Zeichnungen und Druckvorlagen sowie anteilige Personalkosten zu aktivieren (SOP 93-7.41). Die Abschreibung erfolgt nach dem Prinzip der PoC-Methode:[13] die aktivierten Kosten sind entsprechend dem Umsatz aus der Direktwerbung aufzuteilen (SOP 93-7.46/47). Diese Technik wird hier als cost pool by cost pool basis bezeichnet.

12) Stickney/Weil, *Financial Accounting*, S. 101
13) Vgl. Kap. 2.3.3

2.7 Ergebnis je Aktie

Als letzter Punkt der Mindestgliederung der SEC sind in einer Gewinn- und-Verlust-Rechnung Angaben zum Ergebnis je Aktie zu machen (Reg. S-X, §210.5-03 Nr. 20). Voraussetzung dafür ist aber logischerweise, dass das bilanzierende Unternehmen Stammaktien (common stock) oder in Stammaktien konvertierbare Wertpapiere (potential common stock) wie Optionen oder Wandelschuldverschreibungen ausgegeben hat und diese öffentlich gehandelt werden (FAS 128.6).

Das Ergebnis je Aktie (earnings per share, EPS) wird häufig zur Beurteilung der Profitabilität eines Unternehmens herangezogen. Mit diesem Wert soll angezeigt werden, wie effektiv ein Unternehmen mit den von den Aktionären zur Verfügung gestellten Ressourcen umgegangen ist.[14]

In seiner einfachsten Form ergibt sich das Ergebnis je Aktie aus dem Verhältnis des Jahresergebnisses des Unternehmens zu den ausstehenden Aktien. Eventuell verringert sich das Jahresergebnis noch durch die Berücksichtigung von zu zahlenden Dividenden aufgrund von ausgegebenen Vorzugsaktien. Das sich aus dieser Berechnung ergebende Ergebnis je Aktie wird als unverwässertes Ergebnis (basic EPS) bezeichnet (FAS 128.8/9).

Bei der Ermittlung der Anzahl der ausstehenden Aktien ist aber zu berücksichtigen, dass im Regelfall unterjährig Veränderungen erfolgt sind, zum Beispiel durch die Emission neuer Aktien oder einen Aktienrückkauf. Aus diesem Grunde geht man bei der Ermittlung der Anzahl der ausstehenden Aktien nicht von der Zahl zum Bilanzstichtag aus, sondern ermittelt eine Durchschnittszahl (weighted average). Hierbei wird die Zahl der ausstehenden Aktien in ein prozentuales Verhältnis zum gesamten Geschäftsjahr gesetzt.

Beispiel:
Ein Unternehmen hat zum 1.1.2007 einen Bestand an Stammaktien von insgesamt 2000 Stück, von denen 1800 ausgegeben wurden, also ausstehend sind. Zum 1.6.2007 emittiert das Unternehmen 500 neue Aktien gegen bar; zum 1.12.2007 kauft das Unternehmen 300 Aktien gegen bar zurück.

[14] Delaney et al., WILEY GAAP 2007, S. 926

Tabelle 2.6: Berechnung der gewichteten Durchschnittszahl der ausstehenden Aktien

		Anzahl der Aktien	davon ausstehend	Zeitanteil	Durchschnitt
1.1.07	Bestand zu Jahresbeginn	2000	1800	5/12	750
1.6.07	Emission neuer Aktien gegen bar	500	2300	6/12	1150
1.12.07	Kauf eigener Aktien gegen bar	−300	2000	1/12	167
31.12.07	Bestand am Jahresende	2200	2000		2067

Insgesamt ergibt sich somit folgende Berechnungsformel für die Ermittlung des unverwässerten Ergebnisses je Aktie:

$$\frac{\text{Jahresergebnis} - \text{Vorzugsdividende}}{\text{gewichtete Durchschnittszahl der Aktien}}$$

Wenn ein Unternehmen neben seinen Stamm- und Vorzugsaktien zum Beispiel auch noch Optionen, also in Stammaktien konvertierbare Wertpapiere ausgegeben hat, ist die Ermittlung des unverwässerten Ergebnisses allein nicht mehr aussagekräftig genug. Würde nämlich jemand das Umwandlungsrecht in der Berichtsperiode ausüben, hätte dies zur Folge, dass sich damit die Anzahl der ausstehenden Aktien um einen bestimmten Anteil erhöht, mit der Konsequenz, dass bei der Verteilung des (korrigierten) Jahresergebnisses sich ein niedrigeres Ergebnis je Aktie ergäbe. Diese potenzielle Möglichkeit der »Verschlechterung« wird als verwässertes Ergebnis je Aktie (diluted EPS, DEPS) bezeichnet.

Der Anteil, um den sich die ausstehenden Aktien erhöhen, wird dabei wie folgt ermittelt (Treasury Stock Method; FAS 128.24): Zuerst wird das Ergebnis ermittelt, das ein Unternehmen erzielen würde, wenn die potenziellen Stammaktien zum jeweiligen Ausübungspreis umgetauscht würden. Sodann wird unterstellt, dass das Unternehmen diesen Betrag einsetzt, um die potenziellen Stammaktien umgehend zurückzukaufen – allerdings zum durchschnittlichen Börsenkurs. Da im Regelfall die potenziellen Stammaktien zu einem Ausübungspreis begeben werden, der unterhalb des durchschnittlichen Börsenkurses liegt, verbleibt ein Rest an ausstehenden Aktien, der mit dem eingenommenen Betrag nicht zurückgekauft werden kann.

Um diesen rechnerischen Rest ist die Anzahl der tatsächlich ausstehenden Aktien zu erhöhen.

Beispiel: [15]

Ein Unternehmen hat 50 000 Stammaktien und zusätzlich 5 000 Optionen begeben, die im Berichtszeitraum umgetauscht werden könnten. Der Ausübungspreis beträgt 15 Dollar, der durchschnittliche Börsenkurs beläuft sich auf 20 Dollar je Aktie.

- Ergebnis des Umtauschs (5 000 Aktien × 15 Dollar) $ 75 000
- zusätzlich ausstehende Aktien $ 5 000
- Rückkauf der Aktien (75 000 Dollar ./. 20 Dollar) $ 3 750
- nicht zurückgekaufte Aktien (5 000 ./. 3 750 Dollar) $ 1 250

Mithin erhöht sich die Durchschnittszahl der ausstehenden Aktien auf 51 250 Stück.

Unterstellt, das Unternehmen habe in 2006 ein Jahresergebnis von 120 000 Dollar erzielt, ergeben sich folgende Werte:

- EPS: 2,40 Dollar (120 000 Dollar/50 000 Aktien)
- DEPS: 2,34 Dollar (120 000 Dollar/51 250 Aktien)

Bei der Ermittlung des verwässerten Ergebnisses sind also potenzielle Stammaktien dann nicht zu berücksichtigen, wenn aufgrund ihrer Einbeziehung das Ergebnis je Aktie stiege und damit keine verwässernde Wirkung von diesen Aktien ausgeht (FAS 128.13).

Eine andere Berechnungsmethode (if-converted method) ist anzuwenden, wenn das Unternehmen Anteile ausgegeben hat (zum Beispiel Wandelschuldverschreibungen), die bereits jetzt durch Zinszahlungen am Ergebnis des Unternehmens teilnehmen, die aber auch das Recht zur Umwandlung in Stammaktien beinhalten (FAS 128.26). In diesem Fall ist einerseits das Jahresergebnis um die ersparten Zinszahlungen, andererseits der gewichtete Durchschnittssatz um die potenziellen neuen Stammaktien zu erhöhen. [16]

Das verwässerte und das unverwässerte Ergebnis sind sowohl bezogen auf das Ergebnis der fortgesetzten Geschäftstätigkeit als auch bezogen auf das Periodenergebnis in der Gewinn-und-Verlust-Rechnung anzugeben (FAS 128.36).

---

[15] In Anlehnung an: Delaney et al., *WILEY GAAP* 2007, S. 938
[16] Delaney et al., *WILEY GAAP* 2007, S. 937 mit Berechnungsbeispiel

Unternehmen, die aufzugebende Geschäftsbereiche oder Bilanzierungsänderungen auszuweisen haben, müssen zusätzlich die daraus resultierenden Veränderungen des Ergebnisses je Aktie in der Gewinn-und-Verlust-Rechnung oder alternativ im Anhang darstellen, wobei die Ermittlung des Zählers und des Nenners offenzulegen ist (FAS 128.37/40).

Kapitel 3
Bilanz

Obwohl einerseits die Gewinn-und-Verlust-Rechnung nach amerikanischem Verständnis nach wie vor einen höheren Stellenwert besitzt als die Bilanz, besteht andererseits Einigkeit darüber, dass die einzig verlässlichen Größen zur Beurteilung der finanziellen Lage eines Unternehmens seine Vermögenswerte und Verbindlichkeiten sind.

3.1 Aufbau

Eine Bilanz nach US-GAAP unterscheidet sich bereits im äußeren Aufbau erheblich von einer Bilanz nach HGB. Dies beginnt mit dem optischen Eindruck, da die US-amerikanische Bilanz nicht im bekannten Kontenformat aufgebaut ist, sondern wie die Gewinn-und-Verlust-Rechnung im Staffelformat. Eine solche Darstellung ist aus Sicht des amerikanischen Bilanzlesers auch angebracht, da für ihn die einem Unternehmen zur Verfügung stehenden Vermögenswerte entscheidungsrelevanter sind als die entsprechenden Verbindlichkeiten.

Aus diesem Grund sind die einzelnen Bilanzpositionen auch entsprechend ihrer Liquidität aufgebaut, mit anderen Worten, je höher eine Position unter den Vermögenswerten oder Verbindlichkeiten aufgeführt ist, umso schneller wird sie wieder im Geschäftsverkehr umgesetzt und damit zu Geld gemacht.[1] So beginnt eine amerikanische Bilanz mit den liquiden Mitteln und endet konsequenterweise mit den einzelnen Positionen des Eigenkapitals. Bildlich gesprochen stellt sie somit eine HGB-Bilanz »auf den Kopf«.

Wiederum nur für börsennotierte Unternehmen hat die SEC auch ein Mindestgliederungsschema für die Bilanz vorgegeben, wobei auch dieses kein festes Schema ist, sondern die Positionen nur dann anzuführen sind, wenn sie erforderlich und angebracht sind (Reg. S-X, § 210.5-02):[2]

---
1) Weygandt et al., *Accounting Principles*, S. 153
2) Auszüge der Regulation S-X sind im Original in Kap. 7 abgedruckt

Reporting nach US-GAAP. Winfried Alves
Copyright © 2007 WILEY-VCH Verlag GmbH & Co. KGaA, Weinheim
ISBN: 3-527-50246-2

- Liquide Mittel (cash and cash items)
- Marktgängige Wertpapiere (marketable securities)
- Forderungen (aus Lieferung und Leistung) (accounts receivables)
- Wertberichtigung auf zweifelhafte Forderungen (allowances for doubtful accounts)
- Vorräte (inventories)
- **Summe kurzfristige Vermögenswerte**
- Beteiligungen (long-term investments)
- Sachanlagevermögen (property, plant and equipment)
- Kumulierte Abschreibung auf das Sachanlagevermögen (accumulated depreciation, depletion and amortization)
- Immaterielle Vermögenswerte (intangible assets)
- Kumulierte Abschreibung auf immaterielle Vermögenswerte (accumulated depreciation and amortization)
- Andere Vermögenswerte (other assets)
- **Summe Vermögenswerte** (total assets)
- Verbindlichkeiten (aus Lieferung und Leistung) (accounts payable)
- Andere kurzfristige Verbindlichkeiten (other current liabilities)
- **Summe kurzfristige Verbindlichkeiten** (total current liabilities)
- Langfristige Verbindlichkeiten (long-term debt)
- Andere Verbindlichkeiten (other liabilities)
- Vorzugsaktien (preferred stocks)
- Stammaktien (common stocks)
- Übriges Eigenkapital (other stockholders' equity)
- **Summe Verbindlichkeiten und Eigenkapital** (total liabilities and stockholders' equity)

Diese Aufteilung weist eine weitere Besonderheit auf: weder für die langfristigen Vermögenswerte noch für die langfristigen Verbindlichkeiten, noch für das Eigenkapital wird eine gesonderte Zwischensumme gebildet. Ausschließlich für kurzfristige Vermögenswerte und Verbindlichkeiten erfolgt diese Abgrenzung.

Hintergrund dieser Abgrenzung ist der Begriff des sogenannten working capital. Hierunter versteht man die Differenzgröße zwischen kurzfristigen Vermögenswerten und kurzfristigen Verbindlichkeiten (ARB 43, Chap. 3 A.3). Das working capital ist eine der wichtigsten Kennzahlen der Finanzanalyse, da durch sie die Liquidität eines Unternehmens bestimmt wird und damit eine Aussage darüber getroffen wird, inwieweit das Unternehmen in der Lage ist, kurzfristig eingegangene Verbindlichkeiten termingerecht zu bedienen.[3] Unter dem Gesichtspunkt der Entscheidungserheblichkeit ist deshalb das working capital zu einer festen Bestandsgröße geworden. Die in dem Gliederungsschema der SEC aufgeführten Positionen sind deshalb auch im ARB 43 in den Absätzen 4 (kurzfristige Vermögenswerte) und 7 (kurzfristige Verbindlichkeiten) aufgeführt.

Im Bereich der Finanzanalyse findet sich auch noch der Begriff des operating working capital. Dies setzt sich aus den Vorräten zuzüglich der Forderungen und abzüglich der Verbindlichkeiten zusammen.[4]

3.2 Grundlagendefinitionen

Vermögenswerte (assets) sind wahrscheinliche zukünftige wirtschaftliche Vorteile, die ein Unternehmen aufgrund vergangener Transaktionen oder Ereignissen erhalten hat oder kontrolliert (CON 6.25). Somit hat ein Vermögenswert drei wesentliche Merkmale (CON 6.26):

- der Vermögenswert beinhaltet einen zukünftigen wirtschaftlichen Nutzen, welcher allein oder in Kombination mit anderen Vermögenswerten zu einem zukünftigen Mittelzufluss führt;
- das Unternehmen muss in der Lage sein, den Nutzen eigenständig zu ziehen und andere davon auszuschließen;
- die Transaktion oder das Ereignis, die das Recht des Unternehmens begründen, haben bereits stattgefunden.

Vermögenswerte mögen andere Charakteristika haben, an denen sie ebenfalls identifiziert werden können. Diese sind aber für die Festlegung, ob es sich um einen Vermögenswert im Sinne dieser Definition handelt, nicht maßgeblich (CON 6.26). So könnte zum Beispiel ein Vermögenswert dadurch bestimmt werden, dass für seinen Erhalt Geld aufgewendet worden ist. Dies bedeutet aber einerseits nicht, dass damit automatisch ein zukünftiger Nutzen verbunden ist, und andererseits auch nicht, dass für jeden Vermögenswert zwangsläufig Geld eingesetzt werden muss, da das Unternehmen den Vermögenswert zum Beispiel auch im Rahmen eines Tausches erhalten haben kann.

Verbindlichkeiten (liabilities) sind wahrscheinliche zukünftige wirtschaftliche Verluste, die ein Unternehmen aufgrund gegenwärtiger Verpflichtungen zur Übertragung von Vermögenswerten oder Erbringung von Dienst-

---

3) Schroeder et al., *Financial Accounting*, S. 209
4) Vernimmen et al., *Corporate Finance*, S. 48

leistungen basierend auf vergangenen Transaktionen oder Ereignissen erleidet (CON 6.35). Damit hat auch eine Verbindlichkeit drei wesentliche Merkmale (CON 6.36):

- die Verbindlichkeit beinhaltet eine gegenwärtige Verpflichtung des Unternehmens, die zu einer Erledigung durch zukünftige Übertragung von Vermögenswerten zu einer bestimmten Zeit, einem bestimmten Ereignis oder auf Verlangen führt;
- das Unternehmen kann sich der Erfüllung dieser Verpflichtung nicht entziehen;
- die Transaktion oder das Ereignis, die die Verpflichtung des Unternehmens begründen, haben bereits stattgefunden.

Verbindlichkeiten resultieren sehr häufig aus Transaktionen, aufgrund deren das Unternehmen einen wirtschaftlichen Vorteil erlangt hat, zum Beispiel die Verpflichtung zur Lohnzahlung aufgrund der geleisteten Arbeit des Arbeitnehmers. Dies bedeutet aber nicht zwangsläufig, dass alle Verpflichtungen in einem Gegenseitigkeitsverhältnis stehen müssen. Verpflichtungen können auch einseitig entstehen, wie zum Beispiel die Verpflichtung zur Zahlung einer Dividende (CON 6.38). Von entscheidender Bedeutung ist in diesem Zusammenhang, dass zum einen unabhängig von der Art ihres Entstehens eine Verpflichtung immer nur gegenüber einem Dritten bestehen kann, keinesfalls aber gegenüber sich selbst. Zum anderen muss es immer eine gegenwärtige Verpflichtung sein, unabhängig davon, wann sie zu erfüllen ist.

Eigenkapital (equity) ist das bilanzielle Reinvermögen (net assets), das als Restwert der Vermögenswerte nach Abzug der Verbindlichkeiten verbleibt (CON 6.49).

3.3 Bewertungsmethoden

Nach der Festlegung, welche Positionen allgemein in einer Bilanz anzusetzen sind, stellt sich nunmehr die Frage der Bewertung. Hierbei werden die Bilanzpositionen mit Hilfe verschiedener Methoden bewertet, die zum einen von der jeweiligen Position, zum anderen von ihrer Relevanz und Verlässlichkeit abhängig sind (CON 5.66). Allgemein werden fünf Methoden angewandt (CON 5.67):

- Historische Anschaffungs- oder Herstellungskosten (historical cost)
- Wiederbeschaffungskosten (current [replacement] cost)

- Marktwert (current market value)
- Realisierbarer Betrag (net realizable [settlement] value)
- Barwert (present [or discounted] value of future cash flows)

3.3.1 Historische Anschaffungs- oder Herstellungskosten

Unter den historischen Anschaffungs- oder Herstellungskosten versteht man den Betrag, der zum Zeitpunkt des Erwerbs insbesondere einer Sachanlage oder von Vorräten an liquiden oder sonstigen Mitteln aufgewendet wurde. Verbindlichkeiten sind mit dem Betrag anzusetzen, der aus dem Austausch für die eingegangene Verpflichtung erhalten wurde (CON 5.67a).

3.3.2 Wiederbeschaffungskosten

Wiederbeschaffungskosten sind der Betrag an liquiden oder sonstigen Mitteln, die aufgewendet werden müssten, um den gleichen oder einen vergleichbaren Vermögenswert gegenwärtig neu anzuschaffen (CON 5.67b). Dieser Wert wird bei der Bewertung von Vermögenswerten eingesetzt, so zum Beispiel bei der Wertermittlung von Vorräten (ARB 43, Chap. 4.9). [5]

3.3.3 Marktwert

Der Marktwert stellt den Betrag an liquiden oder sonstigen Mitteln dar, der im Rahmen eines normalen Verkaufs an fremde Dritte für einen Vermögenswert erzielt werden könnte. Der Wiederveräußerungswert wird zum einen für Vermögenswerte genutzt, die zu einem Preis unterhalb ihres Buchwertes veräußert werden sollen, sowie für marktgängige Wertpapiere, deren Marktwert der jeweilige Börsenkurs ist (CON 5.67c).

3.3.4 Realisierbarer Betrag

Beim realisierbaren Betrag ist zwischen dem Veräußerungswert (net realizable value) einerseits und dem Erfüllungsbetrag (net settlement value) andererseits zu unterscheiden.

Unter dem Veräußerungswert versteht man den unabgezinsten Betrag an liquiden oder sonstigen Mitteln, zu dem ein Vermögenswert im normalen

---

[5] Vgl. Kapitel 3.4.2.2

Geschäftsverlauf unter Abzug eventuell noch anfallender Kosten veräußert werden kann. Der Erfüllungsbetrag ist das Spiegelbild für Verbindlichkeiten: er ist der unabgezinste Betrag an liquiden oder sonstigen Mitteln, zu dem eine Verbindlichkeit im normalen Geschäftsverlauf unter Hinzurechnung eventuell noch anfallender Kosten erfüllt werden kann (CON 5.67 d).

3.3.5 Barwert

Der Barwert stellt den gegenwärtigen, abgezinsten Betrag einer zukünftigen Einnahme dar, die für einen Vermögenswert – unter Abzug eventuell noch anfallender Kosten – erwartungsgemäß erzielt werden soll. Erneut spiegelbildlich ist für eine Verbindlichkeit der Barwert der gegenwärtige, abgezinste Betrag einer zukünftigen Zahlung, die – unter Hinzurechnung eventuell noch anfallender Kosten – erwartungsgemäß zu leisten ist. Langfristige Forderungen und Verbindlichkeiten werden nach der Barwertmethode angesetzt (CON 5.67 e).

Grundgedanke für die Anwendung der Barwertmethode ist, dass sich eine langfristige Forderung oder Verbindlichkeit erst zu einem späteren Zeitpunkt realisiert. Unter dem Gesichtspunkt der periodengerechten Darstellung ist es somit nach amerikanischem Verständnis falsch, den jeweiligen Gesamtbetrag bereits im Zeitpunkt seiner Entstehung in voller Höhe auszuweisen. Vielmehr ist zu ermitteln, welcher (abgezinste) Betrag bei einer durchschnittlichen Verzinsung erforderlich wäre, damit im Zeitpunkt der Fälligkeit der Forderung oder der Verbindlichkeit der erforderliche Gesamtbetrag ausgewiesen wird. Die langfristige Forderung oder Verbindlichkeit wird also erstmalig mit dem abgezinsten Betrag erfasst, der dann bis zur Fälligkeit pro Periode aufzuzinsen ist.

Wichtig ist in diesem Zusammenhang, dass die Barwertmethode auch für langfristige Verbindlichkeiten Anwendung findet, mit anderen Worten, hier wird nicht nach dem Vorsichtsprinzip des HGB verfahren.

3.3.6 Fair-Value-Bewertung

Neben den vorgenannten Bewertungsmethoden wird zusätzlich noch die so genannte Fair-Value-Bewertung angewendet. Im September 2006 hat hierzu das FASB einen eigenständigen Standard (FAS 157) verabschiedet. Dieser Standard ist für Jahresabschlüsse und die entsprechenden Quartalsberichte für Wirtschaftsjahre, die nach dem 15.11.2007 beginnen, verbindlich, eine frühere Anwendung wird aber ausdrücklich empfohlen.

Fair Value ist der Preis, der am Bewertungsstichtag im Rahmen einer ordnungsgemäßen Transaktion zwischen Marktteilnehmern für den Verkauf eines Vermögenswertes oder die Übernahme einer Verbindlichkeit erzielt würde (FAS 157.5). Hierbei versteht man unter einer ordnungsgemäßen Transaktion einen Vorgang, bei dem vor der eigentlichen Übertragung der Vermögenswert oder die Verbindlichkeit für einen gewissen Zeitraum auf dem Markt angeboten worden ist. Somit darf es sich nicht um eine erzwungene Transaktion, etwa in Form eines Zwangs- oder Notverkaufs, handeln (FAS 157.7).

Ein Angebot auf einem beliebigen Markt führt in diesem Zusammenhang aber nicht zwangsläufig zu einem realistischen Ergebnis. Dies hat zur Folge, dass das Angebot auf dem Hauptmarkt (principal market) oder zumindest auf dem vorteilhaftesten Markt (most advantageous market) zu erfolgen hat. Hauptmarkt ist hierbei der Markt, auf dem das bilanzierende Unternehmen im Wesentlichen seine Geschäfte tätigt; der vorteilhafteste Markt ist der Markt, auf dem das bilanzierende Unternehmen den bestmöglichen Preis erzielen würde.

Entscheidend ist, dass für den Fall, dass ein Hauptmarkt existiert, der dort erzielbare Preis der zugrunde zu legende Fair Value ist, unabhängig davon, ob er direkt ermittelbar ist oder mit Hilfe anderer Bewertungstechniken ermittelt werden kann, auch wenn zum Bewertungszeitpunkt ein vorteilhafterer Markt existiert (FAS 157.8). Erst wenn ein Hauptmarkt nicht vorhanden ist, ist auf den vorteilhaftesten Markt zurückzugreifen.

Der auf einem dieser beiden Märkte zur Bestimmung des Fair Value ermittelte Preis darf nicht um eventuelle Transaktionskosten korrigiert werden. Transaktionskosten stellen Einzelkosten für den Verkauf des Vermögenswertes oder die Übernahme der Verbindlichkeit dar, die im Regelfall nicht direkt zuzuordnen sind. Vielmehr beziehen sie sich auf die jeweilige Transaktion und hängen davon ab, wie das bilanzierende Unternehmen diese Transaktion durchführt (FAS 157.9).

Marktteilnehmer sind Käufer und Verkäufer auf dem Hauptmarkt oder dem vorteilhaftesten Markt für diese Vermögenswerte und Verbindlichkeiten. Sie sind dadurch gekennzeichnet, dass sie

a) unabhängig vom bilanzierenden Unternehmen sind, es sich also nicht um nahestehende Unternehmen und/oder Personen handelt;

b) sachverständig sind, das heißt, über die aktuelle Marktlage und alle weiteren für die Transaktion erforderlichen Gegebenheiten informiert sind;
c) in der Lage sind, die Transaktion durchzuführen;
d) vertragswillig sind, also freiwillig und nicht gezwungenermaßen die Transaktion durchführen würden (FAS 157.10).

Die Fair-Value-Bewertung eines Vermögenswertes unterstellt einen bestmöglichen Nutzen für den Marktteilnehmer unter der Prämisse, dass der Nutzen physikalisch möglich, rechtlich zulässig und finanziell realisierbar ist (FAS 157.12).

Der bestmögliche Nutzen einer Bewertungsvoraussetzung kann auf folgende Art und Weise ermittelt werden:

a) Der bestmögliche Nutzen kann sich zum einen daraus ergeben, dass der Vermögenswert im Einsatz (in use) in Kombination mit weiteren Vermögenswerten für den Marktteilnehmer den höchsten Wert erbringt. Dies dürfte in der Regel bei nichtmonetären Vermögenswerten der Fall sein.
Damit bestimmt sich der Fair Value als der Preis, der beim Verkauf des Vermögenswertes bei entsprechender Einsatzmöglichkeit mit anderen Vermögenswerten erzielt würde (FAS 157.13 a).
b) Zum anderen kann der bestmögliche Nutzen darin bestehen, dass der Vermögenswert im Austausch (in exchange) für sich allein (standalone basis) für den Marktteilnehmer den höchsten Wert erzielt. Dies dürfte zum Beispiel auf einen finanziellen Vermögenswert zutreffen. Bei Anwendung dieser Bewertungsprämisse ist der Fair Value der Preis, der sich bei einem Einzelverkauf ergeben würde (FAS 157.13b).

Die Fair-Value-Bewertung einer Verbindlichkeit geht davon aus, dass bei der Übertragung das Ausfallrisiko gleich bleibt. Mithin hat das bilanzierende Unternehmen die Auswirkungen seiner eigenen Kreditwürdigkeit auf den Fair Value der Verbindlichkeit über den gesamten Zeitraum, in dem die Verbindlichkeit zu bewerten ist, zu überprüfen. Die Auswirkungen können hierbei von der Art der Verbindlichkeit abhängen, ob es sich zum Beispiel um eine Zahlungsverbindlichkeit (financial liability) oder um eine Lieferverbindlichkeit (non-financial liability) handelt (FAS 157.15).

Für die eigentliche Bewertung ist einer der drei nachfolgenden Ansätze zu wählen (FAS 157.18):

- Marktansatz (market approach)
- Ertragsansatz (income approach)
- Kostenansatz (cost approach)

Beim Marktansatz werden für die Bewertung Informationen über aktuelle Transaktionen von identischen oder zumindest leicht vergleichbaren Vermögenswerten/Verbindlichkeiten zugrunde gelegt (FAS 157.18 a). Der Ertragsansatz erfolgt auf der Basis der Umrechnung zukünftiger Beträge (zum Beispiel Cashflow oder Umsätze) in einen einzelnen, diskontierten gegenwärtigen Betrag (Barwert) unter Berücksichtigung der derzeitigen Markterwartungen (FAS 157.18 b). Der Kostenansatz geht von den Wiederbeschaffungskosten aus, die erforderlich wären, um einen Vermögenswert mit identischem Leistungsumfang zu erhalten (FAS 157.18 c).

Beispiel für eine Bewertung nach dem Ertragsansatz:
Ein Unternehmen erwartet, mit einem Vermögenswert A innerhalb des kommenden Jahres einen geschätzten Umsatz von 80 000 Dollar zu erzielen. Für die Fair-Value-Bewertung stehen folgende Vergleichszahlen zur Verfügung:

- Mit dem Vermögenswert B wurde binnen eines Jahres ein Umsatz von 120 000 Dollar erzielt; bei einem Marktwert von 108 300 Dollar ergibt sich eine Rendite von 10,8 Prozent (120 000 ./. 108 300 = 1,108; in Prozenten: 10,8).
- Mit dem Vermögenswert C wurde binnen zwei Jahren ein Umsatz von 70 000 Dollar erzielt; bei einem Marktwert von 56 600 Dollar ergibt sich eine Rendite von 11,8 Prozent (70 000 ./. 56 600 = 1,236 für 2 Jahre, in Prozenten: 23,6; für ein Jahr 23,6 ./. 2 = 11,8 Prozent).

Ohne anderweitige Marktinformationen würde aufgrund des vergleichbaren Zeitrahmens die Rendite des Vermögenswertes B in Ansatz gebracht. Hieraus ergibt sich folgende Berechnung: 80 000 Dollar (geschätzter Umsatz) ./. 1,108 (Vergleichsrendite) = 72 200 Dollar (Fair Value).

Eine einmal gewählte Bewertungstechnik ist grundsätzlich beizubehalten. Ein Wechsel ist nur dann angemessen, wenn durch die neue Technik verlässlichere Werte für den Fair Value ermittelt werden können. Dies kann zum Beispiel der Fall sein, wenn sich neue Märkte entwickeln, neue Informationen verfügbar werden oder vorjährige Informationen nicht mehr verfügbar sind. Der Wechsel der Bewertungstechnik ist wie eine Schätzungsänderung nach FAS 154.19 zu behandeln (FAS 157.20).

Unabhängig von der gewählten Bewertungstechnik ist eine Hierarchie entwickelt worden, wie die der jeweiligen Bewertung zugrunde liegenden Ausgangswerte (inputs) zu ermitteln sind. Hierdurch soll eine Stetigkeit und Vergleichbarkeit der Fair-Value-Bewertungen erreicht werden (FAS 157.22).

In diesem Zusammenhang wird zwischen objektiv nachvollziehbaren und objektiv nicht nachvollziehbaren Ausgangswerten unterschieden. Während objektiv nachvollziehbare Ausgangswerte auf den Annahmen der Marktteilnehmer auf der Grundlage von allgemein zugänglichen Marktdaten beruhen, beziehen sich nicht objektiv nachvollziehbare Ausgangswerte auf die eigenen Annahmen des bilanzierenden Unternehmens anhand der ihm zur Verfügung stehenden Informationen. Sinn und Zweck der Hierarchie ist es, die Nutzung objektiv nachvollziehbarer Ausgangswerte zu erhöhen und die Verwendung objektiv nicht nachvollziehbarer Ausgangswerte zu minimieren (FAS 157.21).

Aus diesem Grund bilden Ausgangswerte auf der Basis notierter Kurse an einem aktiven Markt für identische Vermögenswerte oder Verbindlichkeiten, zum Beispiel Börsenpreise, die verlässlichste Grundlage (level 1 inputs) (FAS 157.24).

Beispiel (FAS 157.A 23):
Ein Wertpapier wird an zwei verschiedenen Börsen zu unterschiedlichen Preisen gehandelt. Das bilanzierende Unternehmen handelt auf beiden Märkten. Auf dem Markt A wäre der erzielbare Betrag 26 Dollar, wobei allerdings noch Transaktionskosten in Höhe von 3 Dollar anfallen würden, so dass sich ein Nettobetrag von 23 Dollar ergibt. Auf dem Markt B wäre der erzielbare Betrag dagegen 25 Dollar mit Transaktionskosten von 1 Dollar und einem sich daraus ergebenden Nettobetrag von 24 Dollar.

a) Ist Markt A der Hauptmarkt des bilanzierenden Unternehmens, würde der Fair Value des Wertpapiers mit dem Preis bewertet, der in diesem Markt erzielbar wäre, also 26 Dollar.
b) Wenn keiner der Märkte der Hauptmarkt ist, wäre der Fair Value des Wertpapiers der Preis, der an dem vorteilhaftesten Markt erzielt würde. In diesem Falle sind die Transaktionskosten mit zu berücksichtigen. Der bestmöglich erzielbare Betrag wäre somit der Nettobetrag von 24 Dollar des Marktes B. Mithin beträgt der anzusetzende Fair Value des Wertpapiers 25 Dollar.

Obwohl also die Transaktionskosten in die Ermittlung des vorteilhaftesten Marktes einfließen, bleiben sie für die Fair-Value-Bewertung außer Ansatz.

Sind derartige Werte nicht zu ermitteln, werden auf der zweiten Stufe (level 2 inputs) entweder notierte Kurse für vergleichbare Vermögenswerte oder Verbindlichkeiten an einem aktiven oder, falls dieser nicht vorhanden ist, an einem anderen Markt zugrunde gelegt, oder aber die Ausgangswerte bestimmen sich anhand von anderen notierten Werten wie zum Beispiel Zinssätzen oder Renditen (FAS 157.28).

Können auch diese Werte nicht festgestellt werden, so ist auf der letzten Stufe (level 3 inputs) auf die nicht objektiv nachvollziehbaren Ausgangswerte zurückzugreifen, welche eine dementsprechende Schätzung des bilanzierenden Unternehmens beinhalten (FAS 157.30).

Im Anhang sind für alle nach der Fair-Value-Methode bewerteten Vermögenswerte und Verbindlichkeiten die Angaben zu machen, die den Bilanzleser in die Lage versetzen, die Bewertungstechnik und die zugrunde gelegten Ausgangswerte und deren Auswirkungen im Jahresergebnis nachzuvollziehen (FAS 157.32). Hierzu gehört insbesondere die Darstellung der durchgeführten Fair-Value-Bewertungen zum Bilanzstichtag (FAS 157.32 a), unterteilt in die drei Stufen (FAS 158.32 b/c). Ausgehend von dem obigen Berechnungsbeispiel könnte eine entsprechende Darstellung im Anhang folgendermaßen aussehen:

Tabelle 3.1: Beispiel für die Darstellung der nach der Fair-Value-Methode bewerteten Vermögenswerte im Anhang

Trading-Wertpapiere level 1 input Handelsplätze	**Börse A**		**Börse B**	
	Durchschnittskurs	Kosten	Durchschnittskurs	Kosten
Aktie X	26,00	3,00	25,00	1,00
Aktie Y	24,00	2,00	23,00	2,00
Aktie Z	18,00	0,50	18,00	1,00
Bestand	**31.12. Vorvorjahr**	**31.12. Vorjahr**	**31.12. lfd. Jahr**	**GuV lfd. Jahr**
1000 Aktien X	26000	27000	25000	(2000)
1000 Aktien Y	20000	21000	24000	3000
500 Aktien Z	10000	7500	9000	1500

3.4 Einzelne Posten

3.4.1 Forderungen

Forderungen sind erst dann in der Bilanz zu aktivieren, wenn die entsprechende Umsatzrealisierung eingetreten ist, das heißt wenn der Umsatz verdient und realisiert oder realisierbar ist.[6]

3.4.1.1 Zugangsbewertung

Forderungen sind mit ihrem Markt- oder Erlöswert, dem so genannten net realizable value, anzusetzen. Hierunter versteht man den Betrag, dessen Eingang das Unternehmen erwarten kann. Dies ist der Bruttobetrag der Forderung abzüglich eines eventuellen uneinbringlichen Teils.

Die erste Einschätzung erfolgt somit bereits bei der Aktivierung der Forderung. Wenn also einem Unternehmen schon zu diesem Zeitpunkt Gründe bekannt sind, die es als unwahrscheinlich erscheinen lassen, dass der Gesamtbetrag der Forderung realisiert werden kann, ist eine dementsprechende Korrektur vorzunehmen.

Hat das Unternehmen seinem Kunden die Möglichkeit eines Skontoabzugs eingeräumt, so besteht das Wahlrecht, entweder die Forderung bei Aktivierung direkt unter Abzug des Skontobetrages auszuweisen (Nettomethode) oder aber den Skontoabzug erst bei Inanspruchnahme als Aufwand zu verbuchen (Bruttomethode).[7]

Die Nettomethode wird im Regelfall nur dann angewandt, wenn das Unternehmen aus der bisherigen Geschäftsbeziehung mit dem Kunden davon ausgehen kann, dass der Kunde innerhalb der gewährten Frist die Forderung unter Abzug des Skontobetrags begleichen wird. Anderenfalls wird die Bruttomethode eingesetzt, da diese bei Fristüberschreitung eine Korrektur des vorweggenommenen Skontoabzugs erübrigt.

3.4.1.2 Folgebewertung

Forderungen sind regelmäßig auf ihre Werthaltigkeit hin zu überprüfen. Wenn somit die Realisierung einer Forderung (in voller Höhe) unwahrscheinlich ist und der uneinbringliche Betrag hinreichend genau geschätzt werden kann, ist zwingend eine Wertberichtigung vorzunehmen. Hierbei gilt das Prinzip der Einzelwertberichtigung. Eine zusätzliche Pauschalwertberichtigung ist im Gegensatz zum HGB unzulässig.

---

6) Vgl. Kapitel 2.3
7) Whittington et al., *Wiley CPA Examination Review 2006 Financial Accounting & Reporting*, S. 282

Theoretisch steht neben der Wertberichtigung (allowance) auch noch die Möglichkeit der sofortigen erfolgswirksamen Ausbuchung der Forderung (direct write-off method) zur Verfügung. Diese Methode stellt jedoch eine absolute Ausnahme dar und darf ausschließlich für unwesentliche Forderungen genutzt werden; anderenfalls ist sie unanwendbar.[8]

Zur Einschätzung des Wertberichtigungsbedarfs muss auf statistische Erfahrungswerte zurückgegriffen werden.[9]

Ein solcher Wert kann durch den Vergleich des Gesamtbetrags der Forderungen eines Jahres mit dem Betrag der uneinbringlichen Anteile und dem sich daraus ergebenden Prozentsatz ermittelt werden (sales percentage method).

Beispiel:

- Gesamtforderungen: 110000
- Ausfallrisiko der Vorjahre (Durchschnitt): 2,3 Prozent
- Wertminderungsbedarf: 2553

Zu einem genaueren Ergebnis kommt man, wenn das jeweilige Alter der Forderung berücksichtigt wird (aging of accounts receivable method).

Beispiel:

Tabelle 3.2: Wertberichtigungsbedarf anhand der Altersstruktur der Forderungen

	Fälligkeitsstruktur			Summe
	unter 30 Tage	30–90 Tage	über 90 Tage	
Gesamtforderungen ($)	80000	25000	6000	
Ausfallrisiko	0,5 Prozent	2,5 Prozent	20,0 Prozent	
Wertberichtigungsbedarf ($)	400	625	1200	2225

---

[8] Weygandt et al., *Accounting Principles*, S. 366; Whittington et al., *Wiley CPA Examination Review 2006 Financial Accounting & Reporting*, S. 282
[9] Delaney et al., *WILEY GAAP 2004*, S. 116

3.4.1.3 Forderungsübertragung

Bei einer Übertragung einer Forderung auf einen Dritten ist zunächst zu überprüfen, ob mit der Forderung zugleich die Inhaberschaft übertragen wird. Ist dies nicht der Fall, wie etwa bei einer Sicherungsabtretung, sind keine Umbuchungen erforderlich. Vielmehr ist die abgetretene Forderung entweder in der Bilanz oder in den Anhangsangaben sowohl bei den Forderungen als auch bei den entsprechenden Verbindlichkeiten durch einen Davon-Vermerk als Klammereinschub kenntlich zu machen.[10] Wird demgegenüber die Forderung veräußert (Factoring), darf diese nicht länger in der Bilanz des verkaufenden Unternehmens ausgewiesen werden.[11]

Die nunmehr erforderlichen Umbuchungen hängen davon ab, ob das aufkaufende Unternehmen Rückgriffsrechte gegenüber dem verkaufenden Unternehmen hat oder nicht. Ist für den Forderungsverkäufer der Geschäftsvorfall mit dem Verkauf der Forderung vollständig abgeschlossen, verbucht er die Forderung gegen den Zahlungseingang und einen Verlust aus Forderungsabgang, bestehend aus den zu zahlenden Zinsen und der Factoringgebühr.

Hat dagegen der Forderungskäufer im Fall der Uneinbringlichkeit der verkauften Forderung ein Rückgriffsrecht gegenüber dem Forderungsverkäufer, ist zwar auch in diesem Fall die Forderung auszubuchen, anstelle dessen ist aber der Fair Value des Rückgriffsrechts des Forderungskäufers zu aktivieren und spiegelbildlich eine entsprechende Rückgriffsverbindlichkeit zu passivieren.

Unabhängig vom Rückgriffsrecht wird häufig im Rahmen des Factorings zugleich ein Sicherheitseinbehalt (holdback) des Forderungskäufers vereinbart, der den auszuzahlenden Betrag verringert und dementsprechend zu aktivieren ist.

---

10) Whittington et al., *Wiley CPA Examination Review 2006*
    Financial Accounting & Reporting, S. 283
11) Whittington et al., *Wiley CPA Examination Review 2006*
    Financial Accounting & Reporting, S. 284

Ausgangsbeispiel:
Das Unternehmen A verkauft Forderungen im Wert von 200000 Dollar an das Unternehmen B. Für die Übernahme der Forderungen berechnet die B zum einen eine Gebühr von 3 Prozent des Wertes der Forderungen zuzüglich Zinsen von 20 Prozent, berechnet auf die durchschnittliche Fälligkeit der Forderungen von 36 Tagen.

Variante 1:
Die Parteien vereinbaren, dass B im Falle der Uneinbringlichkeit kein Rückgriffsrecht auf A hat.

Buchungssätze: Bank   190055
               Zinsaufwand   3945
               Factoringgebühr   6000 an Forderungen 200000

Zinsaufwand: $200000 \times 20\% \times 36/365$

Factoringgebühr: $20000 \times 3\%$

Variante 2:
Auch in diesem Fall vereinbaren die Parteien, dass B im Falle der Uneinbringlichkeit kein Rückgriffsrecht auf A hat. Dafür wird aber ein Sicherheitseinbehalt von 5 Prozent des Wertes der Forderungen festgelegt.

Buchungssätze: Bank   180055
               Sicherheitseinbehalt   10000
               Zinsaufwand   3945
               Factoringgebühr   6000 an Forderungen 200000

Zinsaufwand: $200000 \times 20\% \times 36/365$
Factoringgebühr: $20000 \times 3\%$

Variante 3:
Im Falle der Uneinbringlichkeit kann B ein Rückgriffsrecht geltend machen, dessen Fair Value mit 15000 Dollar geschätzt worden ist. Zudem wird ein Sicherheitseinbehalt von 5 Prozent des Wertes der Forderungen vereinbart.

Buchungssätze: Bank 180055
Sicherheitseinbehalt 10000
Rückgriffsrecht 15000
Zinsaufwand 3945
Factoringgebühr 6000 an Forderungen 200000
Rückgriffsverbindlichkeit 15000

Zinsaufwand: 200000×20%×36/365
Factoringgebühr: 200000×3%

3.4.2 Vorräte

Vorräte sind körperliche Gegenstände, die entweder

(1) zum Verkauf im Rahmen der normalen Geschäftstätigkeit eines Unternehmens vorgesehen sind oder
(2) sich im Produktionsprozess befinden und zur Veräußerung bestimmt sind oder
(3) derzeit im Herstellungsprozess oder bei einer Dienstleistung verbraucht werden, um später als Bestandteil eines Endproduktes veräußert zu werden (ARB 43, Chap. 4.3).

Zeitliches Abgrenzungskriterium zwischen Vorrats- und Anlagevermögen ist hierbei der so genannte operating cycle, das heißt der Zeitraum von der Beschaffung bis zum Verkauf. Im Regelfall beträgt dieser Zeitraum ein Jahr, wobei es sich hierbei aber nicht um eine starre Obergrenze handelt (ARB 43, Chap. 3.5). Anderenfalls müsste zum Beispiel ein Cognac-Hersteller, der zur Erzielung eines qualitativ hochwertigen Produktes eine mehrjährige Lagerung durchführen muss, das originäre Produkt seines Unternehmens – den Cognac – als Anlagevermögen bilanzieren.

Aufgrund der unterschiedlichen Bewertung der Vorräte mit ihren Anschaffungs- oder Herstellungskosten ist eine entsprechende Gliederung in der Bilanz oder in den Notes vorzunehmen (ARB 43, Chap. 4.3; Reg. S-X, § 210.5-06 [a])

- Handelsware (merchandise)
- unfertige Erzeugnisse (work in progress)
- Fertigerzeugnisse (finished goods)
- Rohstoffe (raw material)
- Hilfs- und Betriebsstoffe (supplies)

3.4.2.1 Ansatz

Grundsätzlich werden Vorräte mit den Kosten angesetzt, die anfallen, um sie an ihren Einsatzort und in den gewünschten Zustand zu verbringen. Hierzu zählen die direkt und indirekt zurechenbaren Ausgaben und Belastungen sowie die eingegangenen Verpflichtungen (ARB 43, Chap. 4.5).

Die Zusammensetzung der Anschaffungs- oder Herstellungskosten wurde in Kapitel 2.4 erläutert.

3.4.2.2 Lower-of-Cost-or-Market-(LCM)-Test

Nach der Ermittlung der Anschaffungs- beziehungsweise Herstellungskosten ist in einem weiteren Schritt zu überprüfen, ob diese marktgerecht sind, das heißt ob sie nicht höher als die Wiederbeschaffungskosten sind (ARB 43, Chap. 4.7).

Dieser so genannte Lower-of-Cost-or-Market-(LCM)-Test ist in zwei Schritten durchzuführen:

Zuerst ist ein Vergleichswert zu den Anschaffungs- beziehungsweise Herstellungskosten zu ermitteln. Dies ist der so genannte Marktwert. Im Regelfall entspricht er den Wiederbeschaffungskosten, ist aber durch zwei Grenzwerte beschränkt (ARB 43, Chap. 4.9):

- Obergrenze oder ceiling ist der Nettoveräußerungswert des Vorratsgegenstandes unter Abzug der Verkaufskosten und eventueller weiterer Kosten, die noch bis zur Fertigstellung anfallen.
- Untergrenze oder floor ist der Nettoveräußerungswert unter Abzug der normalen Gewinnmarge.

Solange sich die Wiederbeschaffungskosten innerhalb des Korridors zwischen Ober- und Untergrenze des Marktwertes befinden, sind sie selbst der maßgebliche Vergleichswert; über- oder unterschreiten sie die Grenzen, ist der jeweilige Grenzwert der Vergleichswert.

Im zweiten Schritt wird dann der so ermittelte Vergleichswert den Anschaffungs- beziehungsweise Herstellungskosten gegenübergestellt. Sollten diese den Vergleichswert überschreiten, sind die Kosten auf den Vergleichswert abzuschreiben.

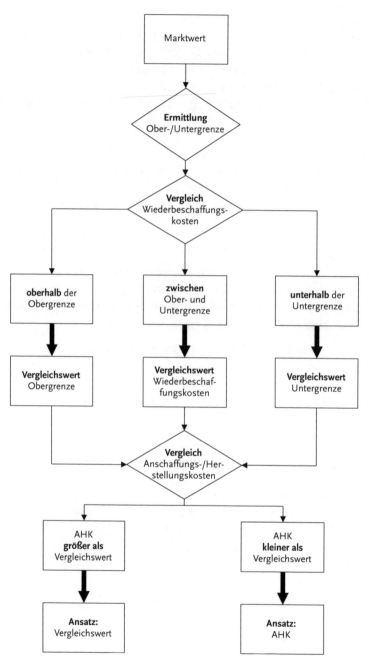

Abbildung 3.1: Prüfungsschema LCM-Test

Beispiel:
Die Produkte A bis D sind zu überprüfen.

Tabelle 3.3: Ermittlung der Grenzwerte

Produkt	Verkaufs-preis	./. Verkaufs-kosten	= Obergrenze (ceiling)	./. Gewinnauf-schlag	= Untergrenze (floor)
A	15,00	4,00	11,00	2,20	8,80
B	40,15	6,00	34,15	5,75	28,40
C	20,00	6,50	13,50	3,00	10,50
D	10,50	2,35	8,15	2,25	5,90

Tabelle 3.4: LCM-Test

Produkt	Anschaffungs-/ Herstellungskosten	Wiederbeschaffungs-kosten	Marktwert Obergrenze (ceiling)	Untergrenze (floor)	LCM
A	8,00	12,50	11,00	8,80	8,00
B	35,00	34,50	34,15	28,40	34,15
C	17,00	12,00	13,50	10,50	12,00
D	8,00	5,25	8,15	5,90	5,90
Summe					**60,05**

- Produkt A ist mit seinen Anschaffungs- beziehungsweise Herstellungskosten anzusetzen, da diese unterhalb der Wiederbeschaffungskosten liegen.
- Produkt B ist mit der Obergrenze des Marktwertes anzusetzen, da die Anschaffungs- beziehungsweise Herstellungskosten oberhalb der Wiederbeschaffungskosten liegen, diese aber durch die Obergrenze des Marktwertes gedeckt sind.
- Produkt C ist mit den Wiederbeschaffungskosten anzusetzen, da die Anschaffungs- beziehungsweise Herstellungskosten oberhalb der Wiederbeschaffungskosten liegen, diese sich aber innerhalb des Korridors des Marktwertes bewegen.
- Produkt D ist mit der Untergrenze des Marktwertes anzusetzen, da die Anschaffungs- beziehungsweise Herstellungskosten oberhalb der Wiederbeschaffungskosten liegen, diese aber durch die Untergrenze des Marktwertes beschränkt sind.

Der Gesamtwert der Vorräte ergibt sich aus der Summe der Einzelwerte.

Neben der Ermittlung der Werte für jeden einzelnen Vorratsgegenstand ist bei Gleichartigkeit der Gegenstände eine Bewertung des gesamten Vorratsvermögens zulässig (ARB 43, Chap. 4.11). Für das obige Beispiel ergibt sind dann folgende Darstellung:

Tabelle 3.5: Bewertung des gesamten Vorratsvermögens

Produkt	Anschaffungs-/ Herstellungskosten	Wiederbeschaffungskosten	Marktwert		LCM
			Obergrenze (ceiling)	Untergrenze (floor)	
A	8,00	12,50	11,00	8,80	
B	35,00	34,50	34,15	28,40	
C	17,00	12,00	13,50	10,50	
D	8,00	5,25	8,15	5,90	
Summe	68,00	64,25	66,80	53,60	**64,25**

Das Vorratsvermögen ist mit den Wiederbeschaffungskosten anzusetzen, da die Summe der Anschaffungs- beziehungsweise Herstellungskosten oberhalb der Summe der Wiederbeschaffungskosten liegen, diese sich aber innerhalb des Summenkorridors des Marktwertes bewegen.

3.4.2.3 Folgebewertung

Folgende Methoden stehen als Verbrauchsfolgeverfahren grundsätzlich zur Verfügung (ARB 43, Chap. 4.6):[12]

- Durchschnittsbewertung auf der Grundlage des gewichteten, einfachen oder variablen Durchschnitts
- FIFO-Methode
- LIFO-Methode
- Dollar-Value-LIFO-Methode

3.4.2.3.1 Durchschnittsbewertung

Bei der Durchschnittsbewertung auf der Grundlage des gewichteten Durchschnitts (weighted average) wird der Wert des Vorratsvermögens auf der Grundlage des Quotienten aus der Summe der Anschaffungskosten und der Summe der gekauften Einheiten ermittelt.

Demgegenüber wird beim einfachen Durchschnitt (simple average) der Quotient aus der Summe der Anschaffungskosten pro Einheit und der Gesamtzahl der Anschaffungen gebildet.

[12] Beispiele: AICPA, *Accounting Trends & Techniques 2006*, S. 154 ff

Tabelle 3.6: Durchschnittsbewertung gewichteter Durchschnitt

	Stücke/Menge	Wert	Preis pro Einheit
Anfangsbestand	200	400,00	2,00
Zugang	300	630,00	2,10
Zugang	100	170,00	1,70
Summe	600	1200,00	5,80

Der Durchschnittswert auf der Grundlage des gewichteten Durchschnitts beträgt somit im vorstehenden Beispiel 2 Dollar per Einheit (1200 ./. 600 Dollar), auf der Grundlage des einfachen Durchschnitts 1,93 Dollar per Einheit (5,80 ./. 3 Dollar).

Die Durchschnittsbewertung unter Verwendung des variablen Durchschnitts beruht demgegenüber auf einer permanenten Bewertung. Nach jeder Bestandsveränderung wird der neue Durchschnittswert ermittelt.

Tabelle 3.7: Durchschnittsbewertung variabler Durchschnitt

	Stücke/Menge	Wert	Preis pro Einheit
Anfangsbestand	200	400,00	2,00
./. Abgang	100	200,00	
Bestand	100	200,00	2,00
+ Zugang	300	630,00	
Bestand	400	830,00	2,08
./. Abgang	100	207,50	
Bestand	300	622,50	2,08

3.4.2.3.2 FIFO-Methode

Die Anwendung der FIFO-Methode setzt eine fortlaufende Aufzeichnung der Zugänge voraus.

Tabelle 3.8: FIFO-Methode

	Stücke/Menge	Wert		Preis pro Einheit
Anfangsbestand	100	600,00		6,00
+ Zugang	50	400,00		8,00
+ Zugang	50	450,00		9,00
Buchbestand	200	1450,00		
Endbestand	70	610,00	50×9	
			20×8	
Verbrauch	130	840,00		100×6
				30×8

Entsprechend dem Prinzip des First in first out ermittelt sich der Wert des Verbrauchs aus den Werten des Anfangsbestandes und eventuell der ersten Zugänge, der Wert des Endbestandes wird konsequenterweise aus den letzten Zugängen ermittelt.

3.4.2.3.3 LIFO-Methode

Bei der allgemein üblichen periodischen Bewertung der Vorräte nach der LIFO-Methode ergibt sich spiegelbildlich zur FIFO-Methode der Wert des Endbestandes aus den Werten des Anfangsbestandes und eventuell der ersten Zugänge, während sich der Wert des Verbrauchs aus den letzten Zugängen ermittelt.

Tabelle 3.9: LIFO-Methode

	Stücke/Menge	Wert		Preis pro Einheit
Anfangsbestand	100	600,00		6,00
+ Zugang	50	400,00		8,00
+ Zugang	50	450,00		9,00
Buchbestand	200	1450,00		
Endbestand	70	420,00	70×6	
Verbrauch	130	1030,00		50×9
				50×8
				30×6

3.4.2.3.4 Dollar-Value-LIFO-Methode

Diese Sonderform der LIFO-Methode basiert auf dem Grundgedanken, die Bewertung des Vorratsvermögens nicht auf der Basis der Stückzahlen, sondern auf einer Wertbasis vorzunehmen.

Ausgangspunkt ist der Marktwert des Vorratsvermögens zum Bilanzstichtag. Dieser Wert ist um die durchschnittliche Preissteigerung des abgelaufenen Bewertungszeitraums zu reduzieren, so dass sich ein Marktwert zu Beginn des Bewertungszeitraums ergibt. Von diesem neu ermittelten Wert ist dann der Grundwert des Vorratsvermögens des vorangegangenen Bilanzstichtages (base layer) abzuziehen. Die sich hieraus ergebende Differenz ist um die Preissteigerungsrate zu erhöhen, woraus sich die effektive Wertsteigerung des Vorratsvermögens errechnet. Um diesen Betrag ist dann der Wert des Vorjahres zu erhöhen, womit sich der neu bewertete Grundwert des Vorratsvermögens zum Bilanzstichtag ergibt.

Beispiel:
- Grundwert des Vorratsvermögens zum 31.12.04: 20000
- Marktwert zum 31.12.2005: 26400
- durchschnittliche Preissteigerungsrate: 20 Prozent

Hieraus ergibt sich nachfolgende Berechnung:

Tabelle 3.10: Berechnung Dollar-LIFO-Methode

	Marktwert 31.12.05	26400
./.	Preissteigerungsrate	4400
	Marktwert 01.01.05	22000
./.	Grundwert 31.12.04	20000
	Differenz	2000
×	Preissteigerungsrate	400
	Wert Differenz 31.12.05	2400
+	Grundwert 31.12.04	20000
=	**neu bewerteter Grundwert 31.12.05**	**22400**

3.4.2.4 Anhangsangaben

Neben der bereits zu Beginn erwähnten Unterteilung der Vorräte – soweit diese nicht bereits in der Bilanz erfolgt ist – sind für jede einzelne Gruppe folgende Angaben zu machen (ARB 43, Chap. 4.3/.5; Reg. S-X, §2105-06):

- Darstellung der Bestandteile der Anschaffungs- beziehungsweise Herstellungskosten sowie eventuelle Veränderungen dieser Zusammensetzung
- Darstellung des jeweiligen Verbrauchsfolgeverfahrens (Durchschnitt, FIFO, LIFO, Dollar-Value-LIFO)
- Gesamtbetrag der zwar als Aufwand verbuchten, aber im Zusammenhang mit dem Vorratsvermögen stehenden allgemeinen Kosten (zum Beispiel Vertrieb, Verwaltung)
- wesentliche oder ungewöhnliche Verluste, die sich aus der Anwendung der LCM-Methode ergeben haben

Bei Anwendung der LIFO-Methode im Fall einer wesentlichen Abweichung von den Wiederbeschaffungskosten oder vom Marktwert ist die zusätzliche Angabe dieses Wertes erforderlich.

3.4.3 Beteiligungen

Unter dem Oberbegriff Beteiligungen (investments) werden sowohl die marktgängigen Wertpapiere (marketable securities), vergleichbar mit den Finanzanlagen des Umlaufvermögens nach HGB, als auch die langfristigen Investitionen (long-term investments), vergleichbar mit den Finanzanlagen des Anlagevermögens, behandelt.

3.4.3.1 Einteilung und Klassifizierung

Für die bilanzielle Erfassung von Wertpapieren werden diese in drei Kategorien eingeteilt (FAS 115.6):

- bis zur Endfälligkeit gehalten (held to maturity)
- zum Handel bestimmt (trading)
- zur Veräußerung verfügbar (available for sale)

Welche Wertpapiere im Einzelnen diesen Kategorien zuzuordnen sind, hängt von der allgemeinen Klassifizierung ab, wonach sich Wertpapiere generell in zwei große Gruppen unterteilen lassen:

- Schuldpapiere (debt securities)
- Dividendenpapiere (equity securities)

Unter den debt securities versteht man solche Wertpapiere, durch die eine Gläubiger-Schuldner-Beziehung mit einem anderen Unternehmen entsteht (FAS 115.137). Hierunter zählen öffentliche Anleihen, Industrieanleihen sowie kurzfristige Anleihen (commercial papers). Optionen, Futures und Forwards sowie Leasingverträge sind ausdrücklich ausgeschlossen. Alle Wertpapiere dieser Gruppe sind entsprechend den drei Kategorien zu bilanzieren.

Demgegenüber sind equity securities Wertpapiere, die einen Anteil an einem Unternehmen (zum Beispiel Stamm- oder Vorzugsaktien) oder das Recht auf Erwerb oder Veräußerung eines solchen Anteils (zum Beispiel Call- beziehungsweise Put-Optionen) verbriefen (FAS 115.137). Deren bilanzielle Behandlung hängt vom Umfang des Anteilsbesitzes ab:[13]

- Bei einem Anteilsbesitz von weniger als 20 Prozent der ausstehenden Aktien werden diese Wertpapiere als marketable equity securities eingestuft und in die Kategorien »zum Handel bestimmt« oder »zur Veräußerung verfügbar« eingeteilt.
  Da eine Endfälligkeit bei einem Anteilsbesitz nicht möglich ist, entfällt die entsprechende Kategorie.
- Ein Anteilsbesitz zwischen 20 und 50 Prozent indiziert, dass der Investor einen wesentlichen Einfluss auf die operativen und finanziellen Entscheidungen des Unternehmens hat, an dem er die Anteile hält. Dies hat zur Folge, dass eine andere Form der Bilanzierung zu wählen ist, die Beteiligungsbewertung at equity.[14]
- Steigt der Anteilsbesitz über 50 Prozent, so ist davon auszugehen, dass der Investor aufgrund seiner Mehrheit das Unternehmen kontrolliert. In diesem Fall ist in der Regel eine Vollkonsolidierung durch Erstellung eines Konzernabschlusses erforderlich.[15]

3.4.3.2 Held-to-Maturity-Wertpapiere

Investitionen in Schuldpapiere sind als »bis zur Endfälligkeit gehalten« zu kategorisieren, wenn das bilanzierende Unternehmen die positive Absicht und die finanzielle Fähigkeit hat, das Investment bis zur Endfälligkeit zu halten (FAS 115.7).

Diese Voraussetzungen sind nicht erfüllt, wenn das Unternehmen lediglich entschieden hat, die Wertpapiere eine unbestimmte Zeit zu halten oder wenn sie unter bestimmten Voraussetzungen, zum Beispiel bei Änderungen des Marktzinses oder des Währungsrisikos oder bei einem Liquiditätsengpass, dennoch zum Verkauf stünden (FAS 115.9).

---

[13] Whittington et al., *Wiley CPA Examination Review 2006 Financial Accounting & Reporting*, S. 574; Delaney et al., *WILEY GAAP 2007*, S. 443
[14] Siehe Kapitel 3.4.3.6
[15] Siehe Kapitel 5

Bei einer Eingruppierung in diese Kategorie werden diese Wertpapiere mit ihren Anschaffungskosten erfasst, die sich grundsätzlich bis zum Erreichen der Endfälligkeit nicht ändern. Von dieser Regel gibt es nur zwei Ausnahmen:[16]

1. die Verteilung von Agien oder Disagien unter Anwendung der Effektivzinsmethode über die Laufzeit;
2. eventuelle außerplanmäßige Abschreibungen beim eindeutigen Nachweis einer dauerhaften Wertminderung.

Diese stellen die so genannten fortgeführten Anschaffungskosten (amortized costs) dar.

Beispiel:
Ein Unternehmen erwirbt debt securities für 50 000 Dollar und kategorisiert sie als held to maturity. Zum Bilanzstichtag hat sich zum einen der Börsenkurs dieser Wertpapiere um 8000 Dollar verschlechtert, zum anderen erfährt das Unternehmen, dass das emittierende Unternehmen Insolvenz angemeldet hat, mit der Folge, dass lediglich 50 Prozent zurückgezahlt werden.
Während die Börsenkursschwankungen unberücksichtigt bleiben, kann das Unternehmen davon ausgehen, dass durch die Insolvenzanmeldung eine dauerhafte Wertminderung eingetreten ist, mit der Folge, dass die Wertpapiere um 25 000 Dollar ergebniswirksam abzuschreiben sind.
Sollte das Unternehmen im weiteren Verlauf erfahren, dass entgegen der ursprünglichen Annahme nunmehr 75 Prozent zurückgezahlt werden, ist diese Wertsteigerung um 12 500 Dollar nicht zu erfassen (FAS 115.16).

3.4.3.3 Trading-Wertpapiere

Schuld- und Dividendenpapiere, die mit der primären Absicht gekauft und gehalten werden, kurzfristig einen Gewinn aus dem Wiederverkauf zu erzielen, sind als Trading-Wertpapiere einzusortieren (FAS 115.12 a).
Diese Wertpapiere werden ebenfalls mit ihren Anschaffungskosten erfasst, die Folgebewertung erfolgt aber zum Fair Value. Fair Value ist in diesem Zusammenhang der jeweilige Börsenkurs (level 1 input).[17] Die entsprechenden Veränderungen des Börsenkurses sind ergebniswirksam in der Gewinn-und-Verlust-Rechnung auszuweisen (FAS 115.13 S. 1).

---

16) Bragg, *GAAP Implementation Guide*, S. 154
17) Vgl. Kapitel 3.3.6

3.4.3.4 Available-for-Sale-(AFS)-Wertpapiere

Schuld- und Dividendenpapiere, die in keine der beiden vorgenannten Kategorien eingegliedert werden können, sind in dieser Kategorie zu erfassen (FAS 115.12 b).

Auch diese Wertpapiere werden erstmals mit ihren Anschaffungskosten erfasst und danach mit dem Fair Value folgebewertet. Im Gegensatz zu den Trading-Wertpapieren werden aber Gewinne und Verluste aus der Veränderung des Börsenkurses ergebnisneutral gegen die Eigenkapitalposition other comprehensive income (OCI) verbucht (FAS 115.13 S. 2). Diese Position wird erst bei Verkauf der Wertpapiere aufgelöst.

Sollte sich zusätzlich eine dauerhafte Wertminderung des Wertpapiers ergeben, so ist diese wie bei den Held-to-Maturity-Wertpapieren direkt ergebniswirksam zu erfassen (FAS 115.16). Jede nachfolgende Wertsteigerung über die neue Berechnungsgrundlage hinaus kann deshalb nicht direkt ergebniswirksam erfasst werden, sondern ist ebenfalls bis zum Verkauf des Wertpapiers gegenüber dem Eigenkapital zu verbuchen.[18]

Beispiel:
Ein Unternehmen erwirbt debt securities für 20 000 Dollar und kategorisiert sie als available for sale. Zum ersten Quartalsstichtag hat sich der Börsenkurs dieser Wertpapiere auf 15 000 Dollar verschlechtert. Das Unternehmen geht davon aus, dass es sich bei dem Verlust lediglich um eine temporäre Kursschwankung handelt. Die Kursdifferenz von 5000 Dollar ist ergebnisneutral im OCI auszuweisen.

Zum nächsten Quartalsstichtag bestehen deutliche Anzeichen, dass es sich um eine dauerhafte Wertminderung handelt. Der Betrag von 5000 Dollar ist vom OCI in die Gewinn-und-Verlust-Rechnung umzubuchen.

Zum Bilanzstichtag am Jahresende hat sich der Kurs der Wertpapiere auf 18 000 Dollar erholt. Da der neue Kurswert den aktuellen Buchwert der Wertpapiere (15 000 Dollar) übersteigt, ist die Differenz von 3000 Dollar ebenfalls ergebnisneutral im OCI zu erfassen.

- Schließlich werden die Wertpapiere Ende des ersten Quartals des Folgejahres für 21 000 Dollar veräußert. Hierdurch ist zum einen ein Veräußerungsgewinn von 3000 Dollar in der Gewinn-und-Verlust-Rechnung auszuweisen, zugleich aber auch der Saldo der entsprechenden OCI-Position (Verlust aus Wertpapieren: 2000 Dollar) ergebniswirksam aufzulösen.

---

[18] Bragg, GAAP Implementation Guide, S. 152

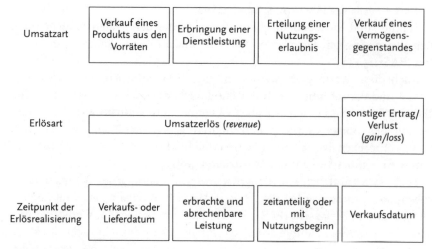

Abbildung 3.2: Übersicht der bilanziellen Darstellung der Kategorien

- Per saldo ergibt sich somit ein Gewinn von 1000 Dollar, der der Differenz zwischen den ursprünglichen Anschaffungskosten und dem Verkaufspreis entspricht.

3.4.3.5 Umklassifizierungen

Wertpapiere, die ursprünglich als Trading-Wertpapiere klassifiziert worden sind, können problemlos in die Gruppe der AFS-Wertpapiere umgebucht werden, da eventuelle Gewinne oder Verluste aus Kursänderungen bei Trading-Wertpapieren unmittelbar erfolgswirksam erfasst worden sind.

Sollen dagegen umgekehrt AFS-Wertpapiere in die Gruppe der Trading-Wertpapiere umklassifiziert werden, werden alle bis dahin erfassten, nicht realisierten Gewinne oder Verluste erfolgswirksam.

Beispiel:

Ein Unternehmen beschließt, AFS-Wertpapiere im Werte von 100 000 Dollar innerhalb des nächsten Quartals zu veräußern und deshalb in die Kategorie trading securities umzubuchen. Die ursprünglichen Anschaffungskosten betrugen 120 000 Dollar; der Börsenkurs zum Zeitpunkt der Umbuchung beträgt 112 000 Dollar. Neben dem aktuellen Gewinn von 12 000 Dollar, der im Rahmen der Umbuchung in der Gewinn-und-Verlust-Rechnung auszuweisen ist, ist ebenfalls die dazugehörige OCI-Position (Verlust aus Wertpapieren: 20 000 Dollar) erfolgswirksam aufzulösen.

3.4.3.6 Bewertung at equity [19]

Die Beteiligungsbewertung at equity wird auf Dividendenpapiere angewendet, aufgrund deren der Investor einen Anteil von 20 bis 50 Prozent an den ausstehenden Aktien eines Unternehmens hält und damit einen maßgeblichen Einfluss auf die Geschäfts- und Finanzpolitik hat. [20]

Der Erstansatz dieser Wertpapiere erfolgt, wie bei allen anderen Wertpapieren auch, mit deren Anschaffungskosten. Die Folgebewertung löst sich dann aber von der Entwicklung des Börsenkurses dieser Beteiligung. Vielmehr wird der Buchwert entsprechend dem Anteil des Investors am Jahresergebnis des Beteiligungsunternehmens angepasst (APB 18.6 b).

Des Weiteren sind auch die Anpassungen vorzunehmen, die im Rahmen der Erstellung eines Konzernabschlusses anfallen würden, wie zum Beispiel anteilige Aufdeckung eventueller stiller Reserven oder Lasten, Werthaltigkeitstest eines eventuell erworbenen Goodwill, Eliminierung der Ergebnisse aus dem Intercompany-Handel.

Beispiel (unter Vernachlässigung latenter Steuern):
Das Unternehmen A erwirbt zum Preis von 48 000 Dollar eine Beteiligung von 40 Prozent am Unternehmen B, dessen bilanzielles Reinvermögen 120 000 Dollar beträgt. Die Buchwerte der current assets und der liabilities in der Bilanz des Unternehmens B entsprechen dem Fair Value; bei den übrigen Werten ergeben sich aber folgende stille Reserven:

Tabelle 3.11: Unterschiede Buchwert – Fair Value

	Buchwert	Fair Value	Differenz
Grundstücke	15000	25000	10000
Gebäude	20000	27000	7000
bewegliches Anlagevermögen	25000	36000	11000
Summe	60000	88000	28000

Zum Bilanzstichtag hat das Unternehmen B einen Jahresüberschuss von 10 000 Dollar erzielt. Kapitalveränderungen oder eine Dividendenausschüttung haben nicht stattgefunden. Zunächst sind die stillen Reserven beteiligungsproportional aufzudecken und dann entsprechend der voraussichtlichen Nutzungsdauer abzuschreiben.

---

[19] AICPA, *Accounting Trends & Techniques 2006*, S. 171 ff
[20] Weygandt et al., *Accounting Principles*, S. 682

Tabelle 3.12: Aufdeckung der stillen Reserven und Abschreibung

	Buchwert	Fair Value	Differenz	davon 40 Prozent	ND (Jahre)	Abschreibung p.a.
Grundstücke	15000	25000	10000	**4000**		
Gebäude	20000	27000	7000	**2800**	33,3	84
bewegliches Anlagevermögen	25000	36000	11000	**4400**	5	880
Summe	60000	88000	28000	**11200**		964

Unter Berücksichtigung des Anteils am Jahresüberschuss ergibt sich somit folgende Beteiligungsbewertung:

- Eröffnungsbuchwert: 48000
- zuzüglich 40 Prozent des Jahresüberschusses 4000
- abzüglich Abschreibung stiller Reserven 964
- Buchwert zum Bilanzstichtag 51036

Der Differenzbetrag von 3036 Dollar ist ergebniswirksam unter einer gesonderten GuV-Position auszuweisen.

3.4.4 Derivative Finanzinstrumente

Unter einem Finanzderivat oder einem derivativen Finanzinstrument versteht man Anlageformen, die von einfachen direkten Finanzanlagen abgeleitet werden. Es gibt typischerweise zwei Gründe, warum ein Unternehmen ein Derivat angeschafft hat: entweder zu Spekulationszwecken (so genannte freistehende derivative Finanzinstrumente) oder zu Sicherungszwecken (Hedge Accounting).

Typische Finanzderivate sind Termingeschäfte (zum Beispiel Forwards, Futures, Swaps), Optionen und Zinsgeschäfte (zum Beispiel Caps, Floors, Collars).

3.4.4.1 Grundlagen

Unabhängig von dieser Einteilung gelten für derivative Finanzinstrumente folgende grundlegenden Entscheidungen (FAS 133.3):

a) Derivative Finanzinstrumente stellen Rechte oder Verpflichtungen dar, die in der Regel die allgemeinen Definitionen von Vermögenswerten oder Verbindlichkeiten erfüllen und die deshalb im Jahresabschluss zu erfassen sind.

b) Der Fair Value ist die einzig relevante Bemessungsgrundlage.
c) Nur Positionen, die Vermögenswerte oder Verbindlichkeiten (also Bilanzpositionen) darstellen, sind zu erfassen.
d) Hedge Accounting ist nur unter besonderen Voraussetzungen möglich.

3.4.4.2 Allgemeiner Ansatz

Unter Derivaten versteht man hierbei alle Finanzinstrumente oder Verträge, die folgende drei Voraussetzungen kumulativ erfüllen (FAS 133.6):

a) Der Wert des Derivats hängt von
   1) einem oder mehreren Basiswerten (underlyings) (zum Beispiel Zinssätze, Wechselkurse, Wertpapierkurse et cetera),
   2) einem oder mehreren Nominalbeträgen (zum Beispiel Währungseinheit, Anzahl von Anteilen oder jede andere Maßeinheit; FAS 133.7)

   oder von beiden ab.
b) Der ursprüngliche Erwerb erforderte keine oder nur eine geringe Nettozahlung (FAS 133.8).
c) Die vertraglichen Vereinbarungen erlauben die Glattstellung der Forderungen und Verbindlichkeiten (FAS 133.9).

3.4.4.3 Bewertung von freistehenden Derivaten

Freistehende Derivate sind mit ihrem Fair Value zu bewerten (FAS 133.17). Gewinne und Verluste aus der Folgebewertung des Fair Value sind ergebniswirksam in der Gewinn-und-Verlust-Rechnung auszuweisen (FAS 133.18a). Aufgrund dieser Darstellung ergibt sich, dass freistehende derivative Finanzinstrumente in der Kategorie trading der übrigen Finanzinstrumente auszuweisen sind.[21]

3.4.4.4 Hedge Accounting

Das Hedge Accounting befasst sich mit der bilanziellen Abbildung von Sicherungsbeziehungen. Im Rahmen seiner Geschäftstätigkeit unterliegt ein Unternehmen unterschiedlichen finanziellen Risiken: aufgrund der Veränderung von Zinssätzen, Wechselkursen, Rohstoff- oder Güterpreisen können sich der Wert einer Bilanzposition, künftige Zahlungen oder das Eigenkapital eines Tochterunternehmens im Rahmen einer Konsolidierung ändern. Um diese Risiken zu eliminieren oder zumindest zu minimieren, werden so genannte Sicherungsgeschäfte abgeschlossen. Hierbei wird einem Grundgeschäft (hedged item) – also dem Geschäft, das das Risiko be-

---

21) Vgl. Kap. 3.4.3.3

ziehungsweise die Risiken begründet – ein gegenläufiges Geschäft als Sicherungsinstrument (hedging instrument) – also das Geschäft, das das Risiko beziehungsweise die Risiken (des Grundgeschäfts) absichert – gegenübergestellt.

Wenn zum Beispiel ein Unternehmen eine Forderung in einer ausländischen Währung (Grundgeschäft) hat, so kann es zur Absicherung ein Devisentermingeschäft über den Verkauf der fremden Währung zu identischen Konditionen (Sicherungsinstrument) abschließen. Dies hat zur Folge, dass eventuelle Währungsschwankungen ausgeglichen werden: Erhöht sich die Forderung durch einen günstigeren Wechselkurs, erhöht sich in gleichem Umfang die Verbindlichkeit und umgekehrt.

Die Absicherung erfolgt im Regelfall mit Hilfe von Finanzderivaten. Die Verbindung der beiden Geschäfte wird als Sicherungsbeziehung bezeichnet. Durch die Gegenläufigkeit der beiden Geschäfte werden Änderungen (Verluste und Gewinne) annähernd kompensiert. Eine vollständige Kompensation ist deshalb nicht möglich, weil beim Abschluss des Sicherungsgeschäftes zusätzliche Kosten wie zum Beispiel Prämien anfallen, die nicht durch einen gegenläufigen Gewinn abgedeckt sind.

Um aber generell ein Grundgeschäft mit einem Sicherungsinstrument zusammenfassen zu können, muss ein so genannter Sicherungszusammenhang gegeben sein. Dieser liegt nur dann vor, wenn die Sicherungsbeziehung ab ihrer Begründung über die gesamte Laufzeit hinweg nachweislich als hochgradig effektiv eingestuft werden kann (FAS 133.22 b). Hierunter versteht man, dass die möglichen Änderungen im Grundgeschäft durch die Wertänderungen des Finanzderivats, also des Sicherungsinstruments, kompensiert werden können.

FAS 133 bietet keine weitergehende Konkretisierung, wann von einer hochgradigen Effektivität ausgegangen werden kann. Aus diesem Grunde wird in der Literatur einerseits auf die vergleichbare Vorschrift des IAS 39 verwiesen,[22] andererseits als Ersatz auf die alte Definition des FAS 80 zurückgegriffen.[23] Schließlich kommen beide Meinungen zum gleichen Ergebnis: bei einer Bandbreite von 80 bis 125 Prozent ist von einer hochgradigen Effektivität auszugehen. Der Prozentsatz wird dadurch ermittelt, dass zunächst die jeweiligen durchschnittlichen Wertänderungen sowohl der Grundgeschäfte als auch des Sicherungsinstruments gesondert ermittelt und dann ins Verhältnis gesetzt werden.

22) Delaney et al., *WILEY GAAP 2007*, S. 233
23) Whittington et al., *Wiley CPA Examination Review 2006 Financial Accounting & Reporting*, S. 708

Wenn also zum Beispiel beim Grundgeschäft ein durchschnittlicher Wertverlust von 150 und beim Finanzderivat ein durchschnittlicher Wertgewinn von 180 ermittelt werden kann, ergibt sich ein prozentuales Verhältnis von 83,33 Prozent (150 zu 180) beziehungsweise 120 Prozent (180 zu 150). In diesem Fall ist die Sicherheitsbeziehung als hochgradig effektiv einzustufen. Diese Einstufung ist während der gesamten Laufzeit der Sicherungsbeziehung zumindest alle drei Monate und bei jeder Erstellung eines Jahresabschlusses zu überprüfen.[24]

Entsprechend den Möglichkeiten, einen bilanziellen Ausgleich der Wertentwicklung von gesichertem Grundgeschäft und Sicherungsinstrument herbeizuführen, werden drei Arten von Sicherungsbeziehungen unterschieden:

- Fair-Value-Hedges
- Cashflow-Hedges
- Foreign-Currency-Hedges

3.4.4.4.1 Fair-Value-Hedges

Ein Fair-Value-Hedge wird dafür eingesetzt, den Wertansatz einer Bilanzposition gegen Marktpreisrisiken, zum Beispiel Wertschwankungen oder Zins- oder Währungsrisiken, abzusichern (FAS 133.20).

Nachfolgende Bilanzpositionen können nicht gesichert werden (FAS 133.21c):

1) Bilanzpositionen, die bereits zum Fair Value bilanziert werden und deren Veränderungen in der Gewinn-und-Verlust-Rechnung darzustellen sind;
2) Beteiligungen, die nach der At-Equity-Methode bewertet worden sind;
3) Minderheitenanteile an konsolidierten Tochterunternehmen;
4) Kapitalinvestitionen in konsolidierte Tochterunternehmen;
5) eine bindende Verpflichtung zum Unternehmenszusammenschluss;
6) eigene Anteile.

Sowohl die Bilanzposition als auch das Finanzderivat sind mit ihrem Fair Value auszuweisen; Wertschwankungen sind unmittelbar ergebniswirksam zu berücksichtigen (FAS 133.18b).

---

[24] Whittington et al., *Wiley CPA Examination Review 2006 Financial Accounting & Reporting*, S. 708

Beispiel:[25)]

Das Unternehmen A erwirbt am 2.1.2004 100 Aktien des Unternehmens B zum Preis von 50 Dollar je Aktie. Die Wertpapiere werden als available for sale eingestuft. Bis zum Jahresende steigt der Börsenkurs der Aktie auf 60 Dollar. Um einem eventuell sinkenden Aktienkurs vorzubeugen, erwirbt das Unternehmen am 31.12.2004 eine Option, die das Recht einräumt, die 100 Aktien des Unternehmens B zu einem Börsenkurs von 60 Dollar je Aktie zu verkaufen. Die Option erlischt am 31.12.2006; die Prämie beträgt 400 Dollar. Am 31.12.2006 verkauft das Unternehmen die Aktien zum Optionspreis.

Der Börsenkurs sowie der Zeitwert und der innere Wert der Option entwickeln sich in der Folgezeit wie folgt:

	2.1.04	31.12.04	31.12.05	31.12.06
Aktienkurs	50	60	57	52
Put-Option				
Zeitwert		400	200	0
innerer Wert		0	300	800

Im Zeitpunkt des Erwerbs der Option entspricht der Zeitwert dem Wert der zu zahlenden Prämie, während ein innerer Wert noch nicht besteht. Im weiteren Verlauf sinkt der Zeitwert, da dieser sich seinem Endpunkt nähert. In dem Beispiel ist aus Vereinfachungsgründen eine lineare Verringerung des Wertes angenommen worden; in der Praxis ist er von der tatsächlichen Marktentwicklung abhängig.

Der innere Wert der Option berechnet sich in den beiden Folgejahren aus der Differenz zwischen dem festgelegten Basiswert (60 Dollar) und dem tatsächlichen Börsenkurs, multipliziert mit der Anzahl der Aktien (3 Dollar×100 Aktien beziehungsweise 8 Dollar×100 Aktien). Buchungstechnisch ist der Vorgang folgendermaßen zu erfassen:

2.1.04
Erwerb der Aktien
AFS-Wertpapiere   5000
                         an Kasse/Bank   5000

---

25) In Anlehnung an: Whittington et al., *Wiley CPA Examination Review 2006 Financial Accounting & Reporting*, S. 709 f

31.12.04
Wertsteigerung der Aktien
AFS-Wertpapiere   1000
                                          an OCI   1000

Erwerb der Option
Verkaufsoption   400
                                          an Kasse/Bank   400

31.12.05
Erhöhung des inneren Wertes der Option
Verkaufsoption   300
                                          an Gewinn aus
                                          Sicherungsgeschäft   300

Abnahme des Marktwertes der Aktien
Verlust aus Sicherungsgeschäft 300
                                          an AFS-Wertpapiere 300

Verlust des Zeitwertes der Option
Verlust aus Sicherungsgeschäft 200
                                          an Verkaufsoption   200

31.12.06
Erhöhung des inneren Wertes der Option
Verkaufsoption   500
                                          an Gewinn aus Sicherungs-
                                          geschäft   500

Abnahme des Marktwertes der Aktien
Verlust aus Sicherungsgeschäft 500
                                          an AFS-Wertpapiere 500

Verlust des Zeitwertes der Option
Verlust aus Sicherungsgeschäft 200
                                          an Verkaufsoption   200

Verkauf der Aktien zum Optionspreis
Bank/Kasse 6000
                                          an Verkaufsoption   400
                                          AFS-Wertpapiere   5200
                                          Gewinn aus Aktienverkauf
                                                                       400

Auflösung der OCI-Position
OCI   1000
                                          an Gewinn aus Aktienverkauf
                                                                      1000

3.4.4.4.2 Cashflow-Hedges

Ein Cashflow-Hedge dient der Absicherung von Zahlungsströmen aus bestehenden Vermögenswerten und Verbindlichkeiten (FAS 133.28). Erwartete Zahlungen aus zukünftigen Transaktionen können ebenfalls unter der Voraussetzung abgesichert werden, dass sie individuell festlegbar sind und dass ihr Eintritt wahrscheinlich ist (FAS 133.29 a/b).

In diesem Zusammenhang ist zu berücksichtigen, dass bei einem Cashflow-Hedge ein bilanzierungspflichtiges Derivat und ein bilanziell bisher noch nicht erfasster Zahlungsstrom zusammentreffen. Aus diesem Grunde werden Bewertungsgewinne und -verluste, die als das Ergebnis der effektiven Absicherung aus dem Sicherungsinstrument ermittelt werden, im Gegensatz zum Fair Value Hedge nicht unmittelbar im Periodenergebnis, sondern erfolgsneutral im Eigenkapital unter dem Posten other comprehensive income (OCI) erfasst. Die Beträge werden in künftigen Perioden erfolgswirksam in das Periodenergebnis umgebucht, um die gegenläufigen Verluste oder Gewinne aus dem abgesicherten Grundgeschäft auszugleichen. Hierbei ist zwischen einem effektiven und einem ineffektiven Teil des Sicherungszusammenhangs zu unterscheiden. Gleichen sich die korrespondierenden Gewinne und Verluste innerhalb dieses Sicherungszusammenhangs aus, spricht man vom effektiven Teil. Gleichen sich demgegenüber die beiden Positionen nicht vollständig aus (ineffektiver Teil), so ist die Differenz entweder als Nettogewinn oder Nettoverlust ergebniswirksam in der Gewinn- und Verlustrechnung zu erfassen (FAS 133.30).

Beispiel: [26]

Eine Brauerei befürchtet einen Preisanstieg für die von ihr verarbeitete Gerste in den nächsten Monaten (Kassakurs am 1.6. 2006: 215 Dollar pro Tonne). Um sich gegen dieses Risiko abzusichern, erwirbt die Brauerei am 1.6. 2006 eine Kaufoption auf ein Warentermingeschäft zum 30.9. 2006 für 300 Tonnen Gerste zum Terminkurs von 220 Dollar pro Tonne (Terminkurs am 1.6. 2006 zum 30.9. 2006). Die Prämie hierfür beträgt 2 000 Dollar. Am 30.9. 2006 steht der Kassakurs für eine Tonne Gerste bei 230 Dollar. Die Brauerei löst ihre Kaufoption ein und kauft die 300 Tonnen Gerste am freien Markt zum Kassakurs.

Die Kaufoption ist als Cashflow-Hedge einzustufen, da das Risiko der Veränderung der geplanten Umsatzerlöse aufgrund der Erhöhung des Einkaufspreises für den zu verarbeitenden Rohstoff abgesichert werden soll. Aus Ver-

---

[26] In Anlehnung an: Whittington et al., *Wiley CPA Examination Review 2006 Financial Accounting & Reporting*, S. 710 f

einfachungsgründen wird unterstellt, dass sich eventuelle Gewinne oder Verluste beim späteren Verkauf des Endproduktes ausgleichen.

Dieser Vorgang ist dann folgendermaßen zu verbuchen:

1.6.06
Erwerb der Kaufoption
Kaufoption   2000
                                        an Kasse/Bank   2000

30.9.06
Verlust des Zeitwertes der Option (Zeitablauf)
Verlust aus Sicherungsgeschäft   2000
                                        an Kaufoption   2000
Erhöhung des inneren Wertes der Kaufoption
Kaufoption   3000 [1]
                                        an OCI   300
Einlösung der Kaufoption
Kasse/Bank   3000
                                        an Kaufoption   3000
Einkauf der Gerste zum Kassakurs
Vorräte   69000 [2]
                                        an Kasse/Bank   69000

[1] Berechnung des inneren Wertes: 300 Tonnen × (Kassakurs 230 Dollar − Terminkurs 220 Dollar)

[2] Berechnung Kaufpreis: 300 Tonnen × Kassakurs 230 Dollar

Durch die Einlösung der Kaufoption erhöht die Brauerei ihre Liquidität um den Betrag, um den die auf Basis des Terminkurses geplanten Kosten die tatsächlichen Kosten auf Basis des Kassakurses übersteigen. Die OCI-Position wird erst ergebniswirksam bei der Ermittlung der Herstellungskosten des von der Brauerei hergestellten Getränks aufgelöst.

3.4.4.4.3 Foreign-Currency-Hedges

Foreign-Currency-Hedges werden für die Absicherung von Bilanzpositionen gegen Wechselkursrisiken eingesetzt. Diese werden in drei Kategorien eingeteilt (FAS 133.36):

a) Foreign-Currency-Fair-Value-Hedges
b) Foreign-Currency-Cashflow-Hedges
c) hedges of the currency exposure of a net investment in a foreign operation

Die bilanzielle Darstellung der ersten beiden Kategorien entspricht den Ausführungen zum Fair-Value- beziehungsweise Cashflow-Hedge. Die dritte Kategorie sichert Wechselkursrisiken bei der Umrechnung eines Einzelabschlusses in die Berichtswährung des Konzernabschlusses ab. Voraussetzung für die Annahme eines Sicherungszusammenhangs ist, dass das Sicherungsgeschäft mit dieser Absicht abgeschlossen und entsprechend genutzt wird (FAS 52.20). Wertschwankungen sind ergebnisneutral im OCI als Umrechnungsdifferenzen (translation adjustments) auszuweisen (FAS 133.42).

3.4.4.4.4 Dokumentation

Wie bereits dargestellt, ist Voraussetzung für die Anwendung des Hedge Accountings die Dokumentation des Sicherungszusammenhangs. Dementsprechend sind im Anhang sowohl die im Rahmen des Risikomanagements mit den Sicherungsgeschäften verfolgten Ziele als auch die Strategien zur Zielerreichung darzustellen. Hierzu ist zwischen den einzelnen Hedgearten zu differenzieren (FAS 133.44). So sind zum Beispiel anhand von Tabellen die Wertentwicklung der eingesetzten Finanzderivate und der jeweiligen Sicherungsgeschäfte als Berechnungsgrundlagen für die Ermittlung der hochgradigen Effektivität darzulegen. Die Darstellung im Fair-Value-Hedge-Beispiel über die Entwicklung des Aktienkurses sowie des Zeitwertes und des inneren Wertes der Option wäre in der dazugehörigen Dokumentation abzubilden.

Weiterhin sind die jeweiligen Wertschwankungen in ihrer Auswirkung auf die Gewinn-und-Verlust-Rechnung darzustellen (FAS 133.45). Bei dem Cashflow-Hedge-Beispiel wäre also unter anderem in der Dokumentation zu erläutern, wann das abgesicherte Risiko, also der zukünftige Umsatzerlös wahrscheinlich eintreten wird und inwieweit durch die Auflösung der OCI-Position die Veränderung in den dann auszuweisenden Herstellungskosten kompensiert wird.

3.4.5 Sachanlagen

Unter der Bilanzposition property, plant and equipment (PP&E) werden die Anlagegüter ausgewiesen, die in einem Unternehmen zur Produktion von Gütern und/oder zur Erbringung von Dienstleistungen bestimmt sind. Sie stehen nicht unmittelbar zum Verkauf, und ihre betriebsgewöhnliche Nutzungsdauer ist länger als ein Arbeitszyklus (operating cycle) im Unternehmen oder zumindest länger als ein Jahr (ARB 43, Chap. 3.4/5). [27]

27) Vgl. Kap. 3.4.2

In der Praxis [28] hat sich nachfolgende allgemeine Unterteilung der Sachanlagen durchgesetzt:

- Grundstücke (land)
- Gebäude und Einbauten (buildings and improvements)
- Technische Anlagen und Maschinen (machinery and equipment)
- Büro- und/oder Geschäftsausstattung (fixtures)

Die Aktivierungspflicht besteht unabhängig davon, ob das Unternehmen das Anlagegut durch Kauf, Tausch, Schenkung oder aufgrund eines Finanzierungsleasings erhalten oder dieses selbst hergestellt hat.

Unternehmen der Erdöl- und Gasindustrie aktivieren neben den oben genannten Anlagegütern unter gesondert festgelegten Voraussetzungen (vgl. FAS 19.11 ff) darüber hinaus auch die ihnen zur Verfügung stehenden natürlichen Ressourcen als weitere materielle Vermögenswerte.

3.4.5.1 Anlagenzugang

Die erstmalige Erfassung der Anlagegüter erfolgt mit den Kosten, die erforderlich sind, um den Vermögenswert zu erhalten und in den geplanten gebrauchsfertigen Zustand zu versetzen. Dies hat zur Konsequenz, dass der Umfang der zu aktivierenden Kosten von der Entscheidung des Managements über die zukünftige Verwendung des Anlagegutes abhängt. Beim Kauf sind somit neben dem Kaufpreis alle zurechenbaren Anschaffungsnebenkosten wie zum Beispiel Fracht, Gebühren, Installationskosten zu aktivieren; eventuelle Kaufpreisminderungen wie zum Beispiel Rabatte oder Skonti sind entsprechend zu berücksichtigen.

Demgegenüber sind Fremdkapitalzinsen nicht zu aktivieren, da im Regelfall ein gekauftes Anlagegut unmittelbar betriebsbereit ist, die Aktivierung von Fremdkapitalzinsen aber einen längeren Zeitraum bis zur Betriebsbereitschaft voraussetzt (FAS 34.6/10). Aus diesem Grunde sind auch bei einer Ratenzahlung die in den Raten enthaltenen Zinsen nicht zu aktivieren, sondern ausschließlich der Barwert der Ratenzahlung zum Zeitpunkt des Erwerbs; spiegelbildlich ist in gleicher Höhe eine Verbindlichkeit zu passivieren.

Werden mehrere Vermögenswerte zu einem Gesamtpreis (lump sum oder basket purchase) erworben, so sind die gesamten Anschaffungskosten auf die einzelnen Vermögenswerte zu verteilen. Dies erfolgt entweder unter Verwendung der beizulegenden Zeitwerte (Fair Value) der einzelnen Gegen-

---

[28] AICPA, *Accounting Trends & Techniques* 2006, S. 165 ff

stände oder, falls diese nicht ermittelbar sind, unter Berücksichtigung der Buchwerte des Verkäufers.[29]

Beispiel:
Zum Gesamtpreis von 60000 Dollar sind drei Vermögenswerte erworben worden, die folgende Zeitwerte haben: Vermögenswert A 30000 Dollar, Vermögenswert B 30000 Dollar, Vermögenswert C 20000 Dollar.

Tabelle 3.13: Verteilung der Anschaffungskosten

	Fair Value (FV)	anteiliger FV	Gesamtpreis	zugeordneter Kaufpreis
A	30000	0,375	60000	22500
B	30000	0,375	60000	22500
C	20000	0,25	60000	15000
Summe	**80000**			**60000**

Erhält ein Unternehmen ein Anlagegut durch Tausch, hängt die bilanzielle Darstellung zum einen davon ab, ob für das abgegebene Anlagegut ein Fair Value ermittelt werden kann oder nicht, und zum anderen, ob gleiche oder unterschiedliche Anlagegüter getauscht werden. Kann ein Fair Value nicht ermittelt werden, so entspricht der Wert des erhaltenen Anlagegutes dem Buchwert des abgegebenen Anlagegutes (APB 29.17).

Beispiel:
Ein Unternehmen tauscht eine technische Anlage (Anschaffungskosten 45000 Dollar; kumulierte Abschreibung 10000 Dollar) gegen eine Halle. Fair Values sind nicht zu ermitteln.
Aufgrund der Tatsache, dass in der Bilanz Sachanlagegüter grundsätzlich mit ihren ursprünglichen Kosten und die sich eventuell ergebenden kumulierten Abschreibungen in einer gesonderten Position dargestellt werden, sind bei einer Ausbuchung eines Anlagegutes sowohl die ursprünglichen Kosten als auch die kumulierten Abschreibungen zu eliminieren.

Buchung:
Halle   35000
kumulierte Abschreibung   10000
                                         an technische Anlage   45000

[29] Schroeder et al., *Financial Accounting*, S. 238

Kann ein Fair Value ermittelt werden, so kann bei der Ausbuchung des abgegebenen Anlagegutes ein Ertrag (gain) oder Verlust (loss) entstehen, der sich als Differenzbetrag zwischen dem Buchwert einerseits und dem Fair Value andererseits ergibt.

Handelt es sich um einen Verlust, so sind das erhaltene Anlagegut mit dem Fair Value sowie der Verlust erfolgswirksam auszuweisen.

Beispiel:
Ein Unternehmen tauscht eine technische Anlage mit einem Fair Value von 30 000 Dollar (Anschaffungskosten 45 000 Dollar; kumulierte Abschreibung 10 000 Dollar) gegen eine Halle.

Buchung:
Halle	30000		
kumulierte Abschreibung	10000		
Verlust aus Anlagenabgang	5000		
		an technische Anlage	45000

Handelt es sich demgegenüber um einen Ertrag, hängt dessen erfolgswirksame Erfassung davon ab, ob gleiche oder unterschiedliche Anlagegüter getauscht worden sind. Sind unterschiedliche Anlagegüter getauscht worden, geht man davon aus, dass mit dem Tausch der Erwerbsprozess abgeschlossen ist und mithin der Ertrag erfolgswirksam auszuweisen ist.

Im Gegensatz dazu ist beim Tausch gleicher Anlagegüter der Erwerbsprozess noch nicht abgeschlossen (APB 29.16 b). Dies hat zur Folge, dass auch noch kein Ertrag ausgewiesen werden kann, so dass in diesem Fall eine Erfassung des erhaltenen Anlagegutes mit dem Buchwert des abgegebenen Anlagegutes erfolgt.[30]

Beispiel:
Ein Unternehmen tauscht eine technische Anlage (A) mit einem Fair Value von 50 000 Dollar (Anschaffungskosten 45 000 Dollar; kumulierte Abschreibung 10 000 Dollar) gegen eine andere technische Anlage (B).

Buchung:
technische Anlage B	35000		
kumulierte Abschreibung	10000		
		an technische Anlage A	45000

[30] Whittington et al., *Wiley CPA Examination Review 2006 Financial Accounting & Reporting*, S. 232

Erstellt ein Unternehmen ein neues Anlagegut selbst, so sind die sich hieraus ergebenden Herstellungskosten entsprechend dem Vollkostensatz zu berücksichtigen. [31]

Im Gegensatz zur Anschaffung kann die Herstellung eines Anlagegutes und damit dessen Betriebsbereitschaft einen beträchtlichen Zeitraum in Anspruch nehmen (FAS 34.6). Sollten innerhalb dieses Zeitraums aufgrund der erforderlichen Aufwendungen Fremdkapitalzinsen anfallen (zum Beispiel Notwendigkeit der Kreditaufnahme oder Kontokorrentzinsen), sind diese Bestandteil der Herstellungskosten. Um den sich hieraus zwangsläufig ergebenden Arbeitsaufwand der gesonderten Darstellung in eine sinnvolle Relation zu dem präziseren Informationsgehalt des Umfangs der Herstellungskosten zu setzen, erfolgt eine Aktivierung der Fremdkapitalzinsen nur dann, wenn das Unternehmen das Anlagegut entweder zur eigenen Nutzung oder im Rahmen von gesonderten Projekten zum Verkauf oder zur Vermietung erstellt (FAS 34.8–10). Anderenfalls sind die Fremdkapitalzinsen als Finanzierungsaufwand darzustellen.

Wenn bei der Inbetriebnahme eines Anlagegutes zum einen bereits feststeht, dass nach Ablauf der betriebsgewöhnlichen Nutzungsdauer das Anlagegut wieder abgebaut, abgerissen oder anderweitig entfernt werden muss, zum anderen die hierfür anfallenden Kosten verlässlich ermittelt werden können, ist in Höhe des Barwertes dieser Kosten eine Rekultivierungsrückstellung zu bilden und der entsprechende Betrag zu den übrigen aktivierten Kosten hinzuzurechnen.

3.4.5.2 Folgekosten

Während der betriebsgewöhnlichen Nutzungsdauer eines Anlagegutes werden in der Folgezeit entstehende Kosten in Anlagekosten (capital expenditures; Konsequenz: Aktivierung) und laufenden Aufwand (revenue expenditures; Konsequenz: Aufwandsverbuchung) unterteilt.

Allgemein werden die Folgekosten wie folgt kategorisiert: [32]

- Ergänzungen/Erweiterungen (additions)
- Verbesserungen und Ersatz (improvements and replacements)
- Neuinstallationen und Umgestaltungen (reinstallations and rearrangements)
- Reparaturen (repairs)

---

31) Vgl. Kap. 2.4.2
32) Whittington et al., *Wiley CPA Examination Review 2006 Financial Accounting & Reporting*, S. 203

Kosten für Ergänzungen und Erweiterungen eines bestehenden Anlagegutes werden zu den ursprünglichen Anschaffungs- oder Herstellungskosten hinzuaktiviert. Wenn zum Beispiel in eine Fertigungsanlage ein weiteres Transportband eingebaut wird, um somit eine höhere Kapazität zu erreichen, sind die Kosten des Transportbandes sowie seines Einbaus zur Fertigungsanlage hinzuzuaktivieren.

Unter Verbesserungen und Ersatz versteht man den Austausch einer wesentlichen Komponente des Anlagegutes mit entweder einer gleichwertigen (Ersatz) oder besseren Komponente (Verbesserung). Wenn zum Beispiel das Antriebsaggregat dieser Fertigungsanlage so defekt ist, dass es ausgetauscht werden muss, so spricht man von einem Ersatz, wenn im Austausch ein Aggregat gleicher Bauart und Leistung, dagegen von Verbesserung, wenn ein Aggregat neuerer Bauart mit höherer Leistung eingebaut wird.

Falls der Buchwert der alten Komponente bekannt ist, ist dieser auszubuchen, und die Kosten für die neue Komponente sind hinzuzuaktivieren; falls der Buchwert nicht bekannt ist, sind die Kosten lediglich zu aktivieren.

Durch Neuinstallationen und Umgestaltungen soll im Regelfall eine höhere Effektivität in der Produktion oder eine Verringerung der Produktionskosten erreicht werden. Ist dieser zukünftige Nutzen nachweisbar, so sind die aus der Umgestaltung entstandenen Kosten zu aktivieren, anderenfalls als Aufwand zu verbuchen.

Bei den Reparaturkosten ist zu unterscheiden, ob es sich um regelmäßige Wartungskosten oder um Kosten für unregelmäßige Großreparaturen handelt. Regelmäßige Wartungskosten sind immer als Aufwand zu erfassen, während die Großreparaturkosten aufgrund der sich daraus üblicherweise ergebenden Verlängerung der betriebsgewöhnlichen Nutzungsdauer hinzuzuaktivieren sind.

In den Fällen der Aktivierung ist jeweils ergänzend die betriebsgewöhnliche Nutzungsdauer des Anlagegutes und die daraus resultierende Abschreibung zu überprüfen und gegebenenfalls anzupassen.

3.4.5.3 Folgeverfahren

Die ermittelten Anschaffungs- oder Herstellungskosten sind über die betriebsgewöhnliche Nutzungsdauer des Anlagegutes planmäßig zu verteilen und abzuschreiben. Die Abschreibung ist damit als Kostenallokation über einen Zeitraum – entgegen dem üblichen bilanziellen Sprachgebrauch – keine »(Folge-)Bewertung«. [33]

---

[33] U.a. Weygandt et al., *Accounting Principles*, S. 405

Die Bestimmung der betriebsgewöhnlichen Nutzungsdauer ist nicht formalisiert vorgegeben, sondern liegt in der Entscheidungsbefugnis des Managements. Grundsätzlich sind hierbei die abschreibbaren Anlagegüter in Gruppen zusammenzufassen, für die die jeweilige Nutzungsdauer anzugeben ist. Da die Nutzung eines einzelnen Anlagegutes aber individuell verschieden ist, wird für die Gruppen keine exakte Dauer (x Jahre), sondern ein Zeitraum (x bis y Jahre) festgelegt. Dieser Zeitraum ist umso größer, je unterschiedlicher die Anlagegüter sind, die in der entsprechenden Gruppe zusammengefasst wurden. [34]

Eine wesentliche Konsequenz der individuell festgelegten betriebsgewöhnlichen Nutzungsdauer besteht darin, dass nach Ablauf dieser Zeit das Anlagegut entweder verkauft oder verschrottet wird, also auszubuchen ist. Dies hat zur Folge, dass die in Deutschland übliche Technik der Abschreibung bis auf einen Restbuchwert von 1 Euro und der nachfolgenden weiteren Nutzung nicht möglich ist.

Eine fortgesetzte Nutzung nach Beendigung der planmäßigen Abschreibung indiziert, dass die ursprünglich festgelegte betriebsgewöhnliche Nutzungsdauer nicht der tatsächlichen Nutzung entspricht. Konsequenterweise wäre in einem solchen Fall die Nutzungsdauer neu zu ermitteln und eine entsprechende Anpassung der Abschreibung vorzunehmen, so dass dann die Abschreibung erst mit Ablauf der tatsächlichen Nutzung beendet ist.

Für die Ermittlung des Abschreibungsvolumens ist zu überprüfen, ob das Anlagegut nach seiner Nutzung noch einen Restwert hat, da ein solcher Betrag von den ermittelten Anschaffungs- oder Herstellungskosten abzuziehen wäre. Aus Praktikabilitätsgründen wird bei einer vollständigen eigenen Nutzung auf die Ermittlung eines Restwertes verzichtet,[35] es sei denn, das Anlagegut hätte bei seiner Verschrottung noch einen erheblichen Materialwert.

Auch die Bestimmung der Abschreibungsmethode liegt ausschließlich in der Entscheidung des Managements. Grundsätzlich ist die Methode zu wählen, die die tatsächliche Abnutzung des Anlagegutes am ehesten abbildet. Folgende Methoden stehen zur Verfügung: [36]

- lineare Abschreibung (straight line method)
- degressive Abschreibung (accelerated method) in der Form der geometrischen (declining balance method; gleich bleibender Prozentsatz)

---

[34] Beispiele in: AICPA, *Accounting Trends & Techniques 2006*, S. 168f
[35] Schroeder et al., *Financial Accounting*, S. 246
[36] Whittington et al., *Wiley CPA Examination Review 2006 Financial Accounting & Reporting*, S. 202

oder der arithmetischen Abschreibung (sum of the years' digits method; gleich bleibender Abschreibungsbetrag)
- leistungsbezogene Abschreibung (units of activity method)

Neben diesen Einzelmethoden besteht auch die Möglichkeit der Komponenten-/Gruppenabschreibung (composite/group depreciation method). In der Praxis wird überwiegend die lineare Abschreibung eingesetzt.

Tabelle 3.14: Häufigkeit der Anwendung der unterschiedlichen Abschreibungsmethoden [37]

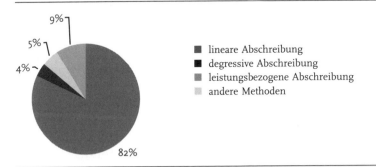

Entgegen einer landläufigen Meinung kennt auch das amerikanische Rechnungswesen eine gesonderte steuerliche Abschreibung, die es dem Unternehmen ermöglicht, einerseits im Jahresabschluss zum Beispiel die lineare Abschreibung, andererseits aber für die Berechnung des zu versteuernden Einkommens in der Steuererklärung eine Sonderform der degressiven Abschreibung zu nutzen, das so genannte MACRS (Modified Accelerated Cost Recovery System). Die Anwendung dieses Systems ist dem Unternehmen freigestellt.[38]

Bei einer Zugangsbuchung unterhalb des Jahres kann zwischen folgenden Abschreibungsmodellen gewählt werden:[39]

- vollständige Jahresabschreibung im Jahr der Anschaffung und keine Abschreibung im Jahr der Ausbuchung
- Halbjahresabschreibung im Jahr der Anschaffung und der Ausbuchung
- monatsgenaue Abschreibung

---

[37] Weygandt et al., *Accounting Principles*, S. 407
[38] Weygandt et al., *Accounting Principles*, S. 411
[39] Whittington et al., *Wiley CPA Examination Review 2006 Financial Accounting & Reporting*, S. 205

3.4.5.4 Werthaltigkeitsprüfung

Unabhängig von der planmäßigen Abschreibung hat ein Unternehmen bei gegebenem Anlass die Werthaltigkeit des Buchwertes seiner Anlagegüter zu überprüfen (impairment test). Hiermit soll einer Überbewertung vorgebeugt werden.

Folgende Gründe erfordern zwingend die Durchführung dieser Prüfung (FAS 144.8):

a) wesentlicher Rückgang des Marktwertes des Anlagegutes
b) wesentliche Nutzungsänderung oder Beeinträchtigung der Beschaffenheit des Anlagegutes
c) wesentliche Veränderungen des wirtschaftlichen und rechtlichen Umfeldes mit Auswirkungen auf das Anlagegut
d) wesentliche Erhöhung der ursprünglich erwarteten Anschaffungs- oder Herstellungskosten
e) gegenwärtige Umsatzeinbußen bei Nutzung des Anlagegutes in Verbindung mit entweder vergangenen Umsatzeinbußen oder einer Prognose zukünftiger Umsatzeinbußen
f) gegenwärtige Einschätzung einer Veräußerung oder Aufgabe des Anlagegutes vor Ende seiner betriebsgewöhnlichen Nutzungsdauer mit einer Wahrscheinlichkeit von mehr als 50 Prozent

Liegt einer der oben genannten Gründe oder ein vergleichbarer Grund vor, ist zunächst ein so genannter Recovery-Test durchzuführen (FAS 144.16). Hierbei werden der Buchwert und die Summe der zukünftig zu erwartenden, nicht diskontierten Cashflows aufgrund der Nutzung (und einer eventuellen Veräußerung) miteinander verglichen. Ist die Summe größer oder gleich dem Buchwert, gilt der Buchwert als werthaltig, das heißt, die Kosten des Anlagegutes können wieder eingebracht werden. Dies hat zur Folge, dass keine Anpassungsbuchungen erforderlich sind.

Ist die Summe demgegenüber kleiner als der Buchwert, liegt eine Wertminderung vor, die zu erfassen ist. In diesem Fall ist der Wertminderungsverlust gesondert zu ermitteln, da er sich nicht aus der Differenz zwischen dem Buchwert und der Summe der zukünftigen, nicht diskontierten Cashflows ergibt, sondern vielmehr aus der Differenz zwischen dem Buchwert und dem Fair Value des Anlagegutes.[40]

Sollte für das Anlagegut ein aktiver Markt existieren, das heißt, sollte das Anlagegut üblicherweise zu öffentlich bekannten Preisen gehandelt werden,

---

[40] Whittington et al., *Wiley CPA Examination Review 2006 Financial Accounting & Reporting*, S. 205/206

so wäre dieser Preis der anzusetzende Fair Value (FAS 144.22). Im Regelfall dürfte es aber so sein, dass ein solcher Markt nicht vorhanden ist. Dann muss das Unternehmen die zukünftigen Cashflows aufgrund des Marktwertes anhand einer Wahrscheinlichkeitsberechnung ermitteln und diese diskontieren. Die so ermittelte Summe stellt dann den Fair Value des Anlagegutes dar.

Der Differenzbetrag zwischen dem Buchwert und dem Fair Value ist abschließend als Verlust aus Wertminderung zu verbuchen (FAS 144.25). Eine eventuelle spätere Wertaufholung ist unzulässig.[41]

Beispiel (in Anlehnung an FAS 144.A 5 ff):

Ein Unternehmen überprüft zum Bilanzstichtag die Werthaltigkeit einer technischen Anlage, deren Buchwert 48 000 Dollar beträgt. Für die Zukunft bestehen zwei mögliche Vorgehensweisen:

- Verkauf der Anlage nach zwei Jahren
- Verkauf der Anlage nach Ablauf der Restnutzungsdauer von zehn Jahren

In einem ersten Schritt wird vergleichsweise der wahrscheinliche Cashflow bei beiden Vorgehensweisen ermittelt:

Tabelle 3.15: Recovery-Test: zukünftiger Cashflow

mögliche Geschäftstätigkeit	geschätzter Cashflow				wahrscheinlicher geschätzter CF
	Nutzung	Abgang	gesamt	Wahrscheinlichkeit	
Verkauf in … 2 Jahren	8	30	38	20 Prozent	7,6
	11	30	41	50 Prozent	20,5
	13	30	43	30 Prozent	12,9
					41,0
… 10 Jahren	36	1	37	20 Prozent	7,4
	48	1	49	50 Prozent	24,5
	55	1	56	30 Prozent	16,8
					48,7

(Angaben in 1000 Dollar)

[41] Whittington et al., *Wiley CPA Examination Review 2006 Financial Accounting & Reporting*, S. 206

Der zweite Schritt ist dann die Festlegung der Wahrscheinlichkeit, mit der die jeweilige Vorgehensweise gewählt werden wird, und die Ermittlung des sich daraus ergebenden Cashflows.

Tabelle 3.16: Recovery-Test: Wahrscheinlichkeitsberechnung

mögliche Geschäftstätigkeit	wahrscheinlicher geschätzter CF	Wahrscheinlichkeit	geschätzter CF
Verkauf in			
... 2 Jahren	41,0	60 Prozent	24,6
... 10 Jahren	48,7	40 Prozent	19,5
			44,1

(Angaben in 1000 Dollar)

Aufgrund eines erwarteten Cashflows von 44 100 Dollar ergibt sich, dass der Buchwert der technischen Anlage (48 000 Dollar) nicht werthaltig ist.

Der Fair Value der Anlage wird nun im dritten Schritt mit Hilfe der so genannten Barwerttechnik (present value technique) ermittelt. Hierzu wird der geschätzte zukünftige Cashflow entsprechend seiner Wahrscheinlichkeit pro Jahr ermittelt und unter Berücksichtigung von eventuellen Zinsschwankungen abgezinst.

Unterstellt, das Unternehmen würde sich entschließen, die technische Anlage bis zum Ablauf ihrer Restnutzungsdauer einzusetzen, ergäbe sich folgende Berechnung:

Tabelle 3.17: Ermittlung des Barwertes

Jahr	geschätzter Cashflow	Wahrscheinlichkeit	erwarteter Cashflow	Zinssatz	erwarteter Barwert
1	4,6	20%	0,9		
	6,3	50%	3,2		
	7,5	30%	2,3		
			6,3	5	**6,0**
2	4,6	20%	0,9		
	6,3	50%	3,2		
	7,5	30%	2,3		
			6,3	5,1	**5,7**
3	4,3	20%	0,9		
	5,8	50%	2,9		
	6,7	30%	2,0		
			5,8	5,2	**5,0**

Tabelle 3.17: (Fortsetzung)

Jahr	geschätzter Cashflow	Wahrscheinlichkeit	erwarteter Cashflow	Zinssatz	erwarteter Barwert
4	4,3	20%	0,9		
	5,8	50%	2,9		
	6,7	30%	2,0		
			5,8	5,4	4,7
5	4,0	20%	0,8		
	5,4	50%	2,7		
	6,4	30%	1,9		
			5,4	5,6	4,1
6	4,0	20%	0,8		
	5,4	50%	2,7		
	6,4	30%	1,9		
			5,4	5,8	3,9
7	3,9	20%	0,8		
	5,1	50%	2,6		
	5,6	30%	1,7		
			5,0	6,0	3,3
8	3,9	20%	0,8		
	5,1	50%	2,6		
	5,6	30%	1,7		
			5,0	6,2	3,1
9	3,9	20%	0,8		
	5,0	50%	2,5		
	5,5	30%	1,7		
			4,9	6,4	2,8
10	4,9	20%	1,0		
	6,0	50%	3,0		
	6,5	30%	2,0		
			5,9	6,6	3,1
					41,7

(Angaben in 1000 Dollar)

Der so ermittelte Barwert des zukünftigen Cashflows von 44 700 Dollar stellt den Fair Value der Anlage dar, mit der Folge, dass in Höhe der Differenz von 3 300 Dollar (48 000 Dollar [Buchwert] ./. 44 700 Dollar [Fair Value]) ein Wertminderungsbedarf besteht.

3.4.5.5 Anlagenabgang

Wie bereits dargestellt, sind aufgrund der Tatsache, dass in der Bilanz Sachanlagegüter grundsätzlich mit ihren ursprünglichen Kosten und die sich ergebenden kumulierten Abschreibungen in einer gesonderten Position dargestellt werden, bei einer Ausbuchung eines Anlagegutes beide Konten um die jeweiligen Beträge zu reduzieren. Eventuelle Gewinne oder Verluste aus Anlagenabgang sind erfolgswirksam zu verbuchen.

Wird die Nutzung eines Anlagegutes beendet, obwohl der endgültige Abgang erst für das kommende Geschäftsjahr vorgesehen ist, ist unter den nachfolgenden Voraussetzungen eine Umklassifizierung innerhalb des Anlagevermögens in die Positionen »zur Veräußerung gehalten« erforderlich (FAS 144.30):

a) Verpflichtung des Managements zur Veräußerung aufgrund eines zuvor beschlossenen Veräußerungsplans
b) Verfügbarkeit des Anlagegutes zur sofortigen Veräußerung
c) Beginn der Umsetzung des Veräußerungsplans (zum Beispiel Suche nach einem Käufer)
d) Wahrscheinlichkeit des Verkaufs des Anlagegutes innerhalb eines Jahres
e) aktives Veräußerungsangebot des Anlagegutes zu einem angemessenen Preis
f) Unwahrscheinlichkeit der Rücknahme oder wesentlichen Veränderung des Veräußerungsplans aufgrund der bisherigen Umsetzung

Derart umgruppierte Anlagegüter sind mit dem niedrigeren Wert von Buchwert und Fair Value abzüglich eventueller Veräußerungskosten zu bewerten. Darüber hinaus ist eine planmäßige Abschreibung dieser Anlagegüter unzulässig (FAS 144.34).

Sollte eine der vorgenannten Voraussetzungen nicht mehr erfüllt sein, zum Beispiel, weil sich ein Unternehmen entscheidet, die ursprüngliche Veräußerungsabsicht wieder aufzugeben, ist eine Reklassifizierung erforderlich (FAS 144.38).

3.4.5.6 Anhangsangaben

Aufgrund der wesentlichen Auswirkungen der angewendeten Abschreibungsmethode(n) sowohl auf die Bilanz als auch auf die Gewinn-und-Verlust-Rechnung sind folgende Anhangsangaben erforderlich (APB Opinion 12.5):

a) Abschreibungsaufwand der Periode
b) Tabellen der wesentlichen Gruppen abschreibbarer Anlagegüter
c) kumulierte Abschreibung zum Bilanzstichtag, entweder je Gruppe oder als Gesamtbetrag
d) allgemeine Beschreibung der Abschreibungsmethode(n) in Bezug auf jede Gruppe

3.4.6 Leasing

3.4.6.1 Grundlagen

Leasing ist die gewerbemäßige Vermietung von Anlagegütern durch Unternehmen oder Finanzierungsinstitute. Der Leasinggeber überlässt hierbei dem Leasingnehmer das Anlagegut zur Nutzung gegen Zahlung eines vereinbarten periodischen Entgelts (FAS 13.1). Das Leasingverhältnis ist dabei so zu erfassen, wie es seiner wirtschaftlichen Substanz entspricht, unabhängig von der rechtlichen Ausgestaltung des zugrunde liegenden Vertrages.

Bei einer entsprechenden wirtschaftlichen Betrachtungsweise sind somit zwei Konstellationen denkbar:

- Die Zahlungen des Leasingnehmers stellen ein Entgelt für die Nutzung des Vermögensgegenstandes dar.
- Die Zahlungen des Leasingnehmers sind mit Ratenzahlungen im Hinblick auf einen späteren Erwerb des Vermögensgegenstandes vergleichbar.

Im ersten Fall verbleiben sowohl das Investitionsrisiko als auch die Nutzungsmöglichkeiten im Hinblick auf das Anlagegut beim Leasinggeber. Diese Form der Leasingvereinbarung wird als Operating Lease bezeichnet, was der deutschen Bezeichnung Leasing entspricht. Zum Teil wird im Deutschen zur Abgrenzung zur zweiten Form des Leasings auch die Formulierung Mietleasing gewählt, was aber genau genommen Mietmiete bedeutet. Aus diesem Grund wird im weiteren Verlauf des Textes ausschließlich der englische Begriff benutzt.

Im zweiten Fall beinhaltet die Leasingvereinbarung verschiedene Varianten der Übertragung des Investitionsrisikos und der Nutzungsmöglichkeiten auf den Leasingnehmer. Diese Form wird wie ein Verkauf auf Seiten des Leasinggebers und wie ein Kauf auf Seiten des Leasingnehmers behandelt und als Capital Lease bezeichnet (FAS 13.60). Je nach Ausgestaltung der Vereinbarung wird dieses beim Leasinggeber in Direct Financing Lease oder Sales-type Lease unterteilt.

Obwohl bei dieser Form des Leasings mit Finanzierungsleasing eine zutreffende deutsche Übersetzung besteht, wird konsequenterweise auch hier ausschließlich der englische Begriff eingesetzt.

Tabelle 3.18: Klassifizierung von Leasingvereinbarungen [42]

Risikoverteilung	Leasinggeber	Leasingnehmer
Risiko/Nutzen verbleiben beim Leasinggeber	Operating Lease	Operating Lease
Risiko/Nutzen gehen auf den Leasingnehmer über	Direct Financing Lease Sales-Type Lease	Capital Lease

3.4.6.2 Abgrenzung

Die Abgrenzung zwischen den beiden Leasingarten erfolgt in der Form, dass im FAS 13 die Kriterien für eine Klassifizierung als Capital Lease festgelegt sind. Die Einordnung als Operating Lease erfolgt im Wege der Negativabgrenzung, das heißt, sind die Voraussetzungen für ein Capital Lease nicht erfüllt, liegt immer ein Operating Lease vor.

Darüber hinaus ist bei der Abgrenzung zwischen der Sichtweise des Leasingnehmers und der des Leasinggebers zu unterscheiden. Während für die Festlegung des Leasingnehmers nur die Voraussetzungen des FAS 13.7 zu beachten sind, müssen für die Klassifizierung des Leasinggebers neben den Voraussetzungen des FAS 13.7 auch die des FAS 13.8 erfüllt sein.

Zudem ist die jeweilige Abgrenzung gesondert vorzunehmen, das heißt, die beiden Vertragsparteien sind nicht an die Einschätzung der jeweils anderen Partei gebunden, können mithin also auch zu unterschiedlichen Ergebnissen kommen.

3.4.6.2.1 FAS 13.7

Nach FAS 13.7 ist von einem Capital Lease auszugehen, wenn zumindest eine der folgenden vier Voraussetzungen erfüllt ist:

a) Am Ende der Laufzeit des Leasingverhältnisses wird das Eigentum auf den Leasingnehmer übertragen.
b) Der Leasingvertrag beinhaltet eine günstige Kaufpreisoption für den Leasingnehmer.

---

[42] Whittington et al., *Wiley CPA Examination Review 2006* Financial Accounting & Reporting, S. 427

c) Die Laufzeit des Leasingverhältnisses entspricht zumindest 75 Prozent der geschätzten wirtschaftlichen Nutzungsdauer des Leasinggutes.
d) Der diskontierte Barwert der Mindestleasingzahlungen, abzüglich eventueller Verwaltungskosten, entspricht zumindest 90 Prozent des Fair Value des Leasinggutes zu Beginn des Leasingverhältnisses.

Unter Bezugnahme auf den entsprechenden Unterpunkt werden mittlerweile häufig die Begriffe 7a-, 7b-, 7c- oder 7d-Leasing verwendet. So spricht man zum Beispiel von einem 7c-Leasing, wenn ein Capital Lease gemeint ist, bei dem das Verhältnis zwischen Laufzeit und wirtschaftlicher Nutzungsdauer mehr als 75 Prozent beträgt.

Eine günstige Kaufpreisoption (bargain purchase option/BPO) im Sinne des 7b liegt vor, wenn dem Leasingnehmer eingeräumt worden ist, das Leasinggut zu einem Preis zu erwerben, der unter dem erwarteten Fair Value zum Zeitpunkt der Ausübung der Option liegt, so dass die Ausübung damit als hinreichend wahrscheinlich betrachtet werden kann (FAS 13.5d).

Grundlage für die Bestimmung des Fair Value ist dabei zum einen die Wertentwicklung in der Vergangenheit, zum anderen die zukünftig erwartete Marktentwicklung. Ist eine solche Bestimmung nicht möglich, so gilt der lineare Restbuchwert des Anlagegutes als kalkulatorischer Restwert.

Beispiel:
Ein Anlagegut mit einem Marktwert von 10 500 Dollar wird für eine jährliche Leasingrate von 2 640 Dollar über eine Laufzeit von drei Jahren vermietet. Der Vertrag räumt dem Leasingnehmer nach Ablauf der Laufzeit eine Kaufpreisoption in Höhe von 4 000 Dollar ein. Die wirtschaftliche Nutzungsdauer des Anlagegutes beträgt sieben Jahre.
Unterstellt, das Anlagegut würde außer der Abschreibung keinen weiteren Wertverlust erleiden, ergibt sich nach drei Jahren ein kalkulatorischer Restwert (= erwarteter Fair Value) von 6 000 Dollar (10 500 ./. 7×3). Somit liegt die eingeräumte Kaufpreisoption ein Drittel unter diesem Wert, wodurch eine Ausübung der Option hinreichend wahrscheinlich ist.

Für den Vergleich von Vertragslaufzeit und wirtschaftlicher Nutzungsdauer nach 7c ist zunächst der Vertragsbeginn festzulegen. Dieser wird entweder durch das Datum des Vertragsabschlusses oder durch eine eventuelle frühere Verpflichtungserklärung (commitment) bestimmt. Voraussetzung für die Zugrundelegung der Verpflichtungserklärung ist, dass schriftlich alle wesentlichen Punkte des zukünftigen Vertrages festgelegt und unterschrieben wurden (FAS 13.5b).

Die zu berücksichtigende Vertragslaufzeit umfasst nicht nur die eigentliche, vertraglich festgelegte Grundmietzeit, sondern zusätzlich auch noch folgende Möglichkeiten der Verlängerung der Laufzeit (FAS 13.5f):

I. Mietverlängerungsoption des Leasingnehmers zu günstigen Konditionen (FAS 13.5e)
II. wahrscheinliche Verlängerung aufgrund einer Vertragsstrafe bei Nichtverlängerung
III. Verlängerungsoption aufgrund einer bestehenden Sicherheit des Leasingnehmers für Verbindlichkeiten des Leasinggebers im Hinblick auf das Leasinggut
IV. Mietverlängerungsoption zur Verlängerung der Kaufpreisoption
V. Verlängerungswahlrecht des Leasinggebers

Die wirtschaftliche Nutzungsdauer stellt eine Schätzung aufgrund normaler Wartungs- und Erhaltungsaufwendungen dar. In diesem Zusammenhang ist zwischen wirtschaftlicher Nutzungsdauer (estimated economic life) und betriebsgewöhnlicher Nutzungsdauer (estimated useful life) zu unterscheiden. Wird ein Anlagegut »bis zum Ende« genutzt, stimmen die beiden Zeiträume überein. Aufgrund unternehmensinterner Entscheidungen kann die betriebsgewöhnliche Nutzungsdauer aber auch kürzer sein.

Erreicht oder überschreitet nunmehr die entsprechend ermittelte Vertragslaufzeit 75 Prozent der wirtschaftlichen Nutzungsdauer des Anlagegutes, so ist das Leasingverhältnis als Capital Lease darzustellen.

Für die Vermietung eines gebrauchten Anlagegutes besteht die Einschränkung, dass die 75-Prozent-Regel dann keine Anwendung findet, wenn der Beginn des Leasingverhältnisses in die letzten 25 Prozent der gesamten wirtschaftlichen Nutzungsdauer des Leasinggutes fällt. Ist dies der Fall, liegt kein 7c-Leasing vor.

Die Regelung des 7c beinhaltet damit einen wichtigen Unterschied zum Mobilien-Leasing-Erlass der deutschen Finanzverwaltung, denn dieser geht von einer 90-Prozent-Grenze aus. Darüber hinaus hat ein nach US-GAAP bilanzierendes Unternehmen es durch die individuelle Bestimmung der wirtschaftlichen Nutzungsdauer in der Hand, ob die 75-Prozent-Grenze überschritten wird oder nicht, während ein nach deutschen Vorschriften bilanzierendes Unternehmen aufgrund der zwangsweisen Anwendung der Erlasse und der darin festgelegten Nutzung der AfA-Tabellen die entsprechende Nutzungsdauer vorgegeben bekommt.

Beispiel:
Ein Anlagegut ist für 72 Monate gemietet worden. Die Nutzungsdauer für diesen Vermögenswert beträgt laut AfA-Tabelle 84 Monate. Die Laufzeit des Vertrages beträgt 85,7 Prozent der Nutzungsdauer. Unter Anwendung des Erlasses ist das Leasingverhältnis nach HGB als Operating Lease zu klassifizieren, da die 90-Prozent-Grenze nicht überschritten ist. Nach US-GAAP liegt demgegenüber ein Capital Lease vor, da die 75-Prozent-Grenze überschritten ist. Mithin müsste zum Beispiel ein deutsches Tochterunternehmen für sein Reporting an das amerikanische Mutterunternehmen dieses Leasingverhältnis umgruppieren und anders darstellen.

Weiterhin ist zu berücksichtigen, dass Leasingnehmer und Leasinggeber die wirtschaftliche Nutzungsdauer des Anlagegutes gegebenenfalls unterschiedlich einschätzen. Da ein Abgleich nicht erforderlich ist, kann im Vergleich der Jahresabschlüsse der Vertragsparteien eine »bilanzielle Schieflage« eintreten, wenn ein Vertragspartner das Leasingverhältnis als Capital Lease, der andere es aber als Operating Lease einstuft. Dieser mögliche Verstoß gegen das Prinzip der externen Vergleichbarkeit wird aber im FAS 13 billigend in Kauf genommen.

Bei der Ermittlung der Mindestleasingzahlungen im Rahmen des Vergleichs des 7 d ist grundsätzlich der vollständige Zahlungsfluss zu berücksichtigen. Aus Sicht des Leasingnehmers sind dies zunächst alle Zahlungen, die er während der Laufzeit des Leasingverhältnisses zu leisten verpflichtet ist oder zu denen er herangezogen werden kann (FAS 13.5 j [i]).

Diese beinhalten neben den regulären Raten einen eventuell garantierten Restwert und/oder versprochene Vertragsstrafen. Hierzu zählen auch Abschlagszahlungen aufgrund einer Walk-away-Option, also zum Beispiel Zahlungen für die Nichtausübung der Kauf- oder Verlängerungsoption.

Unter garantiertem Restwert versteht man einen vom Leasingnehmer zu zahlenden Betrag zur Deckung des geschätzten Restwerts des Anlagegutes. Dieser Restwert ist zu Beginn des Leasingverhältnisses zu schätzen. Sollte sich in der Folgezeit aufgrund der jährlichen Überprüfung dieser Wert verändern, ist eine Erhöhung des Garantiebetrages ausgeschlossen (FAS 13.17[d], 46). Diese Vorschrift können die Parteien auch nicht mit einer entsprechenden vertraglichen Vereinbarung umgehen (FTB No. 79-14).

Bestimmte Aufwendungen des Leasingnehmers sind jedoch nicht bei der Ermittlung der Mindestleasingzahlungen zu berücksichtigen. So sind Verwaltungskosten (executory costs) wie Versicherungen, Instandhaltung und Steuern im Zusammenhang mit dem Leasinggut nicht einzurechnen.

Ebenfalls nicht einbezogen werden eventuelle nicht zurückzuerstattende Zusatzzahlungen des Leasingnehmers an den Leasinggeber für günstigere Vertragsbedingungen (lease bonus fee) oder Sicherheitsleistungen (security deposits) des Leasingnehmers.

Demgegenüber hat der Leasinggeber zu den oben ermittelten Mindestleasingzahlungen auch noch eventuelle Zahlungen von dritter, unabhängiger Seite einzubeziehen (FAS 13.5j [ii]).

Für die Berechnung des diskontierten Barwertes der Mindestleasingzahlungen hat der Leasinggeber als Abzinsungsfaktor den impliziten Zinssatz, der Leasingnehmer den Grenzzinssatz anzuwenden (FAS 13.7d S. 3).

Der implizite Zinssatz ist der Zinssatz, mit dem man die Mindestleasingzahlungen zuzüglich eines eventuell nicht garantierten Restwertes verzinsen muss, um den Fair Value des Leasinggegenstandes zu Beginn des Leasingverhältnisses zu erhalten (FAS 13.5k). Implizit wird der Zinssatz deshalb genannt, weil er im Regelfall der Kalkulation des Leasinggebers für die einzelnen Leasingraten und damit dem Leasingvertrag zugrunde liegt. Als Grenzzinssatz bezeichnet man den Zinssatz, den der Leasingnehmer zu Beginn des Vertragsverhältnisses vereinbaren müsste, wenn er für den Kauf des Leasinggegenstandes Fremdkapital für den gleichen Zeitraum aufnehmen müsste (FAS 13.5l).

Erreicht oder überschreitet nunmehr der diskontierte Barwert der Mindestleasingzahlungen 90 Prozent des Fair Value des Anlagegutes zu Beginn des Leasingverhältnisses, so ist das Leasingverhältnis als Capital Lease darzustellen.

Für die Vermietung eines gebrauchten Anlagegutes besteht die Einschränkung, dass die 90-Prozent-Regel dann keine Anwendung findet, wenn der Beginn des Leasingverhältnisses in die letzten 25 Prozent der gesamten wirtschaftlichen Nutzungsdauer des Leasinggutes fällt. Ist dies der Fall, liegt kein 7d-Leasing vor.

Zusammenfassend lässt sich die Prüfung des FAS 13.7 wie folgt darstellen:

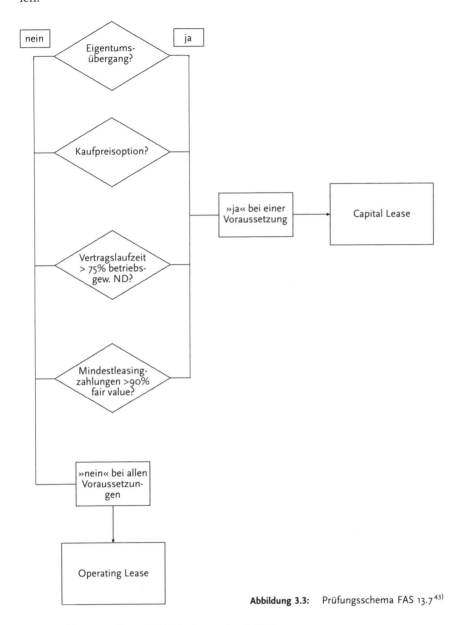

Abbildung 3.3: Prüfungsschema FAS 13.7[43]

43) In Anlehnung an: Bragg, GAAP Implementation Guide, S. 239

3.4.6.2.2 FAS 13.8

Kommt ein Leasinggeber nach Prüfung des FAS 13.7 zu dem Ergebnis, dass zumindest eine der vier Voraussetzungen erfüllt ist, ist die Klassifizierung des Leasingverhältnisses noch nicht abgeschlossen. Um ein Capital Lease auch aus Sicht des Leasinggebers annehmen zu können, müssen darüber hinaus die beiden Voraussetzungen des FAS 13.8 kumulativ erfüllt sein:

a) Gewährleistung der Zahlung der Leasingraten mit hinreichender Vorhersehbarkeit,
b) keine wesentlichen Unsicherheiten im Hinblick auf nicht weiter belastbare Kosten.

Der erforderliche Nachweis, dass der Zahlungseingang hinreichend sicher ist, wird bei einem Neukunden üblicherweise mit Hilfe einer Bonitätsprüfung erbracht. Bei Altkunden erfolgt der Nachweis anhand der Dokumentation über das bisherige Zahlungsverhalten des Kunden. Hierbei wird das gleiche Verfahren wie bei der Werthaltigkeitsprüfung von Forderungen (Forderungsvergleich [Sales percentage method] oder Altersstruktur [Aging of accounts receivable method])[44] angewandt.

Beispiele für wesentliche Unsicherheiten im Hinblick auf nicht weiter belastbare Kosten sind unter anderem eine Garantie des Leasinggebers für eine über den Normalfall hinausgehende Nutzbarkeit des Leasinggutes oder eine Übernahme des Risikos der Überalterung des Leasinggutes durch den Leasinggeber.

Sind die beiden Voraussetzungen erfüllt, klassifiziert auch der Leasinggeber das Leasingverhältnis als Capital Lease. Je nachdem, ob der Leasinggeber durch die Ratenzahlungen ausschließlich einen Zinserlös erwirtschaftet oder einen zusätzlichen Verkaufserlös erzielt, erfolgt eine Unterteilung in Direct Financing Lease oder ein Sales-Type Lease. Ist eine der beiden oder sind beide Voraussetzungen nicht erfüllt, so muss der Leasinggeber das Leasingverhältnis als Operating Lease einstufen (FAS 13.8).

---

[44] Vgl. Kap. 3.4.1

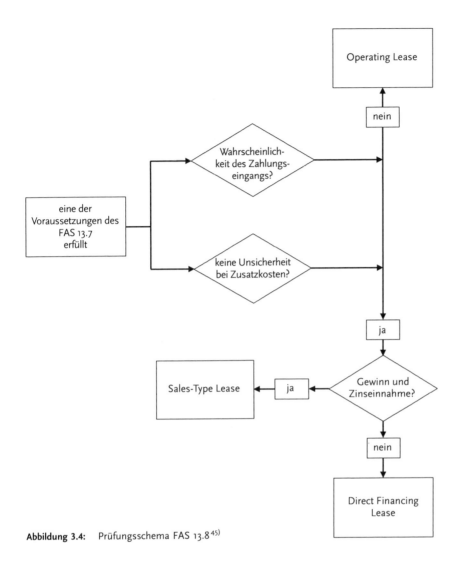

Abbildung 3.4: Prüfungsschema FAS 13.8 [45]

Aufgrund dieser gesonderten Prüfung und der ausdrücklich festgelegten Folgen kann es auch aus diesem Grunde zu der bereits zuvor angesprochenen »bilanziellen Schieflage« kommen. Es ist also zum Beispiel möglich, dass ein Leasingnehmer nach Prüfung des FAS 13.7 zu dem Ergebnis kommt, dass ein Capital Lease vorliegt, mit der Konsequenz, dass er den Leasinggegenstand aktiviert, der Leasinggeber aber zugleich nach ergänzen-

---

45) In Anlehnung an: Bragg, *GAAP Implementation Guide*, S. 239

der Prüfung des FAS 13.8 eine der beiden Voraussetzungen als nicht erfüllt ansieht, mit der Folge, dass er von einem Operating Lease auszugehen hat und somit den Leasinggegenstand ebenfalls aktiviert.

3.4.6.3 Erfassung des Operating Lease

Bei einem Operating Lease bleibt das Anlagegut in der Bilanz des Leasinggebers erfasst und wird planmäßig abgeschrieben. Die regelmäßigen Zahlungen des Leasingnehmers werden in der Gewinn-und-Verlust-Rechnung des Leasinggebers als Ertrag und in der des Leasingnehmers als Aufwand dargestellt (FAS 13.19 a/b).

Eventuelle nicht zurückzuerstattende Zusatzzahlungen des Leasingnehmers an den Leasinggeber für günstigere Vertragsbedingungen (lease bonus fee) sind auf Seiten des Leasinggebers zu aktivieren und über die Laufzeit des Leasingverhältnisses linear aufzulösen; der Leasingnehmer stellt diese Zusatzzahlungen als Aufwand dar. Ebenso verhält es sich bei nicht rückzahlbaren Sicherheitsleistungen (security deposits) des Leasingnehmers.

Sind die Sicherheitsleistungen demgegenüber nach Ablauf des Leasingverhältnisses zurückzuzahlen, so hat der Leasinggeber eine dementsprechende Verbindlichkeit und der Leasingnehmer eine Forderung auszuweisen.

Wenn der Leasinggeber zur Vorbereitung des Abschlusses des Leasingverhältnisses zusätzliche Kosten (initial direct costs; zum Beispiel Makler- und Vermittlungsgebühren, Anwalts- oder Notarkosten) hatte, sind diese gesondert zu aktivieren und linear über die Laufzeit aufzulösen.

3.4.6.4 Erfassung des Capital Lease

Entsprechend der Klassifizierung des Capital Lease auf Seiten des Leasinggebers erfolgt eine unterschiedliche Erfassung des Leasingverhältnisses.

3.4.6.4.1 Sales-type Lease

Bei einem Sales-type Lease vermietete der Hersteller oder Händler ein Produkt, das er anderenfalls auch mit Gewinn verkaufen könnte. Das Leasing stellt sich somit als ein Instrument dar, um eigene Produkte zu vermarkten.

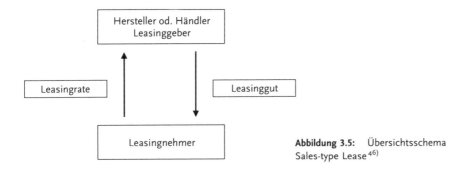

Abbildung 3.5: Übersichtsschema Sales-type Lease [46]

Da der Leasinggeber das Anlagegut entweder selbst gestellt oder zum Zwecke der Weiterveräußerung oder Weitervermietung angeschafft hat, berücksichtigt er bei der Kalkulation seines Leasingangebotes neben der Effektivverzinsung aufgrund der periodischen Zahlungen auch seine Gewinnmarge. Mithin beinhaltet ein Sales-type Lease sowohl einen Zinsertrag als auch einen Verkaufserlös. Schematisch lassen sich die einzelnen Stufen wie folgt darstellen:

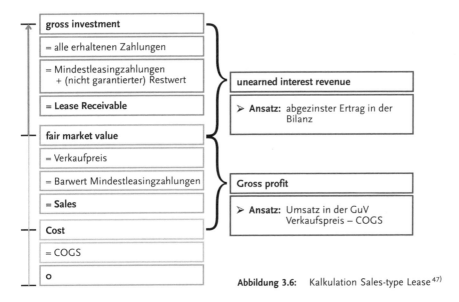

Abbildung 3.6: Kalkulation Sales-type Lease [47]

---

46) Whittington et al., *Wiley CPA Examination Review 2006*
Financial Accounting & Reporting, S. 434

47) Whittington et al., *Wiley CPA Examination Review 2006*
Financial Accounting & Reporting, S. 434

Entsprechend ist dieses Leasingverhältnis zu erfassen (FAS 13.17):

- Ausweis der vereinbarten Mindestleasingzahlungen (inklusive eines eventuell nicht garantierten Restwertes = Bruttoinvestition) als Forderung
- Ausweis der Differenz zwischen der Bruttoinvestition und dem Verkaufspreis oder dem Fair Value des Leasinggutes als nicht realisierte Zinseinnahme, die über die Laufzeit des Leasingvertrages aufzulösen ist
- Erfassung des Barwertes der Mindestleasingzahlungen (inklusive eines eventuell nicht garantierten Restwertes) als Verkaufspreis in den Umsatzerlösen
- Erfassung der Anschaffungs- oder Herstellungskosten (inklusive der Vertragsabschlusskosten) in den Umsatzkosten (cost of sales).

Beispiel:
Der Leasinggeber hat dem Leasingnehmer ein Anlagegut mit einem Marktwert (Fair Value) von 29 500 Dollar, welches er selbst für 27 500 Dollar angeschafft hat, für fünf Jahre zu einer jährlichen Leasingrate von 7 920 Dollar vermietet. Der kalkulatorische Zinssatz beträgt 8 Prozent.

Tabelle 3.20: Berechnung Barwert, nicht realisierte Zinseinnahme, Verkaufserlös, Aufteilung Tilgung/Zinsen

Jahr	Rate	Barwert		Rate	Tilgung	Zinsen	Summe
		8	Zinssatz				
							31622,26
1	7920,00	7333,33		7920,00	5390,22	2529,78	26232,04
2	7920,00	6790,12		7920,00	5821,44	2098,56	20410,60
3	7920,00	6287,15		7920,00	6287,15	1632,85	14123,45
4	7920,00	5821,44		7920,00	6790,12	1129,88	7333,33
5	7920,00	5390,22		7920,00	7333,33	586,67	0,00
						7977,74	

Summe d. Barwerte 31622,26
Fair Value 29500,00
% Anteil 107,19

Summe Leasingforderungen 39600,00 39600,00
./. Summe Barwerte 31622,26
unearned interest 7977,74
Summe Barwerte 31622,26
./. Anschaffungskosten 27500,00 27500,00
gross profit 4122,26 12100,00

Der Bruttoerlös des Umsatzes von 12 100 Dollar (Summe der Leasingforderungen 39 600 Dollar abzüglich Anschaffungskosten 27 500 Dollar) setzt sich somit aus der nicht realisierten Zinseinnahme von 7 977,74 Dollar und dem Nettoerlös von 4 122,26 Dollar zusammen.

Eine Erneuerung oder Erweiterung eines bestehenden Sales-type Lease außerhalb der letzten Monate der ursprünglichen Laufzeit führt zwangsläufig zu einer Umklassifizierung und vollständigen Neubewertung als Direct Financing Lease. Dies wird als »Verbot des second sale« bezeichnet.

3.4.6.4.2 Direct Financing Lease

Im Gegensatz zum Sales-type Lease stellt das Direct Financing Lease eine Sonderform der Finanzierung dar. Der Leasingnehmer benötigt ein spezielles Anlagegut, das er weder bar kaufen noch über eine »normale« Kreditaufnahme bei seiner Bank finanzieren will. Aufgrund eines in der Regel günstigeren Zinssatzes wendet er sich an den Leasinggeber, der dann das Anlagegut vom Hersteller oder Händler erwirbt und dem Leasingnehmer zu entsprechenden Konditionen vermietet.

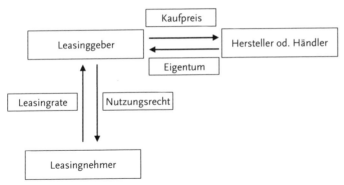

Abbildung 3.7: Übersichtsschema Direct Financing Lease[48]

---

48) Whittington et al., *Wiley CPA Examination Review 2006*
   Financial Accounting & Reporting, S. 431

Auch hier lassen sich die einzelnen Stufen schematisch darstellen:

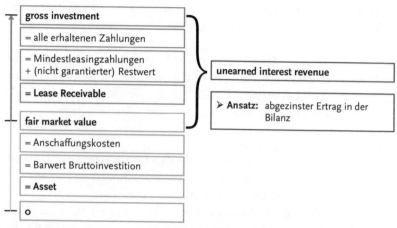

Abbildung 3.8: Kalkulation Direct Financing Lease [49]

Das Direct Financing Lease beinhaltet somit ausschließlich einen Zinsertrag. Demnach ist dieses Leasingverhältnis wie folgt zu erfassen (FAS 13.18):

- Ausweis der vereinbarten Mindestleasingzahlungen (inklusive eines eventuell nicht garantierten Restwertes = Bruttoinvestition) als Forderung
- Ausweis der Differenz zwischen der Bruttoinvestition und dem Fair Value des Leasinggutes als nicht realisierte Zinseinnahme, die über die Laufzeit des Leasingvertrages aufzulösen ist

Wie bereits dargestellt, hat der Leasinggeber bei der Berechnung des diskontierten Barwertes der Mindestleasingzahlungen als Abzinsungsfaktor den impliziten Zinssatz anzuwenden (FAS 13.7 d S. 3). Für den Fall, dass bei Anwendung des kalkulatorischen Zinssatzes der Barwert den Fair Value übersteigt, ist mit Hilfe der Effektivzinsmethode der implizite Zinssatz zu ermitteln.

---

[49] Whittington et al., *Wiley CPA Examination Review 2006* Financial Accounting & Reporting, S. 434

Beispiel:
Der Leasinggeber hat dem Leasingnehmer ein Anlagegut mit einem Marktwert (Fair Value) von 29 500 Dollar für fünf Jahre zu einer jährlichen Leasingrate von 7 920 Dollar vermietet. Der kalkulatorische Zinssatz beträgt 8 Prozent.

Tabelle 3.21: Gegenüberstellung Barwert – Fair Value

Jahr	Rate	Barwert	
		8	Zinssatz
1	7920,00	7333,33	
2	7920,00	6790,12	
3	7920,00	6287,15	
4	7920,00	5821,44	
5	7920,00	5390,22	
Summe d. Barwerte		31622,26	
Fair Value		29500,00	
Prozent			
Anteil		107,19	

Der errechnete implizierte Zinssatz beträgt 10,69 Prozent.
Dieser Wert wird in der Praxis häufig mit Hilfe der Sonderfunktion »Zielwertsuche« im Rahmen einer Excel-Kalkulation ermittelt.

Tabelle 3.22: Berechnung Barwert, Aufteilung Tilgung/Zinsen

Jahr	Rate	Barwert					
		10,6916244	Zinssatz	Rate	Tilgung	Zinsen	Summe
							29500,00
1	7920,00	7155,01		7920,00	4765,97	3154,03	24734,03
2	7920,00	6463,92		7920,00	5275,53	2644,47	19458,50
3	7920,00	5839,57		7920,00	5839,57	2080,43	13618,93
4	7920,00	5275,53		7920,00	6463,92	1456,08	7155,01
5	7920,00	4765,97		7920,00	7155,01	764,99	0,00
						10100,00	
Summe d. Barwerte		29500,00					
Fair Value		29500,00					
Summe Leasingforderungen		39600,00					
./. Summe Barwerte		29500,00					
unearned interest		**10100,00**					

Wie beim Operating Lease sind auch hier zusätzliche Kosten zur Vorbereitung des Abschlusses des Leasingverhältnisses (initial direct costs) gesondert zu aktivieren und linear über die Laufzeit aufzulösen.

3.4.6.4.3 Capital Lease (Leasingnehmer)

Unabhängig von der Klassifizierung des Leasinggebers stellt der Leasingnehmer (bei Vorliegen einer der Voraussetzungen des FAS 13.7) ein Capital Lease einheitlich so dar, dass er in Höhe des Barwertes der Mindestleasingzahlungen (inklusive eines eventuell nicht garantierten Restwertes) den Leasinggegenstand aktiviert und spiegelbildlich eine Leasingverbindlichkeit passiviert (FAS 13.10). Sollte allerdings der unter Anwendung des Grenzzinssatzes ermittelte Barwert bei Abschluss des Leasingverhältnisses über dem Fair Value des Leasinggegenstandes liegen, so hat der Leasingnehmer den implizierten Zinssatz zu ermitteln, auf dass der Barwert dem Fair Value entspricht (FAS 17.10 S. 2). Die jeweilige Leasingrate ist unter Verwendung dieses Zinssatzes in einen Zins- und einen Tilgungsanteil zu zerlegen.

Darüber hinaus ist das aktivierte Leasinggut entweder über seine betriebsgewöhnliche Nutzungsdauer (Fälle des 7a- und 7b-Leasing) oder über die Laufzeit des Leasingverhältnisses (Fälle des 7c- und 7d-Leasing) abzuschreiben.

3.4.6.5 Anhangsangaben [50]

Der Leasinggeber muss für beide Formen des Capital Lease zum einen die mögliche Zusammensetzung der Investition darstellen (FAS 13.23a):

- zukünftige Mindestleasingzahlungen,
- nicht garantierter Restwert,
- nicht realisierte Zinseinnahmen,
- zusätzlich beim Direct Financing Lease: Anlaufkosten (direct initial costs).

Zum anderen sind die zukünftigen Mindestleasingzahlungen, kumuliert pro Jahr, für die nächsten fünf Jahre aufzuführen.

Bei einem Operating Lease muss der Leasinggeber die Anschaffungs- oder Herstellungskosten und die kumulierten Abschreibungen der aktivierten Leasinggegenstände, unterteilt in Hauptgruppen (zum Beispiel Grundstücke und Gebäude, technische Anlagen, Geschäfts- und Betriebsausstat-

---

[50] Beispiele in: AICPA, *Accounting Trends & Techniques 2006*, S. 241 ff

tung), darstellen. Weiterhin sind die zukünftigen Mindestleasingzahlungen, kumuliert pro Jahr, für die nächsten fünf Jahre abzubilden (FAS 13.23 b).

Unabhängig von der Kategorisierung muss der Leasinggeber zudem die von ihm abgeschlossenen Leasingvereinbarungen allgemein erläutern (FAS 13.23 c).

Der Leasingnehmer muss für ein Capital Lease folgende Angaben machen (FAS 13.16 a):

- Bruttobetrag der aktivierten Leasinggegenstände, unterteilt in Hauptgruppen, wobei auch eine Abgrenzung innerhalb der Gruppen der eigenen Vermögenswerte zulässig ist;
- zukünftige Mindestleasingzahlungen, kumuliert pro Jahr, für die nächsten fünf Jahre.

Für ein Operating Lease sind vom Leasingnehmer die jährlichen Leasingaufwendungen anzugeben (FAS 13.16 c).

Auch der Leasingnehmer hat die von ihm abgeschlossenen Leasingvereinbarungen allgemein zu erläutern (FAS 13.16 d).

3.4.6.6 Sonderform: Leveraged Lease

Das Leveraged Lease ist als fremdfinanziertes Leasing eine Sonderform des Direct Financing Lease (FAS 13.42). Zu den beiden ursprünglichen Vertragsparteien des Leasingverhältnisses tritt als dritte Partei ein Kreditgeber hinzu. Der Leasinggeber investiert lediglich 20 bis 40 Prozent der Anschaffungskosten des Leasinggutes; den Restbetrag stellt ein Kreditgeber zur Verfügung. In diesem Zusammenhang spricht man vom so genannten Leverage-Effekt: Durch den Einsatz von Fremdkapital erhöht sich die Eigenkapitalrentabilität des Leasinggebers.

Dieses Leasingverhältnis hat die vertragliche Besonderheit, dass der Kreditgeber kein direktes Rückgriffsrecht auf den Leasinggeber hat. Vielmehr stehen ihm als Sicherheiten lediglich die Leasingraten und eine mögliche Verwertung des Leasinggutes zur Verfügung.

3.4.6.7 Sonderform: Sale-Leaseback

Sale-Leaseback beschreibt eine Vertragskonstellation, in der der Eigentümer eines Anlagegutes (Verkäufer/Leasingnehmer) dieses verkauft, um es umgehend vom neuen Eigentümer (Käufer/Leasinggeber) wieder zurückzumieten.

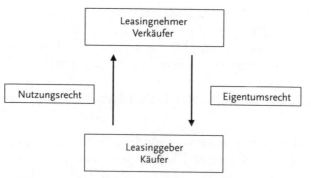

Abbildung 3.9: Übersichtsschema Sale-Leaseback [51]

Es handelt sich somit um eine Kombination aus einem Kauf- und einem Leasingvertrag (FAS 28.2). Dies hat zur Folge, dass die allgemeinen Klassifikationskriterien des Leasings Anwendung finden. Wesentlich ist in diesem Zusammenhang, dass durch ein Sale-Leaseback-Geschäft lediglich die bilanzielle Erfassung beim Verkäufer/Leasingnehmer beeinflusst wird, nicht aber beim Käufer/Leasinggeber. [52]

Die bilanzielle Behandlung aus der Sicht des Verkäufers/Leasingnehmers hängt davon ab, in welchem Umfang dieser die Nutzungsrechte an dem veräußerten Anlagegut behält (FAS 28.3):

- fast vollständig (substantially all)
- geringfügig (minor)
- mehr als geringfügig, aber nicht fast vollständig (more than minor but less than substantially all)

Von »fast vollständig« spricht man, wenn der Barwert der Leasingzahlungen zumindest 90 Prozent des Fair Value des verkauften Anlagegutes ausmacht. Bei wirtschaftlicher Betrachtungsweise ist damit das Geschäft als eine Form der Finanzierung anzusehen, mit der Folge, dass es sich für den Verkäufer/Leasingnehmer als Capital Lease darstellt (FAS 28.3).

Wenn demgegenüber der Barwert der Leasingzahlungen nicht mehr als 10 Prozent des Fair Value des verkauften Anlagegutes entspricht, also »geringfügig« ist, liegt bei wirtschaftlicher Betrachtungsweise ein Verkauf vor,

---

51) Whittington et al., *Wiley CPA Examination Review 2006*
   Financial Accounting & Reporting, S. 440
52) Whittington et al., *Wiley CPA Examination Review 2006*
   Financial Accounting & Reporting, S. 440

mit der Konsequenz, dass der Leasinganteil des Geschäftes als Operating Lease anzusehen ist.

Liegt der Barwert der Leasingzahlungen zwischen 10 und 90 Prozent des Fair Value des verkauften Anlagegutes, ist der Leasinganteil des Geschäftes entsprechend den Abgrenzungskriterien des FAS 13.7 entweder als Capital Lease oder als Operating Lease zu klassifizieren und dementsprechend bilanziell darzustellen (FAS 28.3 b).

3.4.7 Immaterielle Vermögenswerte

Die zutreffende Abbildung immaterieller Vermögenswerte im Jahresabschluss erfolgt anhand nachfolgender Kategorisierung:[53]

- Identifizierbarkeit (eigenständiger Nutzen oder nur im Zusammenhang mit anderen Vermögenswerten)
- Art des Zugangs (Einzelerwerb oder Erwerb im Rahmen eines Unternehmenszusammenschlusses oder selbst erstellt)
- erwartete Nutzungsdauer (gesetzliche, vertragliche oder wirtschaftliche Einschränkungen oder unbegrenzte Nutzungsdauer)
- Separierbarkeit (selbstständige Veräußerbarkeit oder untrennbar mit dem Unternehmen verbunden)

Der Geschäfts- und Firmenwert (Goodwill) als bekanntestes Beispiel für einen immateriellen Vermögenswert kann ausschließlich beim Anteilserwerb im Rahmen eines Unternehmenszusammenschlusses entstehen. Aus diesem Grund wird er in Kapitel 8 »Sondervorschriften für den Konzernabschluss« näher behandelt.

3.4.7.1 Zugangsbewertung

Einzelentgeltlich erworbene immaterielle Vermögenswerte sind mit ihren Anschaffungskosten, die in der Regel dem Fair Value zum Zeitpunkt des Erwerbs entsprechen, zu aktivieren (FAS 142.9, FAS 141.5). Demgegenüber wird bei einem Anteilserwerb im Rahmen eines Unternehmenszusammenschlusses ein Gesamtpreis gezahlt. Dieser Gesamtpreis ist auf die erworbenen Vermögenswerte und Schulden zu verteilen (Kaufpreisallokation). Grundlage für die Verteilung ist dabei der separat zu ermittelnde Fair Value jedes übernommenen Postens. Damit sind auch eventuell erworbene imma-

---

[53] Whittington et al., *Wiley CPA Examination Review 2006*
Financial Accounting & Reporting, S. 206

terielle Vermögenswerte mit ihrem entsprechenden Fair Value zu aktivieren (FAS 141.35/37 e).

In diesem Zusammenhang ist zu überprüfen, ob eventuell erstmalig aufgrund des Unternehmenszusammenschlusses immaterielle Vermögenswerte zu aktivieren sind.

Generell werden selbstständig aktivierungspflichtige immaterielle Vermögenswerte in folgende Kategorien unterteilt (FAS 141.A 14 ff):

a) marketingbezogene immaterielle Vermögenswerte
b) kundenbezogene immaterielle Vermögenswerte
c) immaterielle Vermögenswerte aufgrund vertraglicher Vereinbarung
d) technologiebezogene immaterielle Vermögenswerte [54]

Die Kosten für selbst erstellte immaterielle Vermögenswerte sind im Regelfall als Aufwand zu verbuchen. Diese Regelung basiert auf dem Gedanken, dass der überwiegende Teil der anfallenden Kosten dem Bereich Forschung und Entwicklung zuzuordnen ist und diese Kosten prinzipiell nicht aktiviert werden dürfen (FAS 142.10). Ausnahmsweise sind diese Kosten dennoch zu aktivieren, wenn der immaterielle Vermögenswert sowohl einen eigenständigen Nutzen als auch eine begrenzte Nutzungsdauer hat und selbstständig veräußerbar ist.

Ein markantes Beispiel für dieses Abgrenzungsverfahren ist die Behandlung von Kosten für die Erstellung von Computersoftware. Hierzu ist eine Unterteilung nach dem zukünftigen Verwendungszweck der Software vorzunehmen: Vermarktung oder interne Nutzung. Soll die neu erstellte Software zukünftig vermarktet werden, wird das Gesamtverfahren in folgende Schritte unterteilt: [55]

- Alle Kosten bis zur Erreichung der so genannten technischen Machbarkeit (technical feasibility) sind wie Forschungs- und Entwicklungskosten zu behandeln und dementsprechend als Aufwand darzustellen (FAS 86.3). Unter technischer Machbarkeit versteht man hierbei den Zeitpunkt, in dem das Unternehmen alle erforderlichen Schritte (Anforderungsanalyse, Programmdesign, Festlegung der Spezifikationen) durchgeführt hat, um mit der endgültigen Erstellung des Programms beginnen zu können.

---

[54] Beispiele: AICPA, *Accounting Trends & Techniques 2006*, S. 184, S. 187 ff
[55] Whittington et al., *Wiley CPA Examination Review 2006 Financial Accounting & Reporting*, S. 209

- Alle Kosten, die nach der technischen Machbarkeit bis zur Marktreife (market feasibility) entstehen, wie zum Beispiel insbesondere für das Programmieren und Testen des Programms, sind zu aktivieren. Die Aktivierung endet zu dem Zeitpunkt, in dem das Programm an die Kunden ausgeliefert werden kann (FAS 86.5).
- Kosten für die Vervielfältigung des Programms und die Herstellung der Verpackung sind als Herstellungskosten für Vorräte zu behandeln und dementsprechend zu aktivieren.
- Kosten für nachfolgende Wartung und Support sind als Aufwand darzustellen (FAS 86.6).

Auch bei der internen Nutzung selbst erstellter Software wird dieses Prinzip der Dreiteilung Aufwandsbuchung – Aktivierung – Aufwandsbuchung angewandt. Wie bei der Vermarktung sind auch in diesem Fall die Kosten der ersten Planung bis zur Erreichung der Entscheidung über die technische Machbarkeit (preliminary project stage) als Aufwand zu buchen (SOP 98-1.19). Die danach anfallenden Kosten für das Programmieren, Installieren und Testen des Programms (application development stage) sind zu aktivieren (SOP 98-1.20). Letztlich sind die aufgrund der Nutzung des Programms anfallenden Kosten zum Beispiel für Training und Wartung (post-implementation/operation stage) als Aufwand zu buchen (SOP 98-1.23).

Bilanztechnisch ist in diesem Zusammenhang darauf hinzuweisen, dass aktivierte Computersoftware von Unternehmen in der Praxis häufig auch unter der Position »Sachanlagevermögen« dargestellt werden kann.[56]

3.4.7.2 Folgeverfahren

Immaterielle Vermögenswerte mit einer bestimmten Nutzungsdauer sind über diesen Zeitraum abzuschreiben. Grundsätzlich ist die Abschreibungsmethode anzuwenden, die den Nutzungsverlauf am besten wiedergibt; anderenfalls ist die lineare Abschreibung zu wählen. Falls eine unbestimmte Nutzungsdauer vorliegt, entfällt die planmäßige Abschreibung so lange, bis sich eventuell aus geänderten Umständen eine Bestimmbarkeit ergibt.

Unabhängig von der Nutzungsdauer sind auch immaterielle Vermögenswerte auf ihre Werthaltigkeit zu prüfen, mit der Besonderheit, dass immaterielle Vermögenswerte von unbestimmter Nutzungsdauer zumindest einmal jährlich überprüft werden müssen. Das hierbei anzuwendende zweistufige

---

[56] AICPA, *Accounting Trends & Techniques 2006*, S. 165, 2.86; Beispiel S. 167f

Verfahren des Impairment-Tests ist identisch mit dem Verfahren bei der Überprüfung von Anlagegütern.[57]

3.4.8 Verbindlichkeiten

Nach der Grundlagendefinition des Rahmenkonzepts sind Verbindlichkeiten (liabilities) wahrscheinliche zukünftige wirtschaftliche Verluste, die ein Unternehmen aufgrund gegenwärtiger Verpflichtungen zur Übertragung von Vermögenswerten oder Erbringung von Dienstleistungen basierend auf vergangenen Transaktionen oder Ereignissen erleidet (CON 6.35).

Die Definition verlangt somit nur, dass eine gegenwärtige Verpflichtung dem Grunde nach besteht; der Höhe nach muss demgegenüber noch nicht bestimmt sein (»probable future sacrifices of economic benefits«). Dies bedeutet, dass Verbindlichkeiten nicht nur bereits entstandene und in ihrer Höhe feststehende Verpflichtungen, sondern auch ungewisse, noch nicht eingetretene, aber bereits verursachte Verpflichtungen umfassen.

Aus diesem Grund unterscheidet die amerikanische Rechnungslegung auch nicht zwischen Verbindlichkeit und Rückstellung; vielmehr ist die Rückstellung eine besondere Ausprägung der Verbindlichkeit. Liabilities werden daher wie folgt unterteilt:[58]

- Als current liability bezeichnet man eine Verbindlichkeit, zu deren Erfüllung ein current asset eingesetzt werden muss.
- Eine contingent liability (Eventualverbindlichkeit) ist eine Verbindlichkeit, deren Eintritt von einem zukünftigen Ereignis abhängt.
- Unter einer accrued liability versteht man eine Verbindlichkeit, die eine klare Zahlungsverpflichtung beinhaltet, für die aber ein bestimmter Zeitpunkt noch nicht eingetreten ist.

Langfristige Verbindlichkeiten werden demgegenüber üblicherweise als long-term debts bezeichnet.

3.4.8.1 Kurzfristige Verbindlichkeiten

Aufgrund der besonderen Bedeutung der Liquidität für die Beurteilung eines Unternehmens und des damit verbundenen Begriffs des working capital[59] sind die kurzfristigen Verbindlichkeiten gesondert darzustellen. Die Unterscheidung zwischen kurz- und langfristigen Verbindlichkeiten erfolgt

---
[57] Vgl. Kap. 3.4.5.4
[58] Bragg, *GAAP Implementation Guide*, S. 178
[59] Vgl. Kap. 3.1

dabei entsprechend ihrer Fälligkeit: ist die Verbindlichkeit innerhalb einer Berichtsperiode fällig, gilt sie als kurzfristig, anderenfalls als langfristig.

Diese Unterteilung hatte zur Folge, dass bei langfristigen Verbindlichkeiten der Anteil, der innerhalb der folgenden Berichtsperiode fällig wird, als kurzfristiger Anteil auszuweisen ist. Eine solche Umgruppierung in der Bilanz hat dann zu unterbleiben, wenn vor Ablauf der Fälligkeit die verbleibende (kurzfristige) Verbindlichkeit erneut durch eine langfristige Verbindlichkeit refinanziert wird. Andererseits ist eine Klassifizierung als kurzfristige Verbindlichkeit untersagt, wenn diese Verbindlichkeit langfristig abgesichert wird.

Somit verlangt die SEC für börsennotierte Unternehmen folgende Mindestunterteilung (Reg. S-X, §210.5-02.19):

- Verbindlichkeiten gegenüber Kreditinstituten
- Verbindlichkeiten aus kurzfristigen Anleihen
- Verbindlichkeiten aus Lieferung und Leistung
- Verbindlichkeiten gegenüber Versicherungen und Mitarbeitern

Darüber hinaus sind weitere kurzfristige Verbindlichkeiten, die mehr als 5 Prozent der gesamten kurzfristigen Verbindlichkeiten ausmachen, einzeln in der Bilanz oder im Anhang aufzuführen (Reg. S-X, §210.5-02.20).

3.4.8.2 Langfristige Verbindlichkeiten

Langfristige Verbindlichkeiten wie zum Beispiel Anleihen sind mit ihrem Barwert anzusetzen (APB 21.9). Der für die Diskontierung erforderliche Zinssatz entspricht dabei im Regelfall dem Marktzinssatz (APB 21.13).

Entspricht der Barwert nicht dem Nominalwert, so ergibt sich entweder ein discount (die Verbindlichkeit war nicht oder unter dem Marktzinssatz zu verzinsen) oder ein premium (die Verbindlichkeit war über dem Markt zu verzinsen). Im Falle eines discount ist die Verbindlichkeit um diesen Betrag zu verringern und bis zur Fälligkeit um den jeweiligen Zinsaufwand ergebniswirksam aufzuzinsen. Ergibt sich ein premium, so ist die Verbindlichkeit zu erhöhen und bis zur Fälligkeit um den jeweiligen Zinsertrag ergebniswirksam abzuziehen (APB 21.15).

Beispiel:
Ein Unternehmen emittiert eine Anleihe über nominell 100 000 Dollar mit einer Laufzeit von 5 Jahren. Der Nominalzinssatz beträgt jährlich 10 Prozent; der Marktzinssatz liegt bei 13 Prozent. Die Anleihe wurde also mit einem discount begeben.

Bei einer Nominalverzinsung von 10 Prozent p.a. ergibt sich ein jährlicher Zinsbetrag von 10 000 Dollar; bei einer Marktverzinsung von 13 Prozent p.a. ein jährlicher Zinsbetrag von 13 000 Dollar, mithin ein jährlicher Vorteil von 3 000 Dollar. Der Barwert dieser Ersparnis beträgt nach 5 Jahren 10 551,69 Dollar ([3 000 * (1,13^5 − 1)/(0,13 * 1,13^5)]). Also beträgt der Barwert der Verbindlichkeit 89 448,31 Dollar (100 000 − 10 551,69).

Im Gegensatz zur Erfassung der Verbindlichkeit in voller Höhe zum Zeitpunkt der Emission nach HGB wird nach US-GAAP nur der Barwert erfasst.

Zum Bilanzstichtag wird der Zinsaufwand wie folgt ermittelt:

- 0,13 * 89 448,31   11 628,28
- Normalzins   10 000,00
- Zinsaufwand   1 628,28
- neuer Buchwert (89 448,31 + 1 628,28)   91 076,59

Zum nächsten Bilanzstichtag setzt sich die Berechnung folgendermaßen fort:

- 0,13 * 91 076,59   11 839,96
- Normalzins   10 000,00
- Zinsaufwand   1 839,96
- neuer Buchwert (91 076,59 +1 839,96)   92 916,55

3.4.8.3 Andere Verbindlichkeiten

Unter dieser Bilanzposition werden zum einen die accrued liabilities dargestellt, also jene Verbindlichkeiten, die zwar sicher sind, bei denen aber ein bestimmter Zeitpunkt noch nicht eingetreten ist. Dieses System ist vergleichbar mit den passiven Rechnungsabgrenzungsposten nach HGB. Zum anderen werden hier die contingent liabilities aufgeführt.

3.4.8.3.1 Prinzip der Eventualverbindlichkeiten

Unter einem Eventualfall (contingency) versteht man eine aktuelle Bedingung oder eine vorhandene Situation oder eine Reihe von Umständen, aufgrund deren für das Unternehmen die Ungewissheit besteht, ob und in welcher Höhe ein Gewinn oder Verlust eintreten wird, und diese erst durch ein oder mehrere zukünftige Ereignisse gelöst werden kann. Diese Auflösung kann dann entweder zum Erhalt eines Vermögenswertes oder zum Entstehen einer Verbindlichkeit führen (FAS 5.1).

Für den Fall, dass es sich um einen möglichen Verlust (loss contingency) handelt, ist zu überprüfen, wie wahrscheinlich der Eintritt dieser Möglichkeit ist. Hierbei wird eine Dreiteilung der Wahrscheinlichkeit vorgenommen (FAS 5.3):

a) wahrscheinlich (probable)
b) möglich (reasonably possible)
c) gering (remote)

Der mögliche Verlust ist als Verbindlichkeit (contingent liability) anzusetzen, wenn folgende zwei Voraussetzungen kumulativ erfüllt sind (FAS 5.8):

a) Vor der Veröffentlichung des Abschlusses weisen verfügbare Informationen darauf hin, dass am Bilanzstichtag eine Verpflichtung **wahrscheinlich** entstanden ist.
b) Die Höhe des Verlustes ist zuverlässig bestimmbar.

Rückstellungen unterfallen somit der Definition und erfüllen die Voraussetzungen der Eventualverbindlichkeit.[60]

3.4.8.3.2 Pensionsrückstellungen

Die bilanzielle Erfassung von Altersversorgungsleistungen eines Unternehmens für seine Mitarbeiter ist abhängig davon, welchen Inhalt die Vereinbarung zwischen den Parteien hat. Das Unternehmen kann sich entweder verpflichten, einen bestimmten Betrag zum Beispiel an einen Pensionsfonds zu zahlen, oder es sagt dem Arbeitnehmer eine bestimmte Leistung bei Erreichen des Pensionsalters zu, zum Beispiel typischerweise eine Betriebsrente.

3.4.8.3.2.1 Beitragsorientierter Versorgungsplan

Unter einem beitragsorientierten Versorgungsplan (defined contribution plan) versteht man eine Vereinbarung, durch die festgelegt wird, welchen Beitrag das Unternehmen für seinen Mitarbeiter in einen externen Fonds zu zahlen hat (FAS 87.63). Hiermit ist die rechtliche/faktische Verpflichtung des Unternehmens auf den festgelegten Betrag begrenzt, der Arbeitnehmer trägt sowohl das so genannte versicherungsmathematische Risiko als auch das Anlagerisiko.

Unter dem versicherungsmathematischen Risiko (actuarial risk) versteht man dabei das Risiko, dass Leistungen geringer ausfallen als erwartet oder zugesagte Leistungen höhere Kosten verursachen als erwartet. Das Anlagerisiko (investment risk) beschreibt das Risiko, dass angelegte Vermögenswerte nicht ausreichen, um die erwarteten Leistungen zu erbringen.

---

60) Beispiele: AICPA, *Accounting Trends & Techniques 2006*, S. 71f

3.4.8.3.2.2 Leistungsorientierter Versorgungsplan

Bei einem leistungsorientierten Versorgungsplan (defined benefit plan) verpflichtet sich das Unternehmen, die zugesagte Leistung zu gewähren (SFAS 87.12). Somit trägt in diesem Fall das Unternehmen sowohl das versicherungsmathematische Risiko als auch das Anlagerisiko.

Um dieser Verpflichtung nachzukommen, sammelt das Unternehmen ein so genanntes Fondsvermögen (plan assets) an. Dieses Fondsvermögen besteht typischerweise aus marktgängigen Wertpapieren oder Beteiligungen, zum Beispiel an Immobilienfonds.

Nur Vermögenswerte, die von einem Treuhänder (zum Beispiel einem Pensionsfonds) für das Unternehmen verwaltet werden, dürfen als plan assets bezeichnet werden.

Wenn die Vermögenswerte vom Unternehmen selbst kontrolliert werden, gelten sie als nicht gesichert (unfunded). [61]

Hintergrund der Einteilung ist, dass Vermögenswerte, die vom Unternehmen kontrolliert werden, zum einen theoretisch jederzeit vom Unternehmen zu anderen Zwecken genutzt werden können, zum anderen im Insolvenzfall dem Zugriff der Gläubiger unterliegen. Demgegenüber dürfen plan assets ausschließlich für Pensionszahlungen genutzt werden und sind dank der rechtlichen Selbstständigkeit des Treuhänders vor dem Zugriff der Gläubiger des Unternehmens geschützt (FAS 87.19).

Bei der Berechnung, inwieweit Pensionsrückstellungen zu bilden sind, sind daher nur plan assets zu berücksichtigen.

3.4.8.3.2.3 Bilanzierung eines beitragsorientierten Versorgungsplans

Aufgrund der Tatsache, dass sich das Unternehmen bei einem beitragsorientierten Versorgungsplan ausschließlich zur Zahlung eines festgelegten Betrages verpflichtet, stellt diese Verpflichtung Personalaufwand dar, der in der Gewinn-und-Verlust-Rechnung auszuweisen ist.[62] Eine Rückstellung kann sich somit ausschließlich in Form der accrued liability ergeben, wenn das Unternehmen zum Bilanzstichtag noch Zahlungen zu leisten hat.

3.4.8.3.2.4 Bilanzierung eines leistungsorientierten Versorgungsplans

Um die Pensionsverpflichtung aus einem leistungsorientierten Versorgungsplan ermitteln zu können, bedient man sich eines versicherungsma-

---

61) Whittington et al., *Wiley CPA Examination Review 2006*
   Financial Accounting & Reporting, S. 397–399
62) Whittington et al., *Wiley CPA Examination Review 2006*
   Financial Accounting & Reporting, S. 397

thematischen Verfahrens, der so genannten Anwartschaftsbarwertmethode (projected unit credit method; FAS 87.40).

Diese Methode ist allgemein in drei Schritte aufgeteilt: Im ersten Schritt sind für jeden betroffenen Arbeitnehmer die künftigen Pensionsleistungen in ihrer absoluten Höhe zu schätzen. Hierzu wird ein so genanntes Leistungsschema (pension benefit formula) erstellt. Dieses Leistungsschema enthält versicherungsmathematische Annahmen für zukünftige Ereignisse, wie zum Beispiel die Lebensdauer des Mitarbeiters oder die Dauer seiner Betriebszugehörigkeit (FAS 87.12).

Im zweiten Schritt ist dieser Betrag auf den Pensionseintrittstermin abzuzinsen. Hierzu ist derjenige Zinssatz zu verwenden, auf dessen Basis eine effektive Abzinsung der Pensionsverpflichtungen stattfinden könnte (discount rate), wobei primär auf den Zeitwert des Geldes abzustellen ist (FAS 87.39). Aus diesem Grund orientiert man sich üblicherweise an der Marktrendite erstrangiger, festverzinslicher Industrieanleihen mit gleicher Währung und Laufzeit.

Dieser Barwert der künftigen Pensionszahlungen im Zeitpunkt des Pensionseintritts wird im dritten Schritt auf die Perioden der aktiven Dienstzeit zurückverteilt. Am Bilanzstichtag ist also festzustellen, welcher Anteil auf die laufende Periode und welcher auf frühere Dienstzeitperioden entfällt. Es ist also der bereits erarbeitete Anteil zu berechnen, der erneut abzuzinsen ist. Der sich hieraus ergebende Barwert der am Stichtag verdienten Pensionsansprüche wird als projected benefit obligation (PBO) bezeichnet (FAS 87.269).

Diese PBO ist zum jeweiligen Bilanzstichtag zu ermitteln. Aufgrund der Tatsache, dass jede Folgeermittlung ein Jahr näher an dem Zeitpunkt der Auszahlung der Pensionsansprüche ist, erhöht sich konsequenterweise der Barwert im Laufe der Zeit.

Beispiel (vereinfacht):

Das bilanzierende Unternehmen stellt einen gerade 60 Jahre alt gewordenen Mitarbeiter mit einem Jahresgehalt von 40 000 Dollar ein. Im Arbeitsvertrag ist vereinbart, dass der Mitarbeiter bis zu seiner Pensionierung mit Erreichen des 65. Lebensjahres eine jährliche Gehaltssteigerung von 2 Prozent erhält. Darüber hinaus werden ihm nach seiner Pensionierung über den Zeitraum von fünf Jahren 10 Prozent seines Endgehalts als Jahresrente jeweils am Ende des Jahres gezahlt. Der zugrunde zu legende Diskontsatz beträgt 5 Prozent.

Bei einer jährlichen Gehaltssteigerung von 2 Prozent ergibt sich über die Laufzeit von fünf Jahren ein Endgehalt des Mitarbeiters in Höhe von 43 297,29 Dollar, mithin eine Jahresrente von 4329,73 Dollar (Berechnung: $40000 \times 1,02^5 = 43297,29$; $43297,29 \times 10$ Prozent $= 4329,73$).

Unter Berücksichtigung des Diskontzinssatzes und des Verpflichtungszeitraums von fünf Jahren ergibt sich mit Hilfe des Rentenbarwertfaktors ein Barwert der zukünftigen Leistungen von 18 745,45 Dollar (Berechnung: Summe der Barwerte der fünf Jahre, beginnend mit $4329,73 \times [1 ./. 1,05^1]$ für das Jahr 1 und abschließend mit $4329,73 \times [1 ./. 1,05^5]$ für das Jahr 5).

Dieser Barwert ist linear auf die verbleibende Dienstzeit von fünf Jahren zu verteilen, wodurch sich ein Betrag von 3749,09 Dollar ergibt (18 745,45 ./. 5), der jährlich unter Berücksichtigung der Restdienstzeit erneut mit dem Diskontzinssatz abzuzinsen ist.

Insgesamt lässt sich die Entwicklung der Pensionsverpflichtung über den fünfjährigen Dienstzeitraum wie folgt darstellen:

Verpflichtung zu Beginn der Periode	0,00	3084,39	6477,21	10201,61	14282,25
Verzinsung des Anfangsbestandes (5%)	0,00	154,22	323,86	510,08	714,11
Barwert des Anteils der laufenden Periode	3084,39	3238,60	3400,54	3570,56	3749,09
Verpflichtung am Ende der Periode	3084,39	6477,21	10201,61	14282,25	18745,45

Zu Dienstbeginn ist der Barwert der zukünftigen Pensionsverpflichtungen null. Die Verpflichtung am Ende eines Berichtszeitraums ist zugleich die Verpflichtung zu Beginn der Folgeperiode; dieser Betrag ist mit dem Diskontsatz aufzuzinsen. Unter Hinzurechnung des Barwertes der Folgeperiode ergibt sich die neue Verpflichtung am Ende der Folgeperiode. Nach Ablauf des Dienstzeitraums entspricht die Verpflichtung am Ende der Periode dem Barwert der zukünftigen Leistung. Dieser Verpflichtung des Unternehmens steht das angesparte Fondsvermögen gegenüber.

Für Geschäftsjahre, die bis zum 15.12.2006 endeten, wurde zur Beurteilung der Frage, ob das Fondsvermögen ausreichend ist, um den Pensionsverpflichtungen nachzukommen, nicht die PBO herangezogen, sondern ein weiterer Wert, die accumulated benefit obligation (ABO). Hierunter versteht man den Barwert aller derzeit erdienten Anwartschaften ohne jegliche zukünftige Gehaltsveränderungen (FAS 87.269). Ergab der Vergleich, dass die ABO nicht zumindest dem Marktwert des Fondsvermögens entspricht, liegt eine Unterdeckung vor, mit der Folge, dass in entsprechender Höhe eine zusätzliche Mindestverbindlichkeit (additional minimum liability) zu passivieren war (FAS 87.37 i.V.m. FAS 130.31a).

Im September 2006 hat das FASB den FAS 158 als neuen Standard zur Bilanzierung von Pensionsverpflichtungen und ähnlichen Verpflichtungen verabschiedet. Diese ist bereits für Geschäftsjahre, die nach dem 15.12. 2006 enden, anzuwenden, mithin bereits auf Jahresabschlüsse zum 31.12. 2006.

Im Gegensatz zu der bis dahin üblichen Technik, eine Deckungslücke erst dann zu passivieren, wenn der Fair Value des Fondsvermögens die ABO unterschreitet, ist nunmehr der so genannte Finanzierungsstatus (funded status) in der Bilanz in voller Höhe als Vermögenswert im Falle einer Überdeckung oder als Verbindlichkeit im Falle einer Unterdeckung auszuweisen (FAS 158.1a). Unter Finanzierungsstatus versteht man dabei die Differenz zwischen dem Fair Value des Fondsvermögens und der PBO (FAS 158.4a).

Alle bisher nicht bilanziell berücksichtigten Komponenten, wie zum Beispiel nicht erfasste versicherungsmathematische Gewinne und Verluste oder nachzuverrechnender Dienstzeitaufwand, sind zunächst ergebnisneutral über die Eigenkapitalposition des OCI (other comprehensive income) zu erfassen und in der Folgezeit ergebniswirksam aufzulösen (FAS 158.4c).

Von dieser Umstellung verspricht sich das FASB eine bessere, da vollständigere Information des Bilanzlesers, da nunmehr wesentliche Angaben über die Pensionsverpflichtungen des bilanzierenden Unternehmens nicht nur in den Notes erfolgen, sondern sich direkt aus der Bilanz ergeben (FAS 158, Vorwort).

Darüber hinaus schreibt der neue Standard für Geschäftsjahre, die nach dem 15.12.2008 enden, vor, dass die Ermittlung sowohl des Fair Value des Fondsvermögens als auch des Barwertes der Höhe der Pensionsverpflichtungen zum jeweiligen Bilanzstichtag zu erfolgen hat (FAS 158.5). Die bisherigen Vorschriften erlaubten eine Ermittlung der Werte auf einen Zeitpunkt, der nicht mehr als drei Monate vor dem jeweiligen Bilanzstichtag lag.

Neben der Bewertung der Pensionsverpflichtungen und des Fondsvermögens ist außerdem der jeweilige Aufwand je Periode zu berechnen. Hierunter versteht man den Nettoversorgungsaufwand (net periodic pension cost), der sich aus folgenden Komponenten zusammensetzt (FAS 87.20):

a) Dienstzeitaufwand (= Barwert der im betrachteten Wirtschaftsjahr aufgrund des Leistungsplans hinzuverdienten Pensionsansprüche; service cost; FAS 87.21)

b) Zinsaufwand (= Produkt aus unterstelltem Zinssatz, der settlement rate und der PBO am Anfang der betrachteten Periode; interest cost; FAS 87.22)
c) tatsächlicher Erfolg aus dem Planvermögen inklusive unrealisierter Kurssteigerungen (actual return on plan assets, if any; FAS 87.23)
d) anteilige Aufwendungen aufgrund nachträglicher beziehungsweise veränderter Altersversorgungszusagen (amortisation of unrealized prior service cost, if any; FAS 87.24 ff)
e) der laufenden Periode zugerechnete Mehr- oder Minderbelastungen aus Altersversorgungsverpflichtungen (gain or loss to the extent recognized; FAS 87.29 ff)
f) anteilige Aufwendungen/Erträge aufgrund nicht erfasster Verbindlichkeiten/Vermögenswerte im Zeitpunkt der erstmaligen Anwendung dieses Standards (amortisation of the unrecognized net obligation or unrecognized net asset existing at the date of initial application)

Der sich aus der Verrechnung der obigen Positionen ergebende Betrag ist in der Gewinn-und-Verlust-Rechnung darzustellen. Dieser so ermittelte Versorgungsaufwand (pension cost) ist den Zuweisungen zum Fondsvermögen, also den Einzahlungen in das Fondsvermögen gegenüberzustellen. Ein sich eventuell ergebender Differenzbetrag ist in der Bilanz auszuweisen: übersteigt der Versorgungsaufwand die Zuweisungen, dann ist der überschüssige Aufwand als accrued unfunded pension cost zu passivieren. Liegen die Zahlungen/Zuweisungen dagegen über dem Aufwand, ist die Differenz als prepaid pension cost zu aktivieren (FAS 87.35).

3.4.8.3.2.5 Angabepflichten

Es sind umfangreiche Angabepflichten zu berücksichtigen (FAS 87.54):

a) Beschreibung der einzelnen Pensionspläne des Unternehmens inklusive Vermögenswerte des Fonds
b) Pensionsaufwand, saldiert und nach einzelnen Komponenten aufgeschlüsselt
c) Berechnungsgrundlagen der PBO
d) zugrunde gelegter Zinssatz
e) gegebenenfalls eigene Anteile des Unternehmens am Fondsvermögen

Aufgrund der Neuregelung des FAS 158 sind ergänzend Angaben zu den Beträgen zu machen, die ergebnisneutral über das OCI erfasst wurden (FAS 158.7).

3.4.8.3.3 Drohverlustrückstellungen

Bei Rückstellungen für drohende Verluste aus schwebenden Geschäften ist zwischen Absatz- und Beschaffungsgeschäften zu unterscheiden. Wenn sich bei einem Vergleich der gesamten geschätzten Umsatzerlöse mit den dafür aufgewandten Kosten ein Verlust abzeichnet, ist hierfür eine Rückstellung zu bilden (SOP 81-1.85).

Hierbei ist zu beachten, dass nur die Kosten, die im Produktionsfall den Herstellungskosten zuzuordnen wären, nunmehr in die Rückstellung einfließen dürfen (SOP 81-1.87). Somit dürfen allgemeine Verwaltungs- und Vertriebskosten sowie Forschungs- und Entwicklungskosten nicht berücksichtigt werden.

Drohende Verluste aus verbindlichen, unkündbaren und nicht abgesicherten Geschäften über die zukünftige Beschaffung von Vorräten sind genauso zu behandeln wie Wertminderung aus der Vorratsbewertung (ARB 43, Chap. 4.17).

3.4.8.3.4 Restrukturierungsrückstellungen

Kosten für Restrukturierungsmaßnahmen werden nach US-GAAP als eine Verbindlichkeit gewertet (FAS 146.3). Aufgrund der allgemeinen Definition für eine Verbindlichkeit setzt dies voraus, dass es sich um eine gegenwärtige Verbindlichkeit handelt. Im Zusammenhang mit Restrukturierungsmaßnahmen wird dies dahingehend konkretisiert, dass es nicht ausreicht, wenn das Unternehmen einen entsprechenden Plan hatte. Vielmehr ist erforderlich, dass das Unternehmen auch entschlossen ist, diesen Plan durch Nachweis umzusetzen (FAS 146.4). Den Nachweis der Entschlossenheit führt das Unternehmen in der Regel dadurch, dass es sich zum Beispiel bei Sachrestrukturierungsmaßnahmen aktiv um einen Käufer bemüht.

3.4.8.3.4.1 Abfindungen

Abfindungen sind als Verbindlichkeit einsetzbar, wenn nachfolgende Kriterien kumulativ erfüllt sind (FAS 146.8):

a) Das Management verpflichtet sich zur Durchführung des Kündigungsplans.
b) Anhand des Plans ist die Anzahl der betroffenen Mitarbeiter ermittelbar.
c) Der Plan legt die Voraussetzungen für den Erhalt der Abfindungen fest.
d) Weitere, eventuell noch erforderliche Handlungen ändern den Plan nicht wesentlich ab und geben ihn auch nicht auf.

3.4.8.3.4.2 Vertragskündigungskosten

Kosten für die Kündigung eines Mietverhältnisses oder eines anderen Vertrages sind dann anzusetzen, wenn es sich um Kosten handelt, die

a) aufgrund der Kündigung eines Vertrages vor Ende seiner Laufzeit entstehen;
b) über die Restlaufzeit des Vertrages nach wie vor anfallen, ohne dass das Unternehmen daraus einen wirtschaftlichen Nutzen ziehen kann.

Diese Kosten sind mit ihrem Fair Value anzusetzen.

3.4.8.3.5 Stilllegungsrückstellungen

Wie bei den Restrukturierungsmaßnahmen werden auch die Kosten für Stilllegungsmaßnahmen wie Verbindlichkeiten behandelt (FAS 143.3). In diesem Zusammenhang ist allerdings zu berücksichtigen, dass ausschließlich Kosten aufgrund einer gesetzlichen Verpflichtung zur Stilllegung Berücksichtigung finden (FAS 143.2).

Der Ansatz der Kosten erfolgt mit ihrem Fair Value (FAS 143.7). Entsprechend der allgemeinen Bewertungstechnik für langfristige Verbindlichkeiten sind diese mit dem Barwert anzusetzen (FAS 143.8). Als Gegenbuchung ist der Barwert zum Buchwert der Sachanlage, die durch die Stilllegungsmaßnahme betroffen ist, hinzuzuaktivieren und über die Restlaufzeit abzuschreiben (FAS 143.11).

3.4.9 Latente Steuern

Der größte Teil der zu bilanzierenden Geschäftsvorfälle beeinflusst direkt das zu versteuernde Einkommen im Jahr der Transaktion. Einzelne Geschäftsvorfälle werden aber im Handelsrecht und im Steuerrecht unterschiedlich bewertet, mit der Folge, dass die steuerliche Belastung eines Unternehmens häufig erheblich von der Steuerbelastung abweicht, die sich ergeben würde, wenn man das handelsrechtliche Ergebnis zugrunde legte.

Sinn und Zweck der latenten Steuern ist daher, bereits in der aktuellen Berichtsperiode die zukünftige Erhöhung oder Verringerung der Steuerbelastung mit zu berücksichtigen (FAS 109.6). Der Ausweis latenter Steuern führt also zu einer Anpassung der effektiv gezahlten Ertragsteuern an den Gewinn nach Handelsrecht.

3.4.9.1 Grundprinzip

Im Gegensatz zum so genannten Timing-Konzept des HGB, wonach latente Steuern nur auf solche zeitlichen Unterschiede zu bilden sind, die schon im Zeitpunkt ihrer Entstehung in der Gewinn-und-Verlust-Rechnung zwischen Handels- und Steuerbilanz vorgelegen haben müssen, ermittelt US-GAAP die latenten Steuern nach dem Temporary-Konzept oder der Bilanzansatzmethode. Hierbei sind alle zeitlichen Unterschiede zwischen den steuerlichen und handelsrechtlichen Wertansätzen der Bilanzpositionen zu berücksichtigen. Die Bilanzansatzmethode geht davon aus, dass alle ausgewiesenen Vermögenswerte und Schulden zu ihrem jeweiligen Buchwert realisiert werden können, wenn also Bilanzansatz und Steueransatz voneinander abweichen, ergeben sich hieraus steuerliche Konsequenzen.

In diesem Zusammenhang ist zu unterscheiden, ob die Differenzen zwischen Bilanz- und Steueransatz sich nach einem Zeitablauf aufheben oder ob die Differenzen auf Dauer bestehen.

3.4.9.2 Temporäre und permanente Differenzen

Temporäre Differenzen sind Differenzen zwischen dem steuerlichen Wertansatz eines Vermögenswerts oder einer Verbindlichkeit und dem handelsrechtlich bilanzierten Wert, die sich in zukünftigen Jahren umkehren und entweder zu steuerlichen Mehraufwendungen (zusätzliches steuerpflichtiges Einkommen) oder steuerlichen Vorteilen (steuerliche Abzugsfähigkeit) führen werden (FAS 109.289). Das Gleiche gilt für Verbindlichkeiten.

Kommt es aufgrund dieser Differenzen in der Zukunft zu einer steuerlichen Mehrbelastung, liegt eine so genannte steuerbare temporäre Differenz (taxable temporary difference) vor. Ist demgegenüber eine zukünftige Steuerentlastung zu erwarten, liegt eine so genannte abzugsfähige temporäre Differenz (deductible temporary difference) vor (FAS 109.13). Aus den zukünftigen steuerlichen Mehrbelastungen ergibt sich der Ansatz einer passiven latenten Steuer (deferred tax liability), aus der zukünftigen steuerlichen Entlastung der Ansatz einer aktiven latenten Steuer (deferred tax asset; FAS 109.289).

Permanente Differenzen entstehen demgegenüber bei Transaktionen, die nur in einer der beiden Bilanzen auftreten. Das bekannteste Beispiel permanenter Differenzen sind die nicht abzugsfähigen Betriebsausgaben. Da permanente Differenzen keine steuerlichen Veränderungen in den Folgeperioden nach sich ziehen, werden für diese Positionen keine latenten Steuern angesetzt (FAS 109.14).

3.4.9.3 Ermittlungsschema

Aufgrund der Tatsache, dass nach dem Temporary-Konzept die jeweiligen Bilanzpositionen gegenübergestellt werden, hat dies zwangsläufig zur Folge, dass aktive wie passive latente Steuern sowohl bei Vermögenswerten als auch bei Verbindlichkeiten auftreten können.

	US-GAAP-Bilanz	Steuerbilanz
Vermögenswert	kein Ansatz/ niedrigerer Ansatz	Ansatz
Verbindlichkeit	Ansatz	kein Ansatz/ niedrigerer Ansatz

Abbildung 3.10: Grundschema aktive Latenz

Beispiel:
In der US-GAAP-Bilanz ist eine Drohverlustrückstellung in Höhe von 500 Dollar passiviert, die keine Berücksichtigung in der Steuerbilanz findet. Es handelt sich um eine aktive Latenz, da bei Auflösung der Rückstellung ein um 500 Dollar niedrigerer steuerlicher Gewinn (= steuerlicher Verlust) und damit eine entsprechende Steuerentlastung eintritt.

	US-GAAP-Bilanz	Steuerbilanz
Vermögenswert	Ansatz	kein Ansatz/ niedrigerer Ansatz
Verbindlichkeit	kein Ansatz/ niedrigerer Ansatz	Ansatz

Abbildung 3.11: Grundschema passive Latenz

Beispiel:
Ein Trading-Wertpapier ist für 1000 Dollar angeschafft worden. Zum Bilanzstichtag ist der Wert auf 1200 Dollar gestiegen. Der Bilanzansatz nach US-GAAP beträgt mithin 1200 Dollar, nach dem Anschaffungskostenprinzip in der Steuerbilanz 1000 Dollar. Es besteht somit eine passive Latenz, da bei einem Verkauf des Wertpapiers die Differenz von 200 Dollar zu einem höheren steuerlichen Gewinn und damit zu einer entsprechenden Steuerbelastung führt.

3.4.9.4 Steuersatz

Aktive und passive latente Steuern werden mit dem zum Zeitpunkt ihrer Entstehung gültigen gesetzlichen Steuersatz bewertet (FAS 109.8c). In Deutschland wird für die Berechnung ein Durchschnittssteuersatz von 40 Prozent zugrunde gelegt. Dieser basiert auf folgender Kalkulation:

$$S = s_{KSt} * (1 - s_{GewSt}) * (1 + s_{SolZ}) + s_{GewSt}$$

$$s_{GewSt} = \frac{m * h}{1 + m * h}$$

Dabei werden folgende Daten zugrunde gelegt:

- KSt = Körperschaftsteuer
- s = Steuersatz
- SolZ = Solidaritätszuschlag
- GewSt = Gewerbesteuer
- KSt: 25 Prozent – SolZ: 5,5 Prozent
- Steuermesszahl (m): 5 Prozent – Hebesatz (h): 450 Prozent

Es ergeben sich somit folgende Einzelberechnungen:

$$s_{GewSt} = \frac{0{,}05 * 4{,}5}{1 + 0{,}05 * 4{,}5} = 0{,}1837$$

$$S = 0{,}25 * (1 - 0{,}1837) * (1 + 0{,}055) + 0{,}1837 = 0{,}3989$$

Aus dem exakten Wert von 39,89 Prozent wurde dann aus Vereinfachungsgründen der Durchschnittswert von 40 Prozent gebildet.

3.4.9.5 Bewertung aktiver latenter Steuern

Sind aktive latente Steuern berechnet worden, so ist anschließend deren Werthaltigkeit zu überprüfen. Diese bemisst sich nach der Wahrscheinlichkeit der zukünftigen Realisierbarkeit der Steuerentlastungen. Entsprechend den allgemeinen Kriterien muss auch hier die Wahrscheinlichkeit mehr als 50 Prozent betragen (FAS 109.17c). Liegt die Wahrscheinlichkeit unter 50 Prozent, ist eine entsprechende Wertberichtigung (valuation allowance) vorzunehmen.

Bei der Beurteilung der Wahrscheinlichkeit sind alle positiven wie negativen Aspekte zu berücksichtigen. So sind auch historische Informationen in die Bewertung mit einzubeziehen (FAS 109.20). Negative Aspekte sind zum Beispiel anhaltende Verluste in den vergangenen Jahren (FAS 109.23). Positive Aspekte können zum Beispiel bestehende Verträge oder feste Bestellungen sein, die ein ausreichend steuerbares Einkommen hervorrufen (FAS 109.24).

Für diese Beurteilung hat das FASB im Juni 2006 ergänzend eine Interpretation (FIN 48) veröffentlicht. So hat das Unternehmen bei der Festlegung der Wahrscheinlichkeit zu unterstellen, dass die zuständige Finanzbehörde in Kenntnis aller relevanten Fakten zum gleichen Ergebnis käme (FIN 48.8). Dies gilt insbesondere, wenn das Unternehmen bei seiner Steuerplanung davon ausgeht, zukünftig genügend steuerbares Einkommen zu erwirtschaften (FIN 48.9).

3.4.9.6 Ausweis

Latente aktive und passive Steuern sind getrennt, entsprechend ihrer Fristigkeit, in einen kurzfristigen und einen langfristigen Betrag zu unterteilen (FAS 109.41). Eine Saldierung jeweils der kurzfristigen und der langfristigen aktiven und passiven latenten Steuern ist nur eingeschränkt zulässig (FAS 109.42).

3.4.9.7 Anhangsangaben

Die umfangreichen Anhangsangaben müssen unter anderem folgende Positionen beinhalten (FAS 109.43/44):

- Gesamtbetrag der latenten Steuerverbindlichkeiten
- Gesamtbetrag der latenten Steuerforderungen
- Betrag des Sicherheitsabschlags
- Beschreibung der temporären Differenzen, die zu keinem Ansatz einer latenten Steuer geführt haben

Außerdem ist im Anhang mit Hilfe einer so genannten Überleitungsrechnung (reconciliation) der Unterschied zwischen dem erwarteten Steueraufwand und dem tatsächlichen Steueraufwand darzustellen (FAS 109.47), wobei der erwartete Steueraufwand eine rechnerische Größe ist, die sich aus der Multiplikation des Jahresergebnisses mit dem gesetzlichen Steuersatz ergibt.

Ein solcher Unterschied ergibt sich zum einen bei permanenten Differenzen, zum anderen entsteht er bei internationalen Konzernabschlüssen, wenn der Steuersatz in den USA vom Steuersatz in den Ländern der Tochterunternehmen abweicht.[63]

---

[63] Stickney/Weil, *Financial Accounting*, S. 454

Beispiel (permanente Differenzen):

Das bilanzierende Unternehmen weist ein Jahresergebnis aus laufender Geschäftstätigkeit vor Steuern in Höhe von 1 Million Dollar aus. Bei einem fiktiven gesetzlichen Steuersatz von 25 Prozent wäre ein Steueraufwand in Höhe von 250 000 Dollar zu erwarten. Demgegenüber weist das Ertragsteuerkonto einen Steueraufwand in Höhe von 232 500 Dollar aus. Die Differenz von 17 500 Dollar ist mit Hilfe der Überleitungsrechnung darzustellen.

Angenommen, das Unternehmen hat zum einen Dividendenerträge in Höhe von 150 000 Dollar erhalten sowie Vertragsstrafen in Höhe von 80 000 Dollar gezahlt. Nach US-Steuerrecht – wie auch nach nationalem Steuerrecht – sind Dividendenerträge vom zu versteuernden Einkommen abzuziehen, im Jahresergebnis aber auszuweisen; demgegenüber verringern Vertragsstrafen zwar das Jahresergebnis, sind aber nicht steuerlich abzugsfähig.[64]

Es ergibt sich somit folgende Berechnung und Darstellung:

	Betrag	Steuersatz	Steuereffekt
Ergebnis (aus fortgesetzter Tätigkeit) vor Steuern	1000000		
gesetzlicher Steuersatz		25%	
erwarteter Steueraufwand			250000
steuerfreie Dividendenerträge	150000		−37500
nicht abzugsfähige Vertragsstrafen	80000		20000
tatsächlicher Steueraufwand			232500
effektiver Steuersatz		23,25%	

Die Darstellung der Veränderung des Steuersatzes kann sowohl durch Beträge (siehe obiges Beispiel) als auch durch Prozentangaben erfolgen (FAS 109.45):

	Betrag	Steuersatz
Ergebnis (aus fortgesetzter Tätigkeit) vor Steuern	1000000	
gesetzlicher Steuersatz		25%
steuerfreie Dividendenerträge	150000	−3,75%
nicht abzugsfähige Vertragsstrafen	80000	2,00%
effektiver Steuersatz		23,25%

---

64) Delaney et al., Wiley GAAP 2007, S. 479

Fortsetzung des Beispiels (ausländischer Steuersatz):

Unterstellt, bei dem oben genannten Beispiel würde es sich um das Ergebnis eines ausländischen Tochterunternehmens handeln, wäre die Ermittlung des tatsächlichen Steueraufwandes von 232 500 Dollar die Basis für die Berechnung der Abweichung im amerikanischen Konzernabschluss (bei einem fiktiven US-Steuersatz von 35 Prozent):

	Betrag	Steuersatz	Steuereffekt
Ergebnis TU (aus fortgesetzter Tätigkeit) vor Steuern	1000000		
gesetzlicher Steuersatz (USA)		35%	
erwarteter Steueraufwand (US-Steuersatz)			350000
tatsächlicher Steueraufwand TU			232500
Abweichung			−117500

Diese Abweichung wird in den Konzernabschluss übernommen. Angenommen, das Mutterunternehmen habe ein Jahresergebnis aus laufender Geschäftstätigkeit vor Steuern von 5 Millionen Dollar und eigene Dividendenerträge von 200 000 Dollar, sieht die Überleitungsrechnung wie folgt aus:

	Betrag	Steuersatz	Steuereffekt
Ergebnis (aus fortgesetzter Tätigkeit) vor Steuern	5000000		
gesetzlicher Steuersatz		35%	
erwarteter Steueraufwand			1750000
Abweichung ausländischer Steuersatz			−117500
steuerfreie Dividendenerträge	200000		−70000
tatsächlicher Steueraufwand			1562500
effektiver Steuersatz		31,25%	

3.4.10 Eigenkapital

Eigenkapital (equity) ist das bilanzielle Reinvermögen (net assets), das als Restwert der Vermögenswerte nach Abzug der Verbindlichkeiten verbleibt (CON 6.49).

Obwohl nur als Restgröße ausgewiesen, hat die SEC bereits in ihrer Mindestgliederung eine Unterteilung vorgenommen (Reg. S-X, §210.5-02.29 ff):

- Vorzugsaktien (preferred stocks)
- Stammaktien (common stocks)
- übriges Eigenkapital (other stockholders' equity), aufgeteilt in:
  - Kapitalrücklage (additional paid-in capital)
  - weiteres Kapital (other additional capital)
  - Gewinnrücklage (retained earnings)
    ausgesondert (appropriated)
    nicht ausgesondert (unappropriated)

Die Offenlegungsvorschriften einzelner Standards haben darüber hinaus zu zwei weiteren Positionen im Eigenkapital geführt:

- kumulierte ergebnisneutrale Veränderungen (accumulated other comprehensive income; FAS 130.26)
- eigene Anteile (treasury stock; APB 6.12 b)

3.4.10.1 Stammaktien

Stammaktien können entweder zum Nennwert (par value) oder als Stückaktien (non-par value) ausgegeben werden. Werden Stammaktien über dem Nennwert verkauft, so ist das zusätzliche Kapital in die Kapitalrücklage einzustellen.

3.4.10.2 Vorzugsaktien

Vorzugsaktien beinhalten ein besonderes Recht des Inhabers. Üblicherweise ist dies die Auszahlung einer Dividende vor einer Ausschüttung an die Stammaktionäre. Darüber hinaus können aber auch noch andere Regelungen getroffen werden, wie zum Beispiel, dass Vorzugsaktionäre das Recht haben, ihre Vorzugsaktien in Stammaktien umzuwandeln (convertible), oder dass das emittierende Unternehmen das Recht hat, die Vorzugsaktien zu einem vorher festgelegten Preis zurückzukaufen (callable).[65]

Da das Recht des Rückkaufs dem Unternehmen zusteht und im Übrigen die Vorzugsaktien von Seiten der Inhaber unkündbar sind, mit anderen Worten, das emittierende Unternehmen die Verfügungsmacht über dieses Kapital hat, werden diese Anteile als unkündbare Vorzugsaktien (non-reedemable preferred stocks) bezeichnet und sind im Eigenkapital auszuweisen.

Hiervon abzugrenzen sind die so genannten kündbaren Vorzugsaktien (reedemable stocks). Hierunter versteht man Vorzugsaktien, bei denen die

---

[65] Whittington et al., *Wiley CPA Examination Review 2006 Financial Accounting & Reporting*, S. 518 f.

Inhaber das Recht haben, von dem emittierenden Unternehmen einen Rückkauf zu verlangen. Aufgrund der dadurch bestehenden Verpflichtung des Unternehmens sind diese Wertpapiere als eigenständige Bilanzposition (Reg. S-X, §210.5-02.28) unter den Verbindlichkeiten auszuweisen (FAS 150.9).[66]

3.4.10.3 Kapitalrücklage

In der Kapitalrücklage sind die Beträge einzustellen, die bei der Ausgabe von Stamm- oder Vorzugsaktien über deren Nennwert erzielt worden sind. Kosten, die im direkten Zusammenhang mit der Aktienausgabe stehen, werden üblicherweise ergebnisneutral mit der Kapitalrücklage verrechnet. Alternativ können diese Kosten aber auch als Verwaltungskosten in der Gewinn-und-Verlust-Rechnung als Aufwand gezeigt werden.[67]

3.4.10.4 Weiteres Kapital

Unter dieser Eigenkapitalposition sind kostenlos zur Verfügung gestellte oder gestiftete Vermögenswerte und Dienstleistungen (donated capital) mit ihrem Fair Value auszuweisen.[68]

3.4.10.5 Gewinnrücklage

Die Gewinnrücklage beinhaltet die einbehaltenen Gewinne des Unternehmens, die für die Ausschüttung an die Anteilseigner verwendet werden können (unappropriated retained earnings).

Für den Fall, dass aufgrund gesetzlicher, vertraglicher oder freiwilliger Beschränkungen ein Teil der Gewinnrücklage nicht für eine Dividendenausschüttung zur Verfügung steht, ist dieser Anteil auszusondern und gesondert darzustellen (appropriated retained earnings).[69]

3.4.10.6 Kumulierte ergebnisneutrale Veränderungen

Das Prinzip der ergebnisneutralen Buchungen macht eine weitere Eigenkapitalposition erforderlich: das accumulated other comprehensive income (aOCI). Ausgangspunkt dieser Terminologie ist das comprehensive income. Hierunter versteht man alle Veränderungen im bilanziellen Reinvermögen eines Unternehmens während einer Periode aufgrund von Transaktionen

---

[66] Stickey/Weil, *Financial Accounting*, S. 534
[67] Whittington et al., *Wiley CPA Examination Review 2006 Financial Accounting & Reporting*, S. 518
[68] Stickney/Weil, *Financial Accounting*, S. 638
[69] Weygandt et al., *Accounting Principles*, S. 606

und anderen Ereignissen und Umständen, mit Ausnahme derjenigen, die durch die Anteilseigner veranlasst sind (CON 6.70).

Das comprehensive income unterteilt sich somit in das Jahresergebnis (net income) und das other comprehensive income (OCI; FAS 130.15). Das OCI beinhaltet die ergebnisneutralen Buchungen gegenüber dem Eigenkapital, wie zum Beispiel die nicht realisierten Gewinne und Verluste aus der Bewertung von AFS-Wertpapieren oder Anpassungen der Mindestpensionsrückstellung (FAS 130.17).

Der Saldo des OCI ist dann als kumuliertes Ergebnis (aOCI) als gesonderte Eigenkapitalposition darzustellen (FAS 130.26).

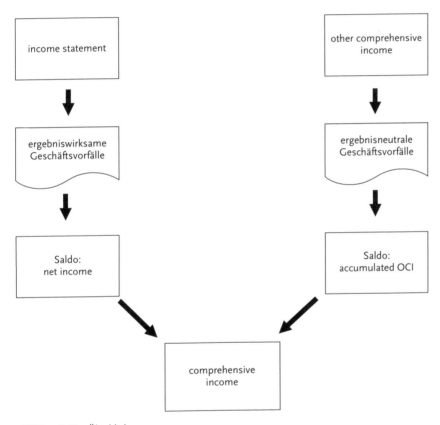

Abbildung 3.12: Überblick

3.4.10.7 Eigene Anteile

Unter dieser Eigenkapitalposition zeigt ein Unternehmen Anteile, die es ursprünglich emittiert und dann wieder zurückgekauft hat, ohne sie zu löschen. Diese Anteile haben kein Stimmrecht und erhalten keine Dividende. Sie stellen auch keinen Vermögenswert dar, da es einem Unternehmen untersagt ist, Anteil an sich selbst zu halten. Aus diesem Grunde werden sie als letzte Eigenkapitalposition wie ein Abzug vom Eigenkapital behandelt.[70]

3.4.10.8 Anteilsbasierte Vergütungen

Eine weitere Eigenkapitalposition »ausstehende Aktienoptionen« (stock options outstanding) kann durch die Ausgabe anteilsbasierter Vergütungen entstehen. Hierunter versteht man Transaktionen, durch die ein Unternehmen Güter oder Dienstleistungen durch die Ausgabe von Aktien, Aktienoptionen oder anderen Eigenkapitalinstrumenten erwirbt. Darüber hinaus beinhaltet es Transaktionen mit Mitarbeitern oder Lieferanten, wodurch das Unternehmen eine Verbindlichkeit übernimmt, die entweder zumindest teilweise auf dem Kurs der Unternehmensaktien beruht oder mit der Ausgabe von Aktien beglichen wird (FAS 123[R].4).

Bei einer derartigen Konstellation sind zwei wesentliche Abgrenzungen zu treffen:

1. Handelt es sich um eine anteilsbasierte Vergütung für Mitarbeiter oder außenstehende Dritte?
2. Ist die anteilsbasierte Vergütung als Eigenkapitalposition oder Verbindlichkeit einzustufen?[71]

Anteilsbasierte Vergütungen für Dritte für Waren oder Dienstleistungen werden mit dem Fair Value des Eigenkapitalinstruments, oder, falls dieser verlässlicher ist, mit dem Fair Value der Waren oder Dienstleistungen bewertet (FAS 123[R].7). Diese erfolgt zu dem Zeitpunkt, an dem entweder eine verbindliche Vereinbarung zwischen den Vertragsparteien zur Erbringung der Gegenleistung für den Erhalt des Eigenkapitalinstruments geschlossen worden ist oder zu dem die Gegenleistung erbracht worden ist (EITF 98-16, Issue 1).

Werden Mitarbeiter durch anteilsbasierte Vergütungen entlohnt, so hängt die weitere bilanzielle Erfassung davon ab, ob der Mitarbeiter am Ende der

---

70) Whittington et al., *Wiley CPA Examination Review 2006 Financial Accounting & Reporting*, S. 519
71) Whittington et al., *Wiley CPA Examination Review 2006 Financial Accounting & Reporting*, S. 522

Laufzeit eine Option gegen ein Eigenkapitalinstrument eintauschen kann oder ob er einen Barausgleich aufgrund einer so genannten virtuellen Aktienoption (stock appreciation right [SAR]) erhält. Der Barausgleich ist dabei die Differenz zwischen dem Börsenkurs und einem zuvor festgelegten Kurs. Im Fall des Erhalts einer tatsächlichen Option ist die anteilsbasierte Vergütung als Eigenkapitalposition auszuweisen, bei einer virtuellen Aktienoption dagegen als Verbindlichkeit.

Der zu ermittelnde Personalaufwand bestimmt sich bei einem tatsächlich gewährten Eigenkapitalinstrument nach dessen Fair Value zum Gewährungszeitpunkt (grant date) (FAS 123[R].10). Dieser ergibt sich aus dem Marktpreis für Optionen mit gleichen oder ähnlichen Konditionen (level 2 inputs).[72] Der so ermittelte Betrag ist über den Erdienungszeitraum (requisite service period) linear zu verteilen.[73] Eine erneute Überprüfung des Fair Value während der Laufzeit entfällt.

Beispiel:
Ein Unternehmen räumt seinen Mitarbeitern die Option ein, 10 000 Anteile ihrer Stammaktien (Nennwert 1 Dollar) zum Preis von 52 Dollar je Aktie zu kaufen, wenn der Börsenkurs ebenfalls bei 52 Dollar steht. Die Option darf frühestens fünf Jahre nach dem Gewährungszeitpunkt ausgeübt werden. Der Fair Value vergleichbarer Optionen zum Gewährungszeitpunkt beträgt 8,62 Dollar.

Zum Gewährungszeitpunkt werden die Optionen also mit einem Betrag von 86 200 Dollar (10 000 Anteile × 8,62 Dollar) passiert. Über die folgenden fünf Jahre wird der als Gegenbuchung aktivierte Abgrenzungsposten für Personalaufwand linear verteilt, mit den jährlich 17 240 Dollar als Personalaufwand verbucht.

Bei Ausübung der Option (unterstellt, nach Ablauf der fünf Jahre) ergibt sich folgende Abschlussbuchung:

Buchungssatz:	Kasse/Bank	52 000		
	Aktienoptionen	86 200		
			an Stammaktien	10 000
			Kapitalrücklage	128 200

---

[72] Vgl. Kap. 3.3.6
[73] Whittington et al., *Wiley CPA Examination Review 2006 Financial Accounting & Reporting*, S. 523

Auch bei einer virtuellen Aktienoption ist der Personalaufwand nach der Fair-Value-Methode zu ermitteln, jedoch bezieht sich dieser auf die eingegangene Verbindlichkeit. Deren Bewertungszeitpunkt ist aber der Erledigungszeitpunkt. Dies hat zur Folge, dass der Fair Value zu jedem Bilanzstichtag bis zum Erledigungszeitpunkt neu bewertet werden muss (FAS 123[R].10). Weiterhin ist bei der Ermittlung des Personalaufwandes der Anteil zu berücksichtigen, den der Mitarbeiter zum Zeitpunkt der Gewährung zahlt oder zahlen müsste. Wenn also zum Beispiel ein Mitarbeiter zum Gewährungszeitpunkt 5 Dollar für eine Option mit einem Fair Value von 50 Dollar zahlen würde, betrüge der dem Personalaufwand zuzurechnende Betrag 45 Dollar (FAS 123[R].15).

Beispiel:
Ein Unternehmen räumt seinen Mitarbeitern 100 virtuelle Aktienoptionen zu einem festgelegten Preis von 50 Dollar pro Option ein, ausübbar nach drei Jahren. Der Börsenkurs der Aktie entwickelt sich wie folgt:

- 31.12.01: 55 Dollar
- 31.12.02: 53 Dollar
- 31.12.03: 61 Dollar

Der jeweils für die Jahre zu bestimmende Personalaufwand berechnet sich nach folgender Formel:

Gesamtaufwand abzüglich Aufwand der Vorjahre = laufender Aufwand, wobei sich der Gesamtaufwand aus der Multiplikation der Differenz zwischen dem Börsenkurs und dem festgelegten Preis und den entsprechenden Anteilen ergibt.

- 01: 100×(55 Dollar − 50 Dollar) = 500 Dollar − 0 Dollar =   500 Dollar
- 02: 100×(53 Dollar − 50 Dollar) = 300 Dollar − 500 Dollar = − 200 Dollar
- 03: 100×(61 Dollar − 50 Dollar) = 1100 Dollar − 300 Dollar = 800 Dollar

In der Addition der einzelnen Jahresbeträge ergibt sich der Gesamtaufwand von 1100 Dollar (100×[61 Dollar − 50 Dollar]).

Kapitel 4
Weitere Abschlussbestandteile

4.1 Eigenkapitalveränderungsrechnung

Wie bereits dargestellt, werden (noch) nicht realisierte Gewinne oder Verluste wie zum Beispiel Wertveränderungen bei AFS-Wertpapieren nicht in der Gewinn-und-Verlust-Rechnung, sondern in einer Rücklage innerhalb des Eigenkapitals erfasst. Es findet somit eine Veränderung des Reinvermögens statt, ohne dass dadurch direkt das Jahresergebnis betroffen ist.

Um aber den Grundsätzen der Entscheidungserheblichkeit und der Vollständigkeit zu genügen, ist eine separate Darstellung dieser Veränderungen erforderlich.

4.1.1 Aufbau

Allgemein beinhaltet die Eigenkapitalveränderungsrechnung eine Darstellung der Veränderungen sowohl der einzelnen Eigenkapitalpositionen als auch der Anzahl der Aktien (APB 12.10). Hierbei ist zwischen dem Unternehmensgesamterfolg (comprehensive income) einerseits und den Einzahlungen von oder Ausschüttungen an Anteilseigner (investments by and distributions to owners) andererseits zu unterscheiden (CON 6.70).

4.1.2 Comprehensive Income

Das comprehensive income setzt sich aus folgenden zwei Bestandteilen zusammen (FAS 130.10):

- net income
- other comprehensive income

Net income ist das Periodenergebnis entsprechend der Gewinn-und-Verlust-Rechnung, also die Verbuchung der ergebniswirksamen Geschäftsvorfälle. Dies wird unter der Eigenkapitalposition retained earnings gezeigt.

Alle ergebnisneutralen Geschäftsvorfälle werden gegen das Rücklagenkonto other comprehensive income (OCI) verbucht und der Saldo dieses Kontos als accumulated other comprehensive income (aOCI) als gesonderte Eigenkapitalposition dargestellt (FAS 130.26).

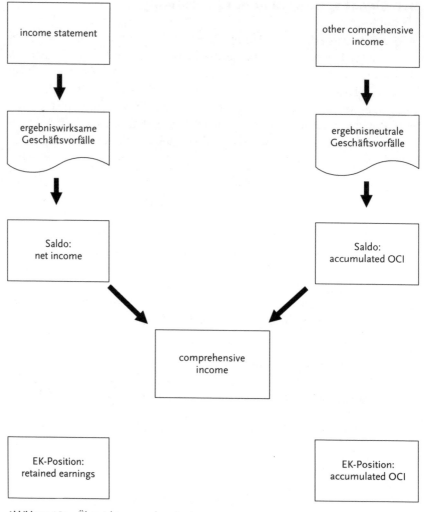

Abbildung 4.1: Übersicht comprehensive income

Bei der Darstellung des Periodenergebnisses werden die in der GuV vorgenommenen Unterteilungen

- gewöhnliche Geschäftstätigkeit
- aufgegebene Geschäftsbereiche
- außerordentliche Positionen
- kumulierter Effekt aus Änderungen der Bilanzierungspraxis

nicht übernommen.[1)]

Welche Sachverhalte im OCI darzustellen sind, ergibt sich aus dem jeweiligen Einzelstandard. Typische Positionen sind (FAS 130.17):[2)]

- Währungsumrechnungsdifferenzen
- Anpassungen der minimum pension liability (Berichtszeiträume bis 15.12.2006)
- versicherungsmathematische Gewinne oder Verluste (Berichtszeiträume ab 16.12.2006)[3)]
- nachzuverrechnender Dienstzeitaufwand (Berichtszeiträume ab 16.12.2006)[4)]
- Marktwertänderungen von derivativen Finanzinstrumenten

Weiterhin sind in einer gesonderten Position die Umbuchungsanpassungen (reclassification adjustments) darzustellen, die sich daraus ergeben, dass sich ein ursprünglich in einer Vorperiode im OCI verbuchter Gewinn oder Verlust in der laufenden Periode realisiert. In diesem Fall erfolgt eine Ausbuchung aus dem OCI mit umgekehrten Vorzeichen im Vergleich zur Einbuchung (FAS 130.18).

Beispiel (alle Zahlenangaben in 1000 Dollar):[5)]

Das Unternehmen hat im Jahr 2004 AFS-Wertpapiere für 100 Dollar und im Jahr 2005 für 125 Dollar erworben. Der Marktwert dieser Wertpapiere betrug zum 31.12.2004 120 Dollar und zum 31.12.2005 260 Dollar.

Zum 31.12.2004 würde damit das Unternehmen einen nicht realisierten Gewinn von 20 Dollar (120 Dollar–100 Dollar) und zum 31.12.2005 einen nicht realisierten Gewinn von 15 Dollar [260 Dollar–(125 Dollar+120 Dollar)] jeweils im OCI ausweisen. Unterstellt, diese Wertpapiere werden im Jahr

---

1) Williams/Carcello, *GAAP Guide Level A 2007*, 41.18
2) AICPA, *Accounting Trends & Techniques 2006*, S. 279
3) Vgl. Kap. 3.4.8.3.2.4
4) Vgl. Kap. 3.4.8.3.2.4
5) In Anlehnung an: Williams/Carcello, *GAAP Guide Level A 2007*, 41.19/20

2006 für 260 Dollar veräußert, ist der kumulierte nicht realisierte Gewinn von 35 Dollar als realisierter Gewinn gegen die Position Finanzerträge der GuV aus dem OCI auszubuchen.

Diese Transaktionen sind folgendermaßen im comprehensive income darzustellen:

Tabelle 4.1: Umbuchungsanpassungen

(in T-USD)	2004	2005	2006
net income	–	–	35
OCI	20	15	–35
comprehensive income	20	15	–

Wenn das comprehensive income eines Unternehmens ausschließlich aus dem Periodenergebnis besteht, also keine ergebnisneutralen Buchungen vorgenommen worden sind und damit kein OCI vorliegt, entfällt konsequenterweise die Verpflichtung zur Darstellung des comprehensive income.[6]

Die hier vorgestellte Darstellung des comprehensive income als ein Bestandteil der Eigenkapitalveränderungsrechnung (statement of changes in equity approach) ist zwar die am häufigsten anzutreffende Darstellungsweise.[7]

---

[6] Williams/Carcello, *GAAP Guide Level A 2007*, 41.18
[7] Beispiele: AICPA, *Accounting Trends & Techniques 2006*, S. 401 ff

Tabelle 4.2: Statement of changes in equity approach[8]

Statement-of-changes-in equity approach Enterprise Statement of comprehensive income Year ended December 31, 20XX	Total USD	Comprehensive income USD	Retained earnings USD	Accumulated other comprehensive income USD	Common stock USD	Pail-in capital USD
Beginning balance	563500		88500	25000	150000	300000
Comprehensive income						
Net income	63250	63250	63250			
Other comprehensive income						
Unrealized gains on securities	11500	11500				
Foreign currency translation adjustments	8000	8000				
Minimum pension liability adjustment	−2500	−2500				
Other comprehensive income		17000		17000		
Comprehensive income		80250				
Common stock issued	150000				50000	100000
Dividends declared on common stock	−10000		−10000			
Ending balance	783750		141750	42000	200000	400000

Es besteht aber auch die Möglichkeit, das comprehensive income innerhalb der GuV nach dem net income auszuweisen (one statement approach) oder in einer gesonderten Tabelle nach der GuV unter Übernahme des Wertes des net income (two statement approach) darzustellen (FAS 130.22).

[8] In Anlehnung an: FAS 130, App. B

Eigenkapital-
veränderungs-
rechnung

Tabelle 4.3: One statement approach [9]

One-statement approach Enterprise Statement of income and comprehensive income Year ended December 31, 20XX	USD
Revenues	140000
Expenses	−25000
Other gains and losses	8000
Gain on sale of securities	2000
Income from operations before tax	125000
Income tax expense	−31250
of accounting change	93750
Extraordinary item, net of tax	−28000
Income before cumulative effect of accounting change, net of tax	65750
Cumulative effect of accounting change, net of tax	−2500
Net income	63250
Other comprehensive income, net of tax:	
Foreign currency translation adjustments	8000
Unrealized gains on securities	11500
Minimum pension liability adjustment	−2500
Other comprehensive income	17000
Comprehensive income	80250

[9] In Anlehnung an: FAS 130, App. B

Tabelle 4.4: Two statement approach[10]

Two-statement approach Enterprise Statement of income Year ended December 31, 20XX	USD	Enterprise Statement of comprehensive income Year ended December 31, 20XX	USD
Revenues	140000	Net income	63250
Expenses	−25000	Other comprehensive income, net of tax	
Other gains and losses	8000	Foreign currency translation adjustments	8000
Gain on sale of securities	2000	Unrealized gains on securities	11500
Income from operations before tax	125000	Minimum pension liability adjustment	−2500
Income tax expense	−31250	Other comprehensive income	17000
Income before extraordinary item and cumulative effect of accounting change	93750	Comprehensive income	80250
Extraordinary item, net of tax	−28000		
Income before cumulative effect of accounting change, net of tax	65750		
Cumulative effect of accounting change, net of tax	−2500		
Net income	63250		

4.2 Kapitalflussrechnung

Die Kapitalflussrechnung stellt nach dem amerikanischen Rechnungslegungsverständnis einen wesentlichen Bestandteil des Jahresabschlusses eines Unternehmens dar. In der Bilanz werden die Zahlungsmittel nur zu Beginn und zum Ende einer Berichtsperiode dargestellt, ohne zu erläutern, wie sie sich unterhalb des Jahres entwickelt haben. In der GuV wird das Jahresergebnis als die Differenz zwischen den Umsatzerlösen und den Aufwendungen ausgewiesen. Zwar ist es das primäre Ziel eines Unternehmens, Gewinn zu erwirtschaften, es müssen ihm aber auch genügend Zahlungsmittel zur Verfügung stehen, um dieses Ziel zu erreichen. Aus diesem Grund bedarf es einer zusätzlichen Information darüber, wo das Unternehmen seine Zahlungsmittel erwirtschaftet und wie es sie einsetzt.[11]

---

10) In Anlehnung an: FAS 130, App. B
11) Stickney/Weil, *Financial Accounting*, S. 139f

Daher ist die Kapitalflussrechnung Pflichtbestandteil eines jeden Jahresabschlusses nach US-GAAP (FAS 95.3 i.V.m. FAS 117.30a; Reg. S-X, § 210.3-02) und nicht wie in der deutschen Rechnungslegung (§ 297 Abs. 1 HGB) auf einen Konzernabschluss beschränkt.

Für das Reporting eines deutschen Tochterunternehmens hat dies zur Folge, dass es auf jeden Fall eine Kapitalflussrechnung zu erstellen hat, selbst wenn es nach HGB dazu nicht verpflichtet ist.

Die gegenwärtig weltweit übliche Standardform einer Kapitalflussrechnung basiert auf den Regelungen im FAS 95.

4.2.1 Grundlagen

Wie gerade erläutert, ist es Hauptzweck der Kapitalflussrechnung, sachdienliche Informationen über die Zahlungsströme des Unternehmens während des Geschäftsjahres zu vermitteln (FAS 95.4). Zusammen mit den übrigen Jahresabschlussinformationen sollen Investoren, Gläubiger und Öffentlichkeit bei folgenden Einschätzungen unterstützt werden (FAS 95.5):

a) Fähigkeit des Unternehmens, in Zukunft Zahlungsüberschüsse zu erwirtschaften;
b) Fähigkeit des Unternehmens, seinen finanziellen Verpflichtungen fristgerecht nachzukommen und Dividenden zu zahlen, sowie seine Abhängigkeit von externer Finanzierung;
c) Gründe für den Unterschied zwischen dem Jahresergebnis und den damit verbundenen Zahlungsein- und -ausgängen;
d) Auswirkungen von zahlungswirksamen und nicht zahlungswirksamen Investitions- und Finanzierungsentscheidungen auf die Finanzlage des Unternehmens während des Geschäftsjahres.

Grundsätzlich kann ein Unternehmen seine Zahlungsmittel in die folgenden drei Geschäftskategorien einteilen (FAS 95.6):

- laufende Geschäftstätigkeit
- Investitionstätigkeit
- Finanzierungstätigkeit

Die jeweiligen Ergebnisse aus diesen drei Kategorien stellen zugleich in ihrer Summe die Veränderung aller Zahlungsmittelbestände, des so genannten Finanzmittelfonds, dar.

```
  betriebliche Einzahlungen
- betriebliche Auszahlungen
= Cashflow aus laufender Geschäftstätigkeit (1)

  Desinvestionen
- Investitionsauszahlungen
= Cashflow aus Investitionstätigkeit (2)

  Finanzierungseinzahlungen
- Finanzierungsauszahlungen
= Cashflow aus Finanzierungstätigkeit (3)

  Veränderung des Finanzmittelfonds ((1)+(2)+(3))
```

Abbildung 4.2: Grundschema Kapitalflussrechnung

Zum Finanzmittelfonds zählen sowohl Zahlungsmittel (cash) als auch Zahlungsmitteläquivalente (cash equivalents; FAS 95.7). Darunter versteht man kurzfristige, höchst liquide Investitionen, die

a) ohne Weiteres in einen bekannten Zahlungsmittelbetrag umgewandelt werden können und

b) aufgrund ihrer Fälligkeitsnähe keinem wesentlichen Wertminderungsrisiko unterliegen (FAS 95.8).

Aus diesem Grund können ausschließlich Investitionen mit einer Laufzeit von nicht mehr als drei Monaten als Zahlungsmitteläquivalente qualifiziert werden (FAS 95.8). Üblicherweise handelt es sich hierbei um Geldanlagen zu Renditezwecken in verzinsliche, kurzfristige Wertpapiere.[12] Wertpapiere, die zu Spekulationszwecken gehalten werden (z.B. Aktien), stellen demgegenüber keine Zahlungsmitteläquivalente dar.

Ein- und Auszahlungen in den drei Geschäftskategorien sind, von Ausnahmefällen (hohe Umschlagshäufigkeit, große Beträge, kurze Laufzeit [FAS 95.12]) abgesehen, nicht miteinander zu verrechnen, sondern einzeln darzustellen (FAS 95.11). Außerdem sind Vergleichszahlen für die zwei vorangegangenen Berichtsperioden anzugeben (Reg. S-X, § 210.3-02[a]).

---

[12] Williams/Carcello, *GAAP Guide Level A* 2007, 5.02

4.2.2 Cashflow aus laufender Geschäftstätigkeit

Der Bereich laufende Geschäftstätigkeit (operating activities) umfasst den Cashflow aller Geschäftsvorfälle und anderer Sachverhalte, die der Herstellung und Lieferung von Waren und der Zurverfügungstellung von Dienstleistungen dienen. In diesem Zusammenhang erfolgt eine Negativabgrenzung gegenüber dem Investitions- und Finanzierungsbereich, das heißt, jeglicher Cashflow, der nicht der Investitions- oder Finanzierungstätigkeit zugerechnet werden kann, ist der laufenden Geschäftstätigkeit zuzurechnen (FAS 95.21).

Mittelzuflüsse aus laufender Geschäftstätigkeit sind (FAS 95.22):

a) Zahlungseingänge aus dem Verkauf von Waren und der Erbringung von Dienstleistungen sowie aus Wechseleinlösungen aus solchen Geschäften;
b) Zahlungseingänge aus Zinsen und Dividenden;
c) sonstige Einzahlungen, die nicht aus der Investitions- oder Finanzierungstätigkeit resultieren.

Zu den Mittelabflüssen gehören (FAS 95.23):

a) Zahlungsausgänge für Material- und Wareneinkäufe;
b) Zahlungsausgänge an Lieferanten, Lohn- und Gehaltszahlungen an Mitarbeiter;
c) Zahlungsausgänge für Steuern, Zölle und Gebühren;
d) Zahlungsausgänge an Kreditgeber für Zinsen;
e) sonstige Auszahlungen, die nicht aus der Investitions- oder Finanzierungstätigkeit resultieren.

Ebenfalls sind dem Cashflow aus laufender Geschäftstätigkeit Zahlungsein- und -ausgänge aus dem An- und Verkauf von Wertpapieren und Anleihen des Handelsbestandes (trading securities) zuzuordnen. Demgegenüber sind AFS-Wertpapiere im Cashflow aus Investitionstätigkeit darzustellen (FAS 102.8). Weiterhin sind dem Cashflow aus laufender Geschäftstätigkeit Zahlungsein- und -ausgänge aus dem An- und Verkauf von Vorräten zuzuordnen.[13]

Im Vergleich über mehrere Jahre zeigt dieser Cashflow, in welchem Umfang aus der laufenden Geschäftstätigkeit ein Überschuss der Zahlungsmitteleingänge über die Ausgänge erwirtschaftet wird.[14]

---

13) Williams/Carcello, *GAAP Guide Level A 2007*, 5.06
14) Stickney/Weil, *Financial Accounting*, S. 141

Bei der Ermittlung des Cashflows aus laufender Geschäftstätigkeit kann wahlweise entweder die so genannte direkte oder die so genannte indirekte Methode angewendet werden, wobei FAS 95.27 zwar die direkte Methode empfiehlt, ihre Anwendung aber nicht ausdrücklich vorschreibt. In der Praxis hat sich demgegenüber überwiegend die indirekte Methode durchgesetzt.[15]

Bei Anwendung der direkten Methode werden die Bruttoeinzahlungen den Bruttoauszahlungen, unterteilt in Hauptgruppen, gegenübergestellt (FAS 95.27).[16]

  Einzahlungen von Kunden
− Auszahlungen an Lieferanten und Arbeitnehmer
+ sonstige Einzahlungen, die nicht der Investitions- oder Finanzierungstätigkeit zuzuordnen sind
− sonstige Auszahlungen, die nicht der Investitions- oder Finanzierungstätigkeit zuzuordnen sind
− gezahlte Ertragsteuern

= **Cashflow aus laufender Geschäftstätigkeit**

Abbildung 4.3: Berechnungsschema Cashflow aus laufender Geschäftstätigkeit – direkte Methode

---

Bei der indirekten Methode sind aus dem Periodenergebnis die nicht zahlungswirksamen Aufwendungen und Erträge herauszurechnen und in die beiden anderen Bereiche umzubuchen.[17] Unabhängig von der Anwendung der Methode muss sich ein identischer Saldo ergeben (FAS 95.28).

  Periodenergebnis der GuV vor Ertragsteuern
± Abschreibungen/Zuschreibungen auf Vermögenswerte des AV
± Zunahme/Abnahme der Rückstellungen
± sonstige zahlungsunwirksame Aufwendungen/Erträge
± Gewinn/Verlust aus dem Verkauf von Vermögenswerten des AV
± Zunahme/Abnahme der Vorräte, der Forderungen aus LuL sowie anderer Aktiva, die nicht der Investitions- und Finanzierungstätigkeit zuzuordnen sind
± Zunahme/Abnahme der Verbindlichkeiten aus LuL sowie anderer Passiva, die nicht der Investions- und Finanzierungstätigkeit zuzuordnen sind
  Ertragsteuerzahlungen

= **Cashflow aus laufender Geschäftstätigkeit**

Abbildung 4.4: Berechnungsschema Cashflow aus laufender Geschäftstätigkeit – indirekte Methode

---

15) AICPA, *Accounting Trends & Techniques 2006*, S. 509
16) Williams/Carcello, *GAAP Guide Level A 2007*, 5.09
17) Williams/Carcello, *GAAP Guide Level A 2007*, 5.10

4.2.3 Cashflow aus Investitionstätigkeit

Die Investitionstätigkeit umfasst den Abschluss und die Einlösung von Darlehen, die Anschaffung und Veräußerung von langfristigen Wertpapieren, Sachanlagegütern und anderen Vermögenswerten, die im Rahmen der Produktion oder Herstellung in einem Unternehmen genutzt werden, mit Ausnahme von Vorräten (FAS 95.15).

Dementsprechend sind typische Mittelzuflüsse aus der Investitionstätigkeit (FAS 95.16):

a) Zahlungseingänge aus der Tilgung oder der Abtretung von Darlehensforderungen und anderen Gläubigerpapieren
b) Zahlungseingänge aus dem Verkauf oder aus Kapitalrückführung von Beteiligungen und Wertpapieren
c) Zahlungseingänge aus dem Verkauf von Sachanlagen und sonstigen Vermögenswerten der Produktion

Zu den Mittelabflüssen gehören (FAS 95.17):

a) Zahlungsausgänge aus der Vergabe von Darlehen und dem Erwerb anderer Gläubigerpapiere
b) Zahlungsausgänge aufgrund des Erwerbs von Beteiligungen und Wertpapieren
c) Auszahlungen zum Erwerb von Sachanlagen und sonstigen Vermögenswerten der Produktion

Bei der Darstellung des Cashflows aus Investitionstätigkeit wird ausschließlich die direkte Methode angewendet.

  Einzahlungen aus Abgängen von Vermögenswerten des Sachanlagevermögens
- Auszahlungen für Investitionen in das Sachanlagevermögen
+ Einzahlungen aus Abgängen von Vermögenswerten des immateriellen AV
- Auszahlungen für Investitionen in das immaterielle AV
+ Einzahlungen aus Abgängen von Vermögenswerten des Finanzanlagevermögens
- Auszahlungen für Investitionen in das Finanzanlagevermögen
± Einzahlungen/Auszahlungen aus dem Erwerb/Verkauf von Tochterunternehmen und sonstigen Geschäftseinheiten

= **Cashflow aus Investitionstätigkeit**

Abbildung 4.5: Berechnungsschema Cashflow aus Investitionstätigkeit

Da ein Unternehmen nur in Ausnahmefällen seine Investitionstätigkeit zum Beispiel in neue Sachanlagen durch den gleichzeitigen Verkauf von Anlagegütern wird finanzieren können, ist es zumindest nicht ungewöhnlich, wenn beim Cashflow aus Investitionstätigkeit die Auszahlungen die Einzahlungen übersteigen, dieser Cashflow also einen negativen Betrag ausweist.

Bei einem Vergleich dieses Cashflows mit den Werten aus den beiden anderen Kategorien kann dann ermittelt werden, ob das Unternehmen in der Lage ist, diese Investitionen aus dem Cashflow aus gewöhnlicher Geschäftstätigkeit zu finanzieren, oder ob es gezwungen ist, hierfür Kredite aufzunehmen.[18]

Die Differenz zwischen dem Cashflow aus gewöhnlicher Geschäftstätigkeit und dem aus Investitionstätigkeit für Sachanlagen wird auch als free cash flow bezeichnet.[19] Hierbei handelt es sich aber um einen Begriff aus dem Bereich der Finanzierungsrechnung und Finanzanalyse, der bei der Erstellung einer Kapitalflussrechnung im Rahmen des Rechnungswesens keine Anwendung findet.

4.2.4 Cashflow aus Finanzierungstätigkeit

Die Finanzierungstätigkeit betrifft Ein- und Auszahlungen an Anteilseigner, Zuschüsse für langfristige Investitionen sowie Transaktionen zur Kreditaufnahme und -tilgung (FAS 95.18).

Mittelzuflüsse aus der Finanzierungstätigkeit sind daher (FAS 95.19):

a) Mittelzuflüsse aus der Ausgabe von Dividendenpapieren
b) Mittelzuflüsse aus der Ausgabe von Anleihen oder der Aufnahme von lang- oder kurzfristigen Krediten
c) Erhalt von Zuschüssen für Investitionen
d) Mittelzuflüsse aus derivativen Finanzinstrumenten
e) Zahlungsersparnis aufgrund von steuerlicher Abzugsfähigkeit von Wertsteigerungen von Mitarbeiteroptionen

Typische Mittelabflüsse sind (FAS 95.20):

a) Zahlungen von Dividenden und sonstigen Vergütungen an die Kapitaleigner
b) Mittelabflüsse zur Tilgung von Kreditaufnahmen

---

[18] Stickney/Weil, *Financial Accounting*, S. 142
[19] Vernimmen et al., *Corporate Finance*, S. 24

c) andere Zahlungen an Gläubiger mit langfristigen Kreditverträgen
d) Verteilungen an Geschäftspartner von derivativen Finanzinstrumenten

Auch beim Cashflow aus Finanzierungstätigkeit werden die Zahlungsströme ausschließlich nach der direkten Methode dargestellt.

　　Einzahlungen aus Eigenkapitalzuführungen
− Auszahlungen an die Eigenkapitalgeber
+ Einzahlungen aus der Begebung von Anleihen/Aufnahme von Krediten
− Auszahlungen aus der Tilgung von Anleihen/Krediten

= **Cashflow aus Finanzierungstätigkeit**

Abbildung 4.6:　Berechnungsschema Cashflow aus Finanzierungstätigkeit

4.2.5 Abweichende Zuordnung

Auch wenn auf den ersten Blick die Zuordnung eines Zahlungsmittelflusses zu einer der drei Kategorien sinnvoll erscheint, kann dennoch eine abweichende Zuordnung vorgegeben sein. Hierzu einige wichtige Beispiele:[20]

- Zinszahlungen sind Auszahlungen der gewöhnlichen Geschäftstätigkeit, obwohl andererseits Dividendenzahlungen als Auszahlungen der Finanzierungstätigkeit einzuordnen sind.
- Zinsen- und Dividendeneinnahmen werden der gewöhnlichen Geschäftstätigkeit zugeordnet, obwohl sie eventuell in enger Beziehung zu anderen Aktivitäten der Investitionstätigkeit stehen.
- Gewinne und Verluste aus der Übertragung von Vermögenswerten oder Verbindlichkeiten (zum Beispiel Verkauf von Sachanlagen oder Begleichung einer Schuld) werden in der Investitions- oder Finanzierungstätigkeit dargestellt, obwohl der entsprechende Gewinn oder Verlust im Periodenergebnis enthalten ist.
- Ertragsteuern werden der gewöhnlichen Geschäftstätigkeit zugeordnet, obwohl steuerlich relevante Gewinne oder Verluste in der Investitions- oder Finanzierungstätigkeit ausgewiesen werden.

---

[20] Williams/Carcello, *GAAP Guide Level A 2007*, 5.07

4.3 Segmentberichterstattung

Die Globalisierung der Märkte einerseits sowie das zunehmende Interesse an der Steigerung des Unternehmenswertes andererseits machen es im Rahmen der Entscheidungserheblichkeit erforderlich, dem Bilanznutzer detaillierte Informationen über die unterschiedlichen Tätigkeitsbereiche eines Unternehmens und deren Profitabilität zur Verfügung zu stellen. Dieses Ziel wird durch die Segmentberichterstattung erfüllt. Im Gegensatz zu den übrigen Bestandteilen eines Jahresabschlusses ist nicht jedes Unternehmen zur Erstellung eines Segmentberichts verpflichtet. Eine derartige Pflicht besteht ausschließlich für kapitalmarktorientierte Unternehmen (FAS 131.9).

4.3.1 Aufbau

Grundlage für die Erstellung eines Segmentberichts ist dabei der so genannte management approach. Hierunter versteht man die unternehmensinterne Einteilung der gesamten Geschäftstätigkeit in einzelne Teilbereiche, auf deren Basis zum einen operative Entscheidungen getroffen werden und zum anderen die zukünftige Entwicklung eingeschätzt wird (operative Segmente [operating segments; FAS 131.5]). Das bilanzierende Unternehmen kann daher seine Segmente nach Produkten oder Dienstleistungen, geografischen Gesichtspunkten, rechtlich selbstständigen Einheiten (legal entities) oder Kundengruppen einteilen.[21]

Durch die Orientierung an der internen Berichterstattung soll zugleich sichergestellt werden, dass das Unternehmen die erforderlichen Informationen zeitnah und kostengünstig zur Verfügung stellen kann (FAS 131.4).

Aus Sicht eines deutschen Tochterunternehmens ist es somit entscheidend, wie seine Geschäftstätigkeit auf Konzernebene eingestuft wird: vollständig als ein eigenständiges Segment oder aufgeteilt auf verschiedene Konzerngeschäftsbereiche. Erfolgt eine Segmentierung auf Konzernebene nach legal entities, können dem Reporting des Jahresabschlusses bereits die erforderlichen Daten für die Segmentberichterstattung entnommen werden. Gegebenenfalls sind ergänzende Angaben[22] zu machen.

Beinhaltet demgegenüber die Geschäftstätigkeit des Tochterunternehmens verschiedene Konzerngeschäftsbereiche und erfolgt die Segmentie-

---

[21] Whittington et al., *Wiley CPA Examination Review 2006 Financial Accounting & Reporting*, S. 753
[22] Vgl. Kap. 4.3.4

rung entsprechend dieser Bereiche (zum Beispiel Unterteilung nach Produkten auf Konzernebene/das Tochterunternehmen stellt unterschiedliche Produkte her), muss das Tochterunternehmen im Rahmen seines Reportings eine entsprechende Aufteilung nach Vorgabe des Konzerns vornehmen.

4.3.2 Operative Segmente

Ausgangspunkt der Segmentberichterstattung sind die so genannten operativen Segmente. Dies sind Teilbereiche eines Unternehmens oder Konzerns,

- a) die durch ihre Teilnahme an der Geschäftätigkeit des Unternehmens Umsätze erzielen und Aufwendungen erzeugen (inklusive der Umsätze und Aufwendungen aufgrund von Transaktionen mit anderen Segmenten);
- b) deren operative Ergebnisse regelmäßig von der Geschäftsführung für die Ressourcenverteilung und Einschätzungen der künftigen Entwicklung überprüft werden;
- c) für die eigenständige Daten aus dem Rechnungswesen zur Verfügung stehen (FAS 131.10).

Diese Unterteilung hat zur Folge, dass nicht jeder Teil eines Unternehmens zwangsläufig ein eigenständiges operatives Segment oder Teil eines operativen Segmentes ist. So sind zum Beispiel die Konzernzentrale oder eine Pensionskasse keine eigenständigen operativen Segmente (FAS 131.11).

4.3.3 Berichtspflichtige Segmente

Die operativen Segmente können, müssen aber nicht zwangsläufig die Grundlage für den Segmentbericht bilden. Um ein berichtspflichtiges Segment (reportable segment) mit der Folge einer einzelnen Berichterstattung darzustellen, muss ein Segment

- a) entweder selbstständig oder in Kombination mit anderen Segmenten die Voraussetzungen eines operativen Segmentes erfüllen und
- b) quantitative Grenzwerte überschreiten (FAS 131.16).

Zwei oder mehrere operative Segmente können zu einem einzelnen operativen Segment zusammengefasst werden, wenn sie eine ähnliche wirtschaftliche Struktur aufweisen und in folgenden Bereichen vergleichbar sind (FAS 131.17):

a) Art der Produkte und Dienstleistungen
b) Art des Produktionsprozesses
c) Kundengruppen
d) Art des Vertriebs der Produkte beziehungsweise des Angebots von Dienstleistungen
e) soweit anwendbar, die allgemeinen Rahmenbedingungen wie Banksystem oder Versicherungen

Eine Einzeldarstellung eines derart ermittelten operativen Segmentes ist dann erforderlich, wenn dieses Segment einen der nachfolgenden quantitativen Grenzwerte überschreitet (FAS 131.18):

a) Die Umsatzerlöse des einzelnen Segments – sowohl die Umsätze mit externen Kunden als auch die Innenumsätze mit anderen Segmenten – betragen mindestens 10 Prozent des Gesamtumsatzes (intern und extern) aller operativen Segmente.
b) Der absolute Betrag des Gewinns oder Verlustes des einzelnen Segments beträgt – in absoluten Zahlen – mindestens 10 Prozent
   1. des Gesamtgewinns aller operativen Segmente, die keinen Verlust erzielt haben;
   2. des Gesamtverlustes aller operativen Segmente, die einen Verlust erzielt haben.
c) Die Vermögenswerte des einzelnen Segments stellen mindestens 10 Prozent der gesamten Vermögenswerte aller operativen Segmente dar.

Weitere operative Segmente, die die vorgenannten Grenzwerte nicht überschreiten, können dennoch einzeln dargestellt werden, wenn das Management davon ausgeht, dass diese Informationen für den Bilanzleser nützlich und erforderlich sind (FAS 113.18). Genauso verhält es sich für berichtspflichtige Segmente, die zum Bilanzstichtag eines der oben genannten Kriterien erstmalig nicht mehr erfüllen, bei denen aber das Management eine nach wie vor bestehende Signifikanz annimmt.[23]

Weitere Voraussetzung für die Einzeldarstellung ist, dass alle berichtspflichtigen Segmente insgesamt mindestens 75 Prozent der gesamten Außenumsätze darstellen müssen. Ist dies nicht der Fall, sind weitere operative Segmente aufzunehmen, auch wenn sie die oben genannten Grenzwerte nicht überschreiten (FAS 131.20).

---

[23] Williams/Carcello, *GAAP Guide Level A 2007*, 43.06

Beispiel:

Ein Unternehmen hat seine Geschäftstätigkeit in die Segmente A bis G unterteilt. Aus dem Rechnungswesen ergeben sich folgende Daten:

Tabelle 4.5: Segmentdaten

Segmente	externe Umsätze	interne Umsätze	Gesamtumsätze	operativer Gewinn	operativer Verlust	Vermögenswerte
A	90	40	130	20		70
B	120		120	10		50
C	50	5	55		5	40
D	60	15	75		10	50
E	200		200	0		140
F	330	110	440		125	230
G	380		380	60		260
Gesamt	1230	170	1400	90	140	840
10%			140	9	14	84
Grenze			140	14		84

Anhand des 10-Prozent-Tests ergeben sich jeweils folgende berichtspflichtige Segmente:

- Umsatz: E, F und G
- Gewinn/Verlust (absoluter Wert): A, F und G
- Vermögenswerte: E, F und G

In diesem Zusammenhang ist noch einmal darauf hinzuweisen, dass das einmalige Überschreiten eines der Grenzwerte zur Klassifizierung als berichtspflichtiges Segment ausreicht.

Der 75-Prozent-Test für die ermittelten Segmente A, E, F und G ergibt:

- 75 Prozent der externen Gesamtumsätze (1.230):   922,5
- Summe der Außenumsätze der Segmente A, E, F und G: 1000,0

Mithin sind die Segmente B, C und D nicht einzeln darzustellen. Vielmehr sind die Daten dieser Segmente zusammenzufassen und unter einer entsprechenden Bezeichnung (zum Beispiel übrige Segmente) im Anhang darzustellen.[24]

---

24) Williams/Carcello, *GAAP Guide Level A 2007*, 43.06

Sind bei diesen Tests mehr als zehn berichtspflichtige Segmente ermittelt worden, so ist aus Gründen der Praktikabilität die Anzahl zu überprüfen (FAS 131.24). Hierbei ist die Anzahl von zehn nicht als festgelegte Höchstgrenze anzusehen. Vielmehr ist das Management angehalten, darzulegen, wann seiner Ansicht nach eine praktische Grenze erreicht ist.[25]

4.3.4 Anhangsangaben

Für jedes berichtspflichtige Segment sind das jeweilige Ergebnis sowie die Vermögenswerte offenzulegen.[26] Ergänzend sind folgende Positionen darzustellen (FAS 131.27):

a) Umsätze mit externen Kunden
b) interne Umsätze mit anderen Segmenten
c) Zinserträge
d) Zinsaufwendungen
e) Abschreibungen und Wertminderungen
f) ungewöhnliche Positionen (nach der Definition von APB 30.26)
g) Erträge aus at equity einbezogenen Unternehmen
h) Ertragsteuern
i) außerordentliche Positionen
j) andere wesentliche, nicht zahlungswirksame Positionen

Weiterhin sind gesondert darzustellen (FAS 131.28):

a) der Betrag der Investitionen in at equity bewertete Unternehmen
b) der Betrag der Aufwendungen für langfristige Vermögenswerte

Ein weiterer wesentlicher Bestandteil der Anhangsangaben sind die so genannten Überleitungen (reconciliations).[27] Hiermit wird eine Besonderheit der Konzernrechnungslegung berücksichtigt.
Ohne den Details des Kapitels 5 zu weit vorgreifen zu wollen, sei bereits allgemein darauf hingewiesen, dass in einem Konzernabschluss der gesamte Konzern wie eine wirtschaftliche Einheit dargestellt wird. Dies hat zur Folge, dass so genannte Intercompany-Geschäfte, also die Transaktionen zwischen Konzerngesellschaften, zu eliminieren sind, da sie keine Außenwirkung haben.[28] Mit anderen Worten: die Konzerndaten sind nicht die je-

---

25) Williams/Carcello, *GAAP Guide Level A 2007*, 43.06
26) AICPA, *Accounting Trends & Techniques 2006*, S. 26 ff
27) Williams/Carcello, *GAAP Guide Level A 2007*, 43.09
28) Vgl. Kap. 5.5.2

weilige Summe der Einzeldaten aller am Konzern beteiligten Unternehmen.

Im Rahmen der Segmentberichterstattung werden aber Einzeldaten dargestellt, sei es von einem einzelnen Tochterunternehmen als berichtspflichtiges Segment oder als Summe der jeweiligen Sparten aller Tochterunternehmen. Damit treten zwangsläufig Differenzen zwischen den Daten des Konzerns als Ganzes und den Daten aus der Segmentberichterstattung auf. Da diese Berichterstattung aber ausschließlich auf (Teil-)Konzernebene stattfindet, ist es für die Einheitlichkeit des Zahlenwerkes unumgänglich, diese Differenzen mit Hilfe der Überleitungen im Anhang zu erläutern.

Ergänzend sind zusätzliche Angaben über Produkte und Dienstleistungen, geografische Regionen und wesentliche Kunden zu machen, wenn diese nicht bereits im Rahmen der Berichterstattung über das jeweilige Segment enthalten sind (FAS 131.36).

Für die Produkte und Dienstleistungen sind gegebenenfalls Angaben zu den Umsätzen mit externen Kunden für jedes Produkt oder jede Dienstleistung oder Gruppe vergleichbarer Produkte und Dienstleistungen erforderlich (FAS 131.37).

Im Hinblick auf die geografischen Regionen sind gegebenenfalls folgende Informationen darzustellen (FAS 131.38):

a) Umsätze mit externen Kunden, unterteilt in In- und Ausland, wobei wesentliche Umsätze in einem einzelnen Land gesondert darzustellen sind;
b) langfristige Vermögenswerte, ebenfalls unterteilt in In- und Ausland, wobei auch hier wesentliche Vermögenswerte in einem einzelnen Land gesondert darzustellen sind.

Letztlich hat das bilanzierende Unternehmen auch den Grad seiner Abhängigkeit von wesentlichen Kunden im Segmentbericht darzustellen.

Wenn der Umsatz aus Geschäftsvorfällen mit einem einzelnen Kunden mindestens 10 Prozent des Gesamtumsatzes des Unternehmens ausmacht, ist diese Tatsache unter Angabe des jeweiligen Betrages und der Segmente, denen diese Erträge zuzurechnen sind, offenzulegen; der Name des Kunden ist dabei nicht zu nennen. In diesem Zusammenhang ist zu berücksichtigen, dass sämtliche Geschäftsbeziehungen zu einem Kunden innerhalb des Konzerns zusammenzufassen sind. Ein einzelner Kunde können ein anderer Konzern, die Bundes- oder Landesregierungen, Gemeinden oder eine ausländische Regierung sein (FAS 131.39).

Kapitel 5
Sondervorschriften für den Konzernabschluss

5.1 Einführung

Wie bereits in Kapitel 1 angedeutet, hat der Konzernabschluss im Rahmen der amerikanischen Rechnungslegung einen anderen Stellenwert als in der Rechnungslegung nach HGB.

Entsprechend der §§ 290 ff HGB ist ein Konzernabschluss aus den Einzelabschlüssen des Mutterunternehmens und des/der Tochterunternehmen/s zu erstellen. § 300 Abs. 2 HGB erlaubt dabei einen unterschiedlichen Ansatz der Vermögenswerte und Schulden im Einzelabschluss eines Tochterunternehmens und im Konzernabschluss. Der Konzernabschluss ist somit unabhängig und ergänzt den Einzelabschluss des Mutterunternehmens.

Demgegenüber basiert die amerikanische Konzernrechnungslegung auf dem Grundgedanken, dass der Konzernabschluss das einzige angemessene Mittel der Darstellung der wirtschaftlichen Zusammenhänge innerhalb eines Konzerns ist anstelle einer Sammlung von Einzelabschlüssen (FAS 94.61).

Diese Festlegung hat weitreichende Konsequenzen und ist der wohl gravierendste Unterschied zu einem Konzernabschluss nach HGB. Im Gegensatz zu einem deutschen Konzernabschluss ersetzt der Konzernabschluss eines amerikanischen Mutterunternehmens den Einzelabschluss dieses Unternehmens, das heißt, das amerikanische Mutterunternehmen macht nur einen Abschluss! Konsequenterweise ist dieser Abschluss nur dann vollständig und kann damit nur dann bei der SEC eingereicht werden, wenn die Einzelabschlüsse aller – insbesondere auch der ausländischen – Tochterunternehmen integriert sind. Das amerikanische Mutterunternehmen ist also darauf angewiesen, rechtzeitig die Abschlüsse seiner Tochterunternehmen zu erhalten.

Berücksichtigt man in diesem Zusammenhang zudem noch die in Form 10-K festgelegte Einreichungsfrist für den Jahresabschluss von 60 Tagen nach Ende des Geschäftsjahres für Unternehmen mit einem hohen Marktvolumen und 90 Tagen für alle übrigen Unternehmen,[1] so ist der hohe

1) Vgl. Kap. 1.2.2

Zeitdruck für ausländische Tochterunternehmen zur Erstellung ihrer Jahresabschlüsse und des erforderlichen Reportings an das Mutterunternehmen nachvollziehbar.

5.2 Grundlagen

Allgemein gesprochen liegt ein Unternehmenszusammenschluss (business combination) dann vor, wenn sich zwei oder mehrere Unternehmen zu einem einzigen Unternehmen zusammenschließen. Dies kann auf zwei verschiedenen Wegen erfolgen: entweder in der Form eines Vermögenszusammenschlusses (asset combination) oder in der Form des Anteilserwerbs (acquisition of stock combination).[2]

Vermögenszusammenschluss ist zugleich der Oberbegriff für Unternehmenskauf einerseits und Fusion andererseits.

Beim Unternehmenskauf (asset deal) werden vom erwerbenden Unternehmen die Vermögenswerte einzeln gekauft und gegebenenfalls Schulden übernommen, ohne dass es dabei zum Erwerb eines Anteils am so genannten Zielunternehmen kommt. Dies hat zur Folge, dass die erworbenen Vermögenswerte und Schulden zu ihrem Fair Value in die Einzelbilanz des Erwerbers übernommen werden.

Die Fusion (merger) ist dadurch gekennzeichnet, dass ein Unternehmen neu gegründet wird, um im Wege der Gesamtrechtsnachfolge die Vermögenswerte und Schulden von zwei oder mehreren Zielunternehmen zu übernehmen. Aufgrund des Entstehens eines neuen Unternehmens wird aus den beiden Einzelbilanzen der sich zusammenschließenden Zielunternehmen eine neue, gemeinsame Einzelbilanz erstellt.

Beide Varianten des Vermögenszusammenschlusses haben gemeinsam, dass das oder die Zielunternehmen die wirtschaftliche Tätigkeit einstellen und entweder liquidiert oder in eine Beteiligungsgesellschaft umgewandelt werden.[3]

Beim Anteilserwerb (share deal) wird demgegenüber der Zusammenschluss durch den Erwerb von mehr als 50 Prozent der Eigenkapitalanteile des Zielunternehmens realisiert, wobei dieses aber seine wirtschaftliche Tätigkeit fortführt und seine rechtliche Selbstständigkeit erhalten bleibt. Durch diesen Anteilserwerb entsteht regelmäßig ein Über-/Unterordnungs-

---

[2] Williams/Carcello, *GAAP Guide Level A 2007*, 4.02
[3] Williams/Carcello, *GAAP Guide Level A 2007*, 4.02

verhältnis, die so genannte Mutter-Tochter-Beziehung, welche das Kennzeichen eines Konzerns ist.[4]

Neben dem direkten Erwerb von mehr als 50 Prozent der Stimmrechte des Zielunternehmens ist das erwerbende Unternehmen auch dann zur Aufstellung eines Konzernabschlusses verpflichtet, wenn es eine indirekte Mehrheit der Stimmrechte innehat. Von einer indirekten Mehrheit spricht man, wenn das Mutterunternehmen die Stimmrechtsanteile nicht vollständig selbst hält, sondern bei der Ermittlung der Mehrheitsverhältnisse Stimmrechtsanteile von anderen Tochterunternehmen hinzugerechnet werden.[5]

Beispiel:

Das Unternehmen A besitzt 75 Prozent der Stimmrechte an dem Unternehmen B und 85 Prozent an dem Unternehmen C. B und C halten wiederum jeweils 30 Prozent der Stimmrechte des Unternehmens D.

Aufgrund der Beherrschung, die A sowohl über B als auch über C ausübt, sind ihr deren Stimmrechte an D zuzurechnen, mit der Folge, dass D ebenfalls als Tochterunternehmen in den Konzernabschluss von A mit einzubeziehen ist.

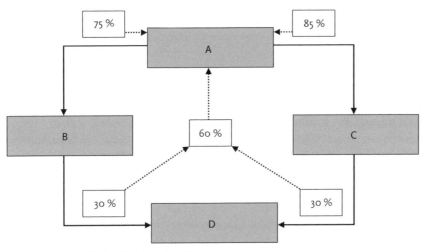

Abbildung 5.1: Indirekte Mehrheit der Stimmrechte

---

[4] Beams et al., *Advanced Accounting*, S. 59
[5] Beams et al., *Advanced Accounting*, S. 267; Baker et al., *Advanced Financial Accounting*, S. 118

5.3 Konsolidierungskreise

Die Konsolidierungspflicht besteht für alle im direkten oder indirekten Mehrheitsbesitz befindlichen inländischen und ausländischen Tochterunternehmen, unabhängig von deren Geschäftätigkeit. Im Gegensatz zum Konsolidierungsverbot des HGB sind somit auch Tochterunternehmen mit einer abweichenden Geschäftätigkeit zu konsolidieren (FAS 94.13). Diese Geschäftätigkeit ist entsprechend in der Segmentberichterstattung darzustellen.

Ein Konsolidierungsverbot ist nur für den Fall vorgesehen, dass das Mutterunternehmen keinerlei Möglichkeit hat, die ihm zustehende Kontrollbefugnis aufgrund des Mehrheitsbesitzes der Stimmrechte auszuüben (ARB 51.2; FAS 94.4). Eine solche Konstellation ist zum Beispiel dann gegeben, wenn sich das Tochterunternehmen im Insolvenzverfahren befindet oder eine ausländische Regierung eine Gewinnabführung des Tochterunternehmens an das Mutterunternehmen untersagt.

Da ein Mutterunternehmen statt seines Einzelabschlusses einen Konzernabschluss aufzustellen hat, kennt US-GAAP im Gegensatz zum HGB auch keine Befreiungsmöglichkeiten von der Verpflichtung zur Aufstellung eines Konzernabschlusses, da in diesem Fall genau das unerwünschte Ergebnis einer Ansammlung von Einzelabschlüssen anstelle der wirtschaftlich sinnvollen Darstellung der gesamten wirtschaftlichen Einheit eintreten würde.

Diese logische Konsequenz hat aber für ausländische Tochterunternehmen, soweit diese eigene Tochterunternehmen haben, erhebliche Auswirkungen. Nach dem so genannten Tannenbaumprinzip ist auf jeder Ebene eines mehrstufigen Konzerns ein Teilabschluss aufzustellen, mit der Folge, dass für das erforderliche Reporting an das amerikanische Mutterunternehmen ein entsprechender Teilkonzernabschluss zu erstellen ist.

In der Praxis bedeutet dies, dass zunächst vorbereitend die nationalen Einzelabschlüsse nach US-GAAP übergeleitet werden müssen, bevor dann der Teilkonzernabschluss zu erstellen und an das amerikanische Mutterunternehmen zu berichten ist. Berücksichtigt man in diesem Zusammenhang dann auch noch die Konsolidierungspflicht für Tochterunternehmen mit abweichender Geschäftätigkeit, die diametral dem Verbot des HGB gegenübersteht, so kann für ein deutsches Tochterunternehmen mit eigenen Beteiligungen an anderen Unternehmen von über 50 Prozent der Stimmrechte das Problem auftreten, dass es erstmalig aufgrund der US-GAAP-Vorschriften zur Erstellung eines Teilkonzernabschlusses verpflichtet ist.

Auch größenabhängige Befreiungen für so genannte Kleinstkonzerne, wie sie in § 293 HGB vorgesehen sind, sind nach US-GAAP unbekannt. Dies bedeutet allerdings nur, dass keine automatische Befreiung stattfindet. Es besteht aber die Möglichkeit, unter Berufung auf den Grundsatz der Wesentlichkeit unwesentliche Tochterunternehmen von der Konsolidierung auszuschließen.

Der Begriff der Wesentlichkeit wird dabei aus Sicht des Mutterunternehmens bestimmt. Dies ist eine Einzelfallentscheidung, obwohl sich in der Praxis eine gängige Regelung dahingehend entwickelt hat, dass nicht konsolidierte Tochterunternehmen in ihrer Summe weniger als 1 Prozent des Konzernumsatzes, des Konzernergebnisses sowie der Konzernverschuldung ausmachen sollten. Andererseits bleibt es bei der Vorgabe, dass in jedem Fall zu prüfen ist, ob das Tochterunternehmen im Interesse der vollständigen Information des Bilanznutzers unabhängig von seinen Zahlen zu konsolidieren ist. Im weiteren Verlauf der Darstellung steht diese so genannte Vollkonsolidierung im Mittelpunkt.

Beteiligungen am Gemeinschaftsunternehmen und assoziierte Unternehmen, bei denen das Mutterunternehmen einen maßgeblichen Einfluss besitzt, sind nach der Equity-Methode in den Abschluss einzubeziehen (APB 18.16/17). Dieses Verfahren wurde unter dem Thema Beteiligungen in Kapitel 3 ausführlich erläutert.[6]

Nur für bestimmte Branchen, zum Beispiel die Erdöl produzierende Industrie, ist als Ausnahmefall darüber hinaus die Quotenkonsolidierung (pro-rata consolidation) möglich (AIN-APB 18 #2). Auf die Besonderheiten dieses Verfahrens wird aufgrund der seltenen Anwendung nicht näher eingegangen.

5.4 Fremdwährungsumrechnung

Bei der Einbeziehung ausländischer Abschlüsse in einen Konzernabschluss kann es gegebenenfalls erforderlich sein, eine Währungsumrechnung vorzunehmen. Dies ist dann der Fall, wenn das ausländische Tochterunternehmen seinen Abschluss in einer anderen Währung erstellt als in der so genannten Berichtswährung des Konzernabschlusses. Die Umrechnungsmethode wird dabei nach dem Konzept der funktionalen Währung bestimmt.[7]

---

6) Vgl. Kap. 3.4.3.6
7) Beams et al., *Advanced Accounting*, S. 423

Unter der funktionalen Währung versteht man die vorherrschende Währung des wirtschaftlichen Umfelds des Unternehmens, in dem dieses seine Geschäftstätigkeit ausübt, das heißt, das Umfeld, in dem das Unternehmen im Regelfall seine Einnahmen und Ausgaben generiert (FAS 52.5). Entsprechend dieser Definition wird bei der Bestimmung der funktionalen Währung von ausländischen Tochterunternehmen zwischen eigenständigen Unternehmen (foreign entities) und abhängigen Betriebsstätten (foreign operations) unterschieden.

Kennzeichen eines eigenständigen Unternehmens ist es, dass es seine Geschäfte weitgehend unabhängig vom Mutterunternehmen in seinem Sitzstaat durchführt. Konsequenterweise ist die funktionale Währung in diesem Fall in der Regel die Landeswährung (FAS 52.6).

Der Einzelabschluss eines eigenständigen Unternehmens wird nach der so genannten Stichtagskursmethode umgerechnet. Dies bedeutet im Einzelnen: Alle Bilanzpositionen mit Ausnahme des Eigenkapitals werden zum Wechselkurs zum Bilanzstichtag umgerechnet; die Umrechnung des gezeichneten Kapitals und der Rücklagen erfolgt zum historischen Kurs, das heißt zum Zeitpunkt der Übernahme der Anteile.[8] Erträge und Aufwendungen sowie Gewinne und Verluste werden in der Praxis üblicherweise mit einem Durchschnittskurs der betreffenden Periode umgerechnet (FAS 52.12).

Im Rahmen dieser Umrechnung können Umrechnungsdifferenzen entstehen. Diese können sich daraus ergeben, dass der Stichtagskurs einerseits und der historische Kurs oder der Durchschnittskurs andererseits nicht deckungsgleich sein müssen.[9] Derartige Differenzen werden erfolgsneutralem Eigenkapital unter der Position »other comprehensive income« als translation adjustments ausgewiesen (FAS 52.13), und zwar unabhängig davon, ob es sich um einen positiven Betrag (Gewinn aus Währungsumrechnung) oder um einen negativen Betrag (Verlust aus Währungsumrechnung) handelt.

Beispiel:
Ein Unternehmen hat zum 1.1.2005 alle Anteile an nachfolgendem Unternehmen erworben. Der Kurs zum Erwerbszeitpunkt betrug 1 Landeswährung (LW)=3 Dollar; ab Mitte des Jahres veränderte sich der Kurs auf 1 LW=2 Dollar, der bis zum Bilanzstichtag am 31.12.2005 konstant blieb. Der Jahresdurchschnittskurs betrug 1 LW=2,50 Dollar.

---

8) Beams et al., *Advanced Accounting*, S. 427
9) Whittington et al., *Wiley CPA Examination Review 2006 Financial Accounting & Reporting*, S. 790

Tabelle 5.1: Bilanz und GuV zum 31.12.2005

Bilanz TU zum 31.12.05

	HB II (LW)	
Aktiva		
Bank	55	
Vorräte	75	
Anlagevermögen	200	
Passiva		
langfristige Verbindlichkeiten		120
kurzfristige Verbindlichkeiten		90
gezeichnetes Kapital/Rücklagen		100
Jahresüberschuss		20
Summe	**330**	**330**

GuV TU zum 31.12.05

	LW	
Umsatzerlöse		500
Materialaufwand	240	
Abschreibungen	20	
diverser Aufwand	220	
	480	
Jahresüberschuss	**20**	

Tabelle 5.2: Währungsumrechnung Bilanz

Bilanz TU zum 31.12.05

	HB II (LW)		Korrekturen	HB III (USD)	
Aktiva					
Bank	55		2	110	
Vorräte	75		2	150	
Anlagevermögen	200		2	400	
Passiva					
langfristige Verbindlichkeiten		120	2		240
kurzfristige Verbindlichkeiten		90	2		180
gezeichnetes Kapital/Rücklagen		100	3		300
Jahresüberschuss		20			50
Differenz Währungsumrechnung					−110
Summe	**330**	**330**		**660**	**660**

Tabelle 5.3: Währungsumrechnung GuV

GuV TU zum 31.12.05

	LW		Korrekturen	USD	
Umsatzerlöse		500	2,5		1250
Materialaufwand	240		2,5	600	
Abschreibungen	20		2,5	50	
diverser Aufwand	220		2,5	550	
Jahresüberschuss		**20**			**50**

Tabelle 5.4: Berechnung der Währungsdifferenzen

Abstimmung der Umrechnungsdifferenz		
gezeichnetes Kapital:	100 LW × (USD 2/LW − USD 3/LW)	−100
Jahresüberschuss:	20 LW × (USD 2/LW − USD 2,5/LW)	−10
		−110

Demgegenüber sind abhängige Betriebsstätten ein direkter und integraler Bestandteil oder eine Verlängerung der Geschäftstätigkeit des Mutterunternehmens. Hier ist die funktionale Währung nicht die Landeswährung, sondern die Währung des Mutterunternehmens (FAS 52.6). Für die Umrechnung des Einzelabschlusses einer abhängigen Betriebsstätte ist die Zeitbezugsmethode anzuwenden.

Dies bedeutet für die einzelnen Positionen: Für monetäre Bilanzpositionen (zum Beispiel Forderungen, Verbindlichkeiten, Barbestände) ist der Kurs zum Bilanzstichtag anzusetzen; alle übrigen Bilanzpositionen (zum Beispiel Sachanlagen) einschließlich des gezeichneten Kapitals und der Rücklagen werden mit dem historischen Kurs umgerechnet.[10] In diesem Fall ist beim historischen Kurs zwischen Erst- und Folgekonsolidierung zu unterscheiden: bei der Erstkonsolidierung entspricht der historische Kurs – wie bei der Stichtagskursmethode – dem Kurs zum Zeitpunkt der Übernahme der Anteile. Bei der Folgebewertung ist zu berücksichtigen, ob zwischenzeitlich für die Betriebsstätte zum Beispiel weitere Sachanlagen erworben worden sind. Diese sind dann mit dem Kurs zum Zeitpunkt des Erwerbes umzurechnen, welcher dann den historischen Kurs darstellt.

Erträge und Aufwendungen sowie Gewinne und Verluste werden in der Praxis üblicherweise mit einem Durchschnittskurs der betreffenden Periode umgerechnet (FAS 52.10).

Unter dem Gesichtspunkt, dass die Tätigkeit der abhängigen Betriebsstätten wie eine Erweiterung der Geschäftstätigkeit des Mutterunternehmens bewertet wird, werden folgerichtig auch auftretende Umrechnungsdifferenzen ergebniswirksam erfasst.[11]

---

[10] Beams et al., *Advanced Accounting*, S. 423
[11] Whittington et al., *Wiley CPA Examination Review 2006 Financial Accounting & Reporting*, S. 792

Abänderung des vorherigen Beispiels:
Unterstellt, TU sei eine anhängige Betriebsstätte, so ergibt sich bei identischen Ausgangsdaten folgende Umrechnung:

Tabelle 5.5: Währungsumrechnung Bilanz

Bilanz TU zum 31.12.05	HB II (LW)	Korrekturen	HB III (USD)
Aktiva			
Bank	55	2	110
Vorräte	75	3	225
Anlagevermögen	200	3	600
Passiva			
langfristige Verbindlichkeiten	120	2	240
kurzfristige Verbindlichkeiten	90	2	180
gezeichnetes Kapital/Rücklagen	100	3	300
Jahresüberschuss	20		215
Summe	**330**	330	**935**	935

Tabelle 5.6: Währungsumrechnung GuV

GuV TU zum 31.12.05		LW	Korrekturen	USD
Umsatzerlöse		500	2,5	1250
Umrechnungsdifferenzen				175
Materialaufwand	240		2,5	600
Abschreibungen	20		3	60
diverser Aufwand	220		2,5	550
Jahresüberschuss		**20**		**215**

Tabelle 5.7: Berechnung der Währungsdifferenzen

Abstimmung der Umrechnungsdifferenz		
Vorräte	75 LW × (USD 3/LW – USD 2/LW)	75
Anlagevermögen	200 LW × (USD 3/LW – USD 2/LW)	200
gezeichnetes Kapital	100 LW × (USD 2/LW – USD 3/LW)	–100
Abschreibungsaufwand	20 LW × (USD 3/LW – USD 2,5/LW)	10
Jahresüberschuss	20 LW × (USD 2/LW – USD 2,5/LW)	–10
		175

Bei der Umrechnung der GuV kommt es dabei in der Praxis sehr häufig zu folgendem Fehler, insbesondere wenn die Umrechnung automatisiert erfolgt und eine entsprechende Einstellung im System vergessen worden ist: Alle Erträge und Aufwendungen werden mit dem Durchschnittskurs der betreffenden Periode umgerechnet, obwohl in den Aufwendungen auch die jährlichen Abschreibungen enthalten sind. Da es sich hierbei aber um eine Wertminderung des entsprechenden Sachanlagegutes handelt, ist auch der jeweilige Abschreibungsaufwand mit dem entsprechenden historischen Kurs umzurechnen.

Zur Vermeidung dieses Fehlers ist es daher sinnvoll und für eine ordnungsgemäße Dokumentation auch erforderlich, die zum historischen Kurs bewerteten Positionen gesondert auf- und fortzuführen. Üblicherweise geschieht dies mit Hilfe eines Anlagenspiegels, der aber ergänzend den jeweiligen Umrechnungskurs bei Anschaffung beinhalten muss.

Diese Besonderheiten der Zeitbezugsmethode führen daher sehr häufig dazu, dass das betroffene Tochterunternehmen neben der Buchhaltung für die Erstellung des nationalen Abschlusses von vornherein eine parallele Buchhaltung nach US-GAAP einrichtet, um somit lediglich die Korrekturen am Bilanzstichtag vornehmen zu müssen.

5.5 Konsolidierungsmaßnahmen

Im Gegensatz zur deutschen Konzernrechnungslegung unterscheidet US-GAAP begrifflich nur zwischen den beiden Konsolidierungsmaßnahmen Kapitalkonsolidierung und Eliminierung konzerninterner Verflechtungen (intercompany transactions). Eine genauere Überprüfung ergibt aber, dass diese Eliminierung die übrigen Konsolidierungsmaßnahmen des HGB, Schuldenkonsolidierung, Zwischeneliminierung und Aufwands- und Ertragskonsolidierung beinhaltet. Aus amerikanischer Sicht werden diese unter einem einheitlichen Oberbegriff zusammengefasst, egal ob in der Bilanz oder in der GuV.

5.5.1 Kapitalkonsolidierung

Das Grundprinzip der Kapitalkonsolidierung ist die Verrechnung des Eigenkapitals des erworbenen (Tochter-)Unternehmens mit dem Beteiligungsbuchwert des erwerbenden (Mutter-)Unternehmens.

Die bilanzielle Darstellung erfolgt dabei auf der Grundlage der so genannten Erwerbsmethode (purchase method), die für Unternehmenszusammenschlüsse ab dem 1.7.2001 als einzig zulässige Methode anzuwenden ist (FAS 141.13).[12] Die bis zu diesem Zeitpunkt alternativ zulässige Methode der Interessenzusammenführung (pooling of interest method) wurde vom FASB mit der Begründung abgeschafft, dass eine zweite Methode unter dem Gesichtspunkt der wirtschaftlich besseren Darstellung eines Unternehmenszusammenschlusses nicht erforderlich sei (FAS 141.B36 ff).

Grundsätzlich erfolgt die Anwendung der Erwerbsmethode in drei Bearbeitungsschritten:

- Identifizierung des Erwerbers (FAS 141.15 ff)
- Bestimmung der Erwerbskosten (FAS 141.20 ff)
- Allokation der Kosten zu den übernommenen Vermögenswerten und Verbindlichkeiten (FAS 141.35 ff)

5.5.1.1 Identifikation des Erwerbers

Im Regelfall ist als Erwerber das Unternehmen anzusehen, welches für den Erwerb Barmittel oder andere Vermögenswerte ausgibt oder Verbindlichkeiten übernimmt (FAS 141.16).

Erfolgt der Unternehmenserwerb auf der Grundlage eines Aktientausches, ist im Allgemeinen das ausgebende Unternehmen der Erwerber (FAS 141.17). In Ausnahmefällen kann es aber auch sein, dass das erworbene Unternehmen die für den Zusammenschluss erforderlichen Aktien emittiert. In einem solchen Fall spricht man von einem umgekehrten Erwerb (reverse acquisition), bei dem die Identifikation des erwerbenden Unternehmens anhand weiterer Merkmale zu überprüfen ist:

- Zuordnung der Stimmrechte im zusammengeschlossenen Unternehmen nach dem Zusammenschluss
  - das erwerbende Unternehmen ist das Unternehmen, dessen Eigentümer den größeren Anteil der Stimmrechte halten (FAS 141.17a);
- Bestehen eines großen Minderheitenstimmrechts, an dem kein anderer Eigentümer oder eine Gruppe von Eigentümern ein wesentliches Stimmrecht besitzt
  - das erwerbende Unternehmen ist das Unternehmen, dessen Eigentümer das große Minderheitenstimmrecht halten (FAS 141.17b);
- Zusammensetzung des Aufsichtsrats des zusammengeschlossenen Unternehmens

---

12) Williams/Carcello, *GAAP Guide Level A 2007*, 4.02

- das erwerbende Unternehmen ist das Unternehmen, das die Mehrzahl der stimmberechtigten Aufsichtsratsmitglieder wählen oder bestimmen kann (FAS 141.17c);
- Zusammensetzung der Geschäftsführung des zusammengeschlossenen Unternehmens
  - das erwerbende Unternehmen ist das Unternehmen, dessen Führungskräfte die Geschäftsführung bestimmen (FAS 141.17d);
- Konditionen des Aktientausches
  - das erwerbende Unternehmen ist das Unternehmen, welches einen Aufschlag auf den Marktpreis der Aktien des/der anderen Unternehmen zahlt (FAS 141.17e).

5.5.1.2 Bestimmung der Erwerbskosten

Erwerbskosten sind entweder der Barbetrag oder der Fair Value der als Gegenleistung übertragenen Vermögenswerte, übernommenen Verbindlichkeiten oder ausgegebenen Aktien (FAS 141.20). Grundsätzlich sind alle direkt im Zusammenhang mit dem Unternehmenszusammenschluss angefallenen Kosten in Ansatz zu bringen, wogegen indirekte und allgemeine Verwaltungskosten als Aufwand zu verbuchen sind (FAS 141.24).[13]

Ebenfalls zu berücksichtigen sind Vereinbarungen, aufgrund deren weitere Zahlungen oder Gegenleistungen bei Vorliegen vertraglich festgelegter Bedingungen zu erbringen sind, vorausgesetzt, der Eintritt dieser Ereignisse ist wahrscheinlich und die zusätzlichen Kosten können verlässlich bestimmt werden (FAS 141.26).

5.5.1.3 Kaufpreisallokation

Die so ermittelten Erwerbskosten sind dann den einzelnen übernommenen Vermögenswerten und Verbindlichkeiten zuzuordnen (FAS 141.35). Diese Zuordnung erfolgt dabei in zwei Schritten:[14]

Im ersten Schritt werden zunächst die jeweiligen Buchwerte den Erwerbskosten gegenübergestellt, um somit einen möglichen Differenzbetrag zu ermitteln. Danach wird im zweiten Schritt die Zusammensetzung des Differenzbetrages analysiert. Zu diesem Zweck werden die übernommenen Vermögenswerte und Verbindlichkeiten mit ihrem jeweiligen Fair Value zum Zeitpunkt des Erwerbs neu bewertet, das heißt, unter Aufdeckung eventueller stiller Reserven und/oder stiller Lasten. Diese Werte werden den einzelnen Buchwerten gegenübergestellt.

---

[13] Williams/Carcello, *GAAP Guide Level A 2007*, 4.06
[14] Whittington et al., *Wiley CPA Examination Review 2006 Financial Accounting & Reporting*, S. 657

Da die Vermögenswerte und Verbindlichkeiten mit ihrem Fair Value in die Konzernbilanz übernommen worden sind, verringert eine Differenz zu den Buchwerten den in Schritt eins ermittelten Differenzbetrag. Der verbleibende Restbetrag, der sich auch aus einer Gegenüberstellung der Summe der Fair Values mit den Erwerbskosten ergibt, ist dann der positive oder negative Unterschiedsbetrag, der entweder als Goodwill zu aktivieren oder aufzulösen ist (so genannte Abstockung).[15] Die Details dieses Verfahrens werden weiter unten in Kapitel 5.6 eingehend erläutert.

Beispiel:
Die TU-AG wird zu 100 Prozent von der MU-AG übernommen. Die Buchwerte und die Fair Values der Vermögenswerte und Verbindlichkeiten der TU-AG sehen wie folgt aus:

Tabelle 5.8: Daten der TU-AG

Bilanz TU-AG	Buchwerte	Fair Value
liquide Mittel	37400	37400
Forderungen	9100	9100
Vorräte	16100	17100
Sachanlagevermögen	40000	48000
Patente	10000	13000
Verbindlichkeiten	–6600	–6600
Summe	**106000**	**118000**

Angenommen, die MU-AG würde für die Beteiligung

a) 134 000 Dollar
b) 118 000 Dollar
c) 106 000 Dollar
d) 100 000 Dollar

zahlen, ergibt sich für die jeweilige Kaufpreisallokation folgendes Bild:

---

15) Williams/Carcello, *GAAP Guide Level A 2007*, 8.05

Tabelle 5.9: Kaufpreisallokation

	Fall a	Fall b	Fall c	Fall d
1. Ermittlung der Differenz				
Kaufpreis	134000	118000	106000	100000
Buchwert	106000	106000	106000	106000
Differenz	28000	12000	0	–6000
2. Kaufpreisallokation				
a) Neubewertung				
Buchwert	106000	106000	106000	106000
Fair Value	118000	118000	118000	118000
Anteil	–12000	–12000	–12000	–12000
b) Unterschiedsbetrag				
Kaufpreis	134000	118000	106000	100000
Fair Value	118000	118000	118000	118000
Goodwill	16000	0		
Abstockung			–12000	–18000

In diesem Zusammenhang ist bei der Neubewertung und der damit verbundenen Aufdeckung eventueller stiller Reserven und/oder stiller Lasten zu berücksichtigen, dass der Konzernabschluss nach amerikanischem Verständnis einen erweiterten Einzelabschluss des Mutterunternehmens darstellt. Dies hat zur Folge, dass die Neubewertung beteiligungsproportional erfolgt, das heißt, der Ansatz des Fair Values erfolgt in Höhe des Anteils, der dem Erwerber zuzurechnen ist.[16] Beim Erwerb einer Beteiligung von 100 Prozent liegt konsequenterweise eine vollständige Neubewertung vor (vgl. vorheriges Beispiel).

---

[16] Whittington et al., *Wiley CPA Examination Review 2006 Financial Accounting & Reporting*, S. 662

Abwandlung (beteiligungsproportionale Neubewertung):
Unterstellt, die MU-AG hat für 134000 Dollar eine Beteiligung von 90 Prozent an der TU-AG erworben.

Tabelle 5.10: Daten der TU-AG

Bilanz TU-AG

	Buchwerte	90%	Fair Value	90%
liquide Mittel	37400	33660	37400	33660
Forderungen	9100	8190	9100	8190
Vorräte	16100	14490	17100	15390
Sachanlagevermögen	40000	36000	48000	43200
Patente	10000	9000	13000	11700
Verbindlichkeiten	−6600	−5940	−6600	−5940
Summe	**106000**	**95400**	**118000**	**106200**

Tabelle 5.11: Kaufpreisallokation

1. Ermittlung der Differenz
Kaufpreis	134000
Buchwert	95400
Differenz	**38600**

2. Kaufpreisallokation
a) Neubewertung
Buchwert	95400
Fair Value	106200
Anteil	**−10800**

b) Unterschiedsbetrag
Kaufpreis	134000
Fair Value	106200
Goodwill	**27800**

Für die Ermittlung der beizulegenden Zeitwerte sind in FAS 141.37 a–l die Bewertungsmaßstäbe für die einzelnen Bilanzpositionen aus den jeweiligen Standards noch einmal zusammengefasst, so zum Beispiel für Forderungen deren realisierbarer Betrag, für Rohstoffe als Vorräte deren Wiederbeschaffungskosten et cetera.

Nach Durchführung der Kaufpreisallokation und der Ermittlung eines eventuellen Unterschiedsbetrages kann dann die Kapitalkonsolidierung durchgeführt werden.

Gesamtbeispiel Kapitalkonsolidierung:
Die MU-AG erwirbt eine Beteiligung von 80 Prozent an der TU-AG für 700 000 Dollar. Bei den Vermögenswerten und Verbindlichkeiten der TU-AG entsprechen die Buchwerte den Fair Values, mit Ausnahme des Anlagevermögens, für das eine stille Reserve von 100 000 Dollar besteht.

Tabelle 5.12: Kapitalkonsolidierung

	Bilanz MU	Bilanz TU	Summen-bilanz	Neubewertung		Konsolidierung		Konzernbilanz
				Soll	Haben	Soll	Haben	
Aktiva								
Anlagevermögen	700	450	1150	80				1230
Umlaufvermögen	300	350	650					650
Beteiligung	700		700				700	
Geschäftswert						180		180
Passiva								
Eigenkapital		800 550	1350		80	520		800
						110		
Minderheitenanteil							110	110
Fremdkapital		900 250	1150					1150
Bilanzsumme	1700	1700 800 800	2500 2500	80	80	810	810	2060 2060

Verrechnung des Eigenkapitals und der anteiligen stillen Reserve mit dem Beteiligungsbuchwert (in T-Dollar):
EK TU-AG: 550 – davon 80 Prozent = 440 + anteilige stille Reserve 80 = neu bewertetes anteiliges EK = 520
Beteiligung 700 – 520 = Goodwill 180
Umbuchung Minderheitenanteil:
EK TU-AG: 550 – davon 20 Prozent = 110

5.5.1.4 Push down accounting

Aufgrund der bei der Kaufpreisallokation zwingend erforderlichen Neubewertung mit Aufdeckung der stillen Reserven und/oder stillen Lasten können verschiedene Bilanzpositionen im Abschluss des Tochterunternehmens unterschiedlich bewertet sein. Wenn nun dieses Tochterunternehmen ebenfalls börsennotiert und damit eigenständig berichtspflichtig gegenüber der SEC ist, hätte dies zur Folge, dass für ein und dasselbe Unternehmen unterschiedliche Bilanzwerte angesetzt würden.

Aus diesem Grund hat die SEC für börsennotierte Tochterunternehmen festgelegt, dass der neu bewertete Einzelabschluss maßgeblich und vom Tochterunternehmen zu übernehmen ist (SAB 54, SAB 73). Das Tochterunternehmen passt seine Buchwerte entsprechend der Allokation bei Unternehmensübernahme an und führt zukünftig auf der Basis der angepassten Werte die erforderlichen Abschreibungen durch (push down accounting). Das Jahresergebnis des Tochterunternehmens spiegelt somit den Einfluss des Mutterunternehmens wider.

Würde man das obige Beispiel der Kapitalkonsolidierung nach den Regeln des push down accounting weiterführen, hätte dies zur Konsequenz, dass die TU-AG – unterstellt, sie sei eigenständig berichtspflichtig – die von der MU-AG anteilig offengelegten stillen Reserven von 80 000 Dollar ihrem Anlagevermögen zubuchen müsste. Die Gegenbuchung würde über eine gesonderte Position im Eigenkapital push-down capital erfolgen. Der sich daraus ergebende neue Buchwert des Anlagevermögens von 530 000 Dollar wäre dann über die verbleibende Laufzeit zu verteilen und entsprechend abzuschreiben. Im Rahmen der Folgekonsolidierung zum nächsten Berichtszeitpunkt wäre dann eine erneute Anpassung der bestehenden Buchwerte nicht mehr erforderlich.

Trotz der entsprechenden Vorgaben der SEC ist die Anwendung des push down accounting in der Praxis umstritten und wird auch nicht konsequent durchgeführt. Begründet wird die Ablehnung zum Teil damit, dass zu viele Einzelfragen noch ungeklärt sind, um eine in sich stimmige Anwendung zu gewährleisten.[17]

5.5.2 Eliminierung konzerninterner Verflechtungen

ARB 51.6 legt fest, dass Forderungen und Verbindlichkeiten sowie Geschäfte zwischen Unternehmen eines Konzerns (intragroup balances and transactions) zu eliminieren sind.

---

[17] Beams et al., *Advanced Accounting*, S. 364

Für die Technik der Eliminierung bedient sich die amerikanische Praxis erneut des klassischen Worksheets:[18]

Tabelle 5.13: Worksheet Eliminierung

Account Titles	Parent	Subsidiary	Adjustments and Eliminations		Consolidated
			Dr.	Cr.	

Entsprechend wird von einem deutschen Tochterunternehmen beim Reporting erwartet, dass es auf der Basis eines solchen Worksheets seine Werte dem Mutterunternehmen übermittelt.[19]

Anhand eines einfachen Intercompany-Geschäfts soll die Darstellungsweise erläutert werden.

Beispiel:[20]

Das Mutterunternehmen verkauft seinem Tochterunternehmen Waren mit einem Preisaufschlag von 20 Prozent auf die eigenen Anschaffungs- beziehungsweise Herstellungskosten. Im Berichtszeitraum hat das Mutterunternehmen für 24 000 Dollar an das Tochterunternehmen verkauft, welches seinerseits diese Waren für 30 000 Dollar an Endverbraucher veräußert hat.

Die entsprechende Darstellung der Eliminierung sieht wie folgt aus:

Tabelle 5.14: Eliminierung (Grundgeschäft)

Account Titles	Parent	Subsidiary	Adjustments and Eliminations		Consolidated
			Dr.	Cr.	
Sales	24000	30000	24000		30000
Cost of Sales	20000	24000		24000	20000
Gross Profit	4000	6000			10000

Wenn die Waren nicht vollständig veräußert wurden oder sich zu Beginn des Berichtszeitraums noch Waren auf Lager befinden, ist ein entsprechender nicht realisierter Gewinn (unrealized profit) zu berücksichtigen. Dies

---

[18] Vgl. z. B. Williams/Carcello, *GAAP Guide Level A 2007*, 8.06
[19] Vgl. Kap. 1
[20] In Anlehnung an: Beams et al., *Advanced Accounting*, S. 136f

hat zur Folge, dass sich sowohl der Umsatzerlös des konsolidierten Abschlusses als auch der Wert der Vorräte um den Preisaufschlag auf die noch nicht veräußerten Waren verringert.

Fortsetzung Beispiel:
Das Tochterunternehmen hat fünf Sechstel der eingekauften Waren für 25 000 Dollar an Endverbraucher veräußert; der Rest befindet sich auf Lager.
Berechnung:
Cost of Sales: 24 000 Dollar × 5/6 = 20 000 Dollar
Inventory: 24 000 Dollar × 1/6 = 4000 Dollar
Unrealized Profit: 4000 Dollar × 20 Prozent = 800 Dollar

Tabelle 5.15: Eliminierung (nicht realisierter Gewinn)

Account Titles	Parent	Subsidiary	Adjustments and Eliminations		Consolidated
Income Statement			Dr.	Cr.	
Sales	24000	25000	24000		25000
Cost of Sales	20000	20000	800	24000	16800
Gross Profit	4000	5000			8200
Balance Sheet					
Inventory		400		800	3200

Des Weiteren ist bei Minderheitsbeteiligungen zu unterscheiden, ob es sich bei den Intercompany-Geschäften um einen Verkauf vom Mutterunternehmen an das Tochterunternehmen (downstream sale) oder um einen Verkauf vom Tochterunternehmen an das Mutterunternehmen (upstream sale) handelt.

Im Fall eines Verkaufs vom Mutterunternehmen an das Tochterunternehmen ist ein nicht realisierter Gewinn im Jahresergebnis des Mutterunternehmens enthalten; das Jahresergebnis des Tochterunternehmens ist nicht betroffen. Im umgekehrten Fall ist der nicht realisierte Gewinn im Jahresergebnis des Tochterunternehmens enthalten und das Jahresergebnis des Mutterunternehmens nicht betroffen. Da aber bei der Erstellung des konsolidierten Abschlusses Intercompany-Geschäfte in vollem Umfang eliminiert werden, könnte bei einem Upstream-Geschäft der auszuweisende Minderheitenanteil betroffen sein.

ARB 51.14 weist ausschließlich auf die Möglichkeit einer solchen Auswirkung hin und bietet als Lösung eine proportionale Aufteilung des nicht realisierten Gewinns an, ohne dessen Anwendung ausdrücklich vorzuschreiben. Im Gegensatz dazu wird in der amerikanischen Bilanzierungspraxis eine derartige Aufteilung vorgenommen.[21]

Beispiel:[22]

Das Mutterunternehmen ist zu 80 Prozent an dem Tochterunternehmen beteiligt. Im Berichtszeitraum betrug der Intercompany-Handel 100 000 Dollar, und die Vorräte beinhalten einen nicht realisierten Gewinn von 20 000 Dollar. Die Gewinn- und Verlustrechnungen des Mutter- und des Tochterunternehmens (in 1000 Dollar) sehen verkürzt wie folgt aus:

Tabelle 5.16: GuV Mutter-/Tochterunternehmen

	Parent	Subsidiary
Sales	600	300
Cost of Sales	300	180
Gross Profit	300	120
Expenses	100	70
Income Parent	200	
Income Subsidiary		50

Im Fall eines Downstream-Geschäfts beinhalten die Konten Sales und Cost of Sales den Intercompany-Handel sowie das Konto Cost of Sales den nicht realisierten Gewinn von 20 000 Dollar, so dass das Ergebnis des Tochterunternehmens von 50 000 Dollar unbeeinflusst bleibt. Es ergibt sich daher ein Minderheitenanteil von 10 000 Dollar (50 000 Dollar × 20 Prozent).

Bei einem Upstream-Geschäft wirken sich der Intercompany-Handel und der nicht realisierte Gewinn auf das Ergebnis des Tochterunternehmens aus, mit der Folge, dass das Tochterunternehmen nur einen realisierten Gewinn von 30 000 Dollar hat, woraus sich ein Minderheitenanteil von 6000 Dollar [(50 000 Dollar Ergebnis − 20 000 Dollar nicht realisierter Gewinn) × 20 Prozent] ergibt.

---

21) Beams et al., *Advanced Accounting*, S. 141
22) In Anlehnung an: Beams et al., *Advanced Accounting*, S. 142

Im Vergleich beider Verfahren ergibt sich bei einer konsolidierten Gewinn- und Verlustrechnung (in 1000 Dollar) folgendes Bild:

Tabelle 5.17: Vergleich Downstream – Upstream

	Downstream	Upstream
Sales (900–100)	800	800
Cost of Sales (480+20–100)	400	400
Gross Profit	400	400
Expenses (100+70)	170	170
Total recognized income	230	230
Minority Interest	10	6
Consolidated net income	220	224

5.6 Anhangsangaben

Bei einer Erstkonsolidierung sind folgende Anhangsangaben vorgeschrieben (FAS 141.51):

a) Name und kurze Beschreibung des übernommenen Unternehmens sowie Prozentsatz der übernommenen Beteiligung

b) Hauptgründe der Akquisition, insbesondere Beschreibung der Faktoren, die sich auf den Kaufpreis und damit auf die Aktivierung eines Goodwill ausgewirkt haben

c) Berichtszeitraum, für den das Jahresergebnis des übernommenen Unternehmens in die Gewinn-und-Verlust-Rechnung des Konzerns übernommen worden ist

d) Erwerbskosten

e) verkürzte Bilanz mit Zuordnung des jeweiligen Betrages zu den wesentlichen Gruppen von Vermögenswerten und Verbindlichkeiten des übernommenen Unternehmens zum Erwerbszeitpunkt

f) eventuell noch anstehende Zahlungen, Optionen oder sonstige Verpflichtungen sowie deren bilanzielle Behandlung bei Eintritt der Voraussetzungen

g) Betrag der erworbenen Forschungs- und Entwicklungswerte, die umgehend abgeschrieben worden sind

h) Gründe für eine eventuell noch nicht vollständig durchgeführte Kaufpreisallokation.

5.7 Geschäfts- oder Firmenwert

Wie im Rahmen der Kapitalkonsolidierung dargestellt, besteht die sehr wahrscheinliche Möglichkeit, dass bei der Verrechnung der Kosten des Anteilserwerbs mit den neu bewerteten Vermögenswerten und Schulden ein Unterschiedsbetrag verbleibt. Dieser Unterschiedsbetrag kann sowohl positiv als auch negativ sein.

Ein positiver Unterschiedsbetrag entsteht, wenn das erwerbende Unternehmen für den Anteil mehr gezahlt hat, als die entsprechenden Aktiva und Passiva »wert« sind. Diesen Betrag bezeichnet man als Geschäfts- oder Firmenwert oder Goodwill; er wird als eine »Investition in die Zukunft«, das heißt als Zahlung für zukünftigen wirtschaftlichen Nutzen verstanden. Ist demgegenüber die Summe der neu bewerteten Aktiva und Passiva höher als der Kaufpreis des Anteils, ergibt sich ein negativer Unterschiedsbetrag.

Während in der deutschen Rechnungslegung dieser Betrag je nach Einschätzung des erwerbenden Unternehmens als »Badwill« (ungünstige Entwicklung der künftigen Ertragslage des erworbenen Unternehmens) oder als »lucky buy« (realisierter Gewinn) bezeichnet wird,[23] wird im amerikanischen Rechnungswesen nur vom »negative goodwill« gesprochen.[24]

Ein Wertunterschied kann sich aber auch bei der Gegenüberstellung der Buchwerte mit den Steuerwerten ergeben. Entsprechend der erforderlichen Abgrenzung zwischen temporären und permanenten Differenzen entstehen bei temporären Differenzen aktive oder passive Steuerlatenzen, die entsprechend zu bilanzieren sind.[25] Diese Latenzen sind bei der Ermittlung der Höhe des Unterschiedsbetrages im Rahmen der Konsolidierung zu berücksichtigen. So führen aktive latente Steuern zu einer Verringerung des Unterschiedsbetrages, wogegen passive latente Steuern diesen erhöhen.

---

[23] Z.B. Baetge et al., *Konzernbilanzen*, S. 245f
[24] Z.B. Beams et al., *Advanced Accounting*, S. 37
[25] Vgl. Kap. 3.4.9

Beispiel:
Die MU-AG erwirbt alle 100 000 Aktien der TU-AG zum Preis von 20 Dollar pro Aktie.

Tabelle 5.18: Vereinfachte Bilanz TU-AG

Bilanzposten TU-AG	
kurzfristige Vermögenswerte	400
langfristige Investitionen	200
Sachanlagevermögen	1100
immaterielle Vermögenswerte	700
Summe Vermögenswerte	**2400**
kurzfristige Verbindlichkeiten	300

(in 1000 Dollar)

Buchwerte und Steuerwerte aller Vermögenswerte und Verbindlichkeiten stimmen bis auf das Sachanlagevermögen überein. Beim Sachanlagevermögen ist ein Buchwert von 1,1 Millionen Dollar gegenüber einem Steuerwert von 500 000 Dollar ausgewiesen. Bei einem Steuersatz von 35 Prozent ergibt sich mithin eine passive latente Steuer in Höhe von 210 000 Dollar [(1,1 Millionen − 500 000) ×35 Prozent].

Hieraus ergibt sich folgender Goodwill:

Tabelle 5.19: Ermittlung Goodwill

Kaufpreis (100 000 Aktien × 20 USD p.A.)		**2000**
abzüglich: fair value des Nettovermögens		
Vermögenswerte	2400	
abzüglich: kurzfristige Verbindlichkeiten	300	
abzüglich: langfristige Verbindlichkeiten	400	
abzüglich: latente Steuerverbindlichkeiten	210	1490
Goodwill		**510**

(in 1000 Dollar)

5.7.1 Zugangsbewertung

Ein Goodwill wird im Rahmen der Erstkonsolidierung als immaterieller Vermögenswert aktiviert (FAS 141.43). Demgegenüber ist eine entsprechende Passivierung eines negativen Unterschiedsbetrages im Gegensatz zum HGB ausgeschlossen. Die allgemeine Definition einer Verbindlichkeit setzt bekanntlich eine Verpflichtung gegenüber Dritten voraus. Wenn der Käufer aber einen zukünftigen Wertverlust der übernommenen Aktiva erwartet, ist keine Außenbeziehung vorhanden, mithin eine Passivierung verboten.

Auch ein Ausweis dieses Betrages mit negativem Vorzeichen auf der Aktivseite der Bilanz ist nicht möglich, da auch die Grundlagendefinition eines Vermögenswertes, welche unter anderem einen zukünftigen wirtschaftlichen Nutzen voraussetzt, nicht erfüllt ist. Dieser wirtschaftliche Nutzen ist bei einem günstigen Kauf aus Sicht des Käufers bereits eingetreten. Konsequenterweise ist daher der negative Unterschiedsbetrag zu eliminieren.

Das Verfahren der Eliminierung ist standardisiert, es wird also nicht dahingehend unterschieden, ob ein erwarteter Wertverlust oder ein günstiger Kauf vorgelegen hat.

Grundsätzlich ist eine proportionale Kürzung der übernommenen Vermögenswerte, die sogenannte Abstockung, vorzunehmen, wobei wiederum von der Kürzung ausgeschlossen sind (FAS 141.44):

a) Finanzanlagen
b) zur Veräußerung bestimmte Vermögensgegenstände
c) aktive latente Steuern
d) aktive Rechnungsabgrenzungsposten aus der Bilanzierung von Pensionsplänen
e) kurzfristige Vermögensgegenstände

Es verbleibt somit für die Abstockung das Sachanlagevermögen. Erst wenn infolge der Abstockung die langfristigen Aktiva auf Null reduziert worden sind, ist ein eventuell noch verbleibender Restbetrag erfolgswirksam als außerordentlicher Ertrag (extraordinary gain) in der Gewinn-und-Verlust-Rechnung zu verbuchen (FAS 141.45).

Beispiel:
Die MU-AG hat für eine Beteiligung von 100 Prozent an der TU-AG 200 Millionen Dollar gezahlt. Die vereinfachten Bilanzen der beiden Unternehmen zum Übernahmezeitpunkt sehen wie folgt aus:

Tabelle 5.20: Bilanzen der MU-AG/TU-AG zum Übernahmezeitpunkt

	Bilanz MU		Bilanz TU	
Aktiva				
Anlagevermögen	250		100	
Umlaufvermögen	250		250	
Beteiligung	200			
Passiva				
Eigenkapital		220		150
Fremdkapital		480		200
Bilanzsumme	**700**	**700**	**350**	**350**

Im Rahmen der Unternehmensbewertung der TU-AG ist festgestellt worden, dass in den Grundstücken stille Reserven in Höhe von 25 Millionen Dollar, in den Maschinen in Höhe von 50 Millionen Dollar enthalten sind.

Bei Aufdeckung dieser stillen Reserven ergibt sich damit ein neu bewertetes Eigenkapital der TU-AG in Höhe von 225 Millionen Dollar, mit der Folge, dass bei Verrechnung mit den Anschaffungskosten von 200 Millionen Dollar ein negativer Unterschiedsbetrag von 25 Millionen Dollar entsteht. Dementsprechend sind die neu bewerteten Grundstücke und Maschinen als nichtmonetäre Aktiva proportional abzustocken.

Die Höhe der Abstockung berechnet sich dabei wie folgt:

$$\frac{\text{neubewerteter Vermögenswert des Anlagevermögens}}{\sum \text{der neubewerteten Vermögenswerte des AV}} \times \text{negativer Unterschiedsbeitrag}$$

Tabelle 5.21: Konsolidierte Bilanz

	Bilanz MU	Bilanz TU	Summenbilanz	Neubewertung Soll	Neubewertung Haben	Konsolidierung Soll	Konsolidierung Haben	Konzernbilanz
Aktiva								
Anlagevermögen	250	100	350	25			7,5	368
Umlaufvermögen	250	250	500	50			17,5	533
Beteiligung	200		200				200	
Passiva								
Eigenkapital		220	150	380	75	225		220
Fremdkapital		480	200	680				680
Bilanzsumme	700	700 350	350	1050 1050	75	75	225 225	900 900

(Abstockung Grundstücke [in Millionen Dollar]: 125/425=0,3; 0,3×25=7,5; Abstockung Maschinen [in Millionen Dollar]: 300/425=0,7; 0,7×25=17,5)

5.7.2 Folgebewertung

Der aktivierte Goodwill unterliegt in der Folgezeit keiner planmäßigen Abschreibung. Vielmehr ist er regelmäßig jährlich, darüber hinaus aber auch aufgrund verschiedener Ereignisse, die eingetreten sind, auf seine Werthaltigkeit zu überprüfen (FAS 142.18).

Gründe für eine anlassbedingte Prüfung können sein (FAS 142.28):

- wesentliche Veränderungen der rechtlichen Faktoren oder des Geschäftsumfeldes,
- veränderte Auflagen einer Aufsichtsbehörde,
- unerwartete Verschärfung des Wettbewerbs,
- Weggang von Kompetenzträgern.

Im Gegensatz zum Impairment-Test für die übrigen Vermögenswerte wird in diesem Falle der aktivierte Betrag nicht in einer Summe überprüft. Vielmehr ist der Goodwill auf so genannte Berichtseinheiten (reporting units) zu verteilen.

Unter einer Berichtseinheit versteht man dabei entweder ein operatives Segment oder eine Einheit (component) unterhalb des operativen Segmentes unter der Voraussetzung, dass diese Einheit eine eigene Geschäftstätigkeit hat, für die gesonderte Finanzdaten zur Verfügung stehen, die regelmäßig vom Management überprüft werden.

Zur Vorbereitung des Tests sind somit alle Vermögenswerte und Verbindlichkeiten zum Zeitpunkt des Anteilserwerbs der jeweiligen Berichtseinheit zuzuordnen. Aufgrund der Tatsache, dass dieser Test zwingend jährlich durchzuführen ist, sollte aus Praktikabilitätsgründen bereits bei der ersten Übernahme der Werte in die Konzernbilanz eine entsprechende Zuordnung vorgenommen und in der Folgezeit separat weitergeführt werden.

Kriterien für die Zuordnung sind, dass die Vermögenswerte und Verbindlichkeiten zum operativen Geschäft der Berichtseinheit gehören und dadurch deren Fair Value beeinflussen. Vermögenswerte und Verbindlichkeiten, die zu mehreren Berichtseinheiten gehören, sind entsprechend prozentual aufzuteilen (FAS 142.32).

Der erste Schritt des dann folgenden Impairment-Tests ist der Vergleich zwischen dem Fair Value der Berichtseinheit und dessen Buchwert zuzüglich des anteiligen Goodwill (FAS 142.19). Der Fair Value der Berichtseinheit ist dabei entweder der Betrag, den das Unternehmen bei einer freiwilligen Veräußerung der gesamten Berichtseinheit erzielen würde, oder der sich aus den diskontierten zukünftigen Cashflows ergebende Nutzungswert der Berichtseinheit.

Ist der Fair Value größer oder gleich dem Gesamtwert aus Buchwerten und Goodwill, liegt keine Wertminderung vor. Ist demgegenüber der Gesamtwert größer als der Fair Value, ist eine Wertminderung gegeben, deren Höhe im zweiten Schritt zu ermitteln ist. Hierbei wird nach dem Prinzip der Kaufpreisallokation der ermittelte Fair Value den einzelnen Vermögenswerten und Verbindlichkeiten der Berichtseinheit zugeordnet, wobei eine verbleibende Restgröße den so genannten implizierten Goodwill (implied goodwill) darstellt (FAS 142.20).

Die Differenz zwischen dem zugeordneten und dem implizierten Goodwill stellt dann den Wertminderungsaufwand dar, der erfolgswirksam zu buchen ist.

Beispiel:

Die MU-AG hat am 1.1. 2005 die TU-AG, die aus den drei Berichtseinheiten Kommunikation, Technologie und Beratung besteht, für 12 Millionen Dollar gekauft. Der Fair Value der Berichtseinheit »Kommunikation« wurde mit 4,7 Millionen Dollar ermittelt, die Buchwerte verteilen sich wie folgt:

Tabelle 5.22: Buchwerte der Berichtseinheit »Kommunikation« zum 1.1.2005

Berichtseinheit Kommunikation	
	Buchwerte (in T-USD) **1.1.05**
Barmittel	200
Forderungen	900
Sachanlagen (netto)	2700
Patente	1000
Kundenverträge	700
kurzfristige Verbindlichkeiten	−1100
Summe	**4400**

Somit ergibt sich ein zugeordneter Goodwill für diese Einheit von 300 000 Dollar (4,7 Millionen Dollar − 4,4 Millionen Dollar).

Aufgrund verschärften Wettbewerbs ermittelt die MU-AG zum 30.6.2005 den Nutzungswert (= Fair Value) der Berichtseinheit erneut; dieser beträgt 4,1 Millionen Dollar.

Tabelle 5.23: Buchwerte der Berichtseinheit »Kommunikation« zum 30.6.2005

Berichtseinheit Kommunikation	
	Buchwerte (in T-USD) **30.6.05**
Barmittel	150
Forderungen	1000
Sachanlagen (netto)	2600
Patente	1000
Kundenverträge	600
kurzfristige Verbindlichkeiten	−1200
Summe	**4150**

Unter Berücksichtigung des zugeordneten Goodwill von 300 000 Dollar ergibt sich ein Gesamtwert von 4,45 Millionen Dollar. Da dieser größer ist als der ermittelte Fair Value, liegt eine Wertminderung vor.

Die Zuordnung des Fair Value auf die einzelnen Vermögenswerte und Schulden ergibt folgendes Bild:

Tabelle 5.24: Fair Values der Berichtseinheit »Kommunikation« zum 30.6.2005

Berichtseinheit Kommunikation	
	Fair value (in T-USD) 30.6.05
Barmittel	150
Forderungen	800
Sachanlagen (netto)	2600
Patente	1000
Kundenverträge	500
kurzfristige Verbindlichkeiten	–1200
Summe	**3850**

Der Differenzbetrag von 250 000 Dollar (4,1 Millionen Dollar – 3,85 Millionen Dollar) stellt den implizierten Goodwill dar, womit sich im Vergleich zum zugeordneten Goodwill von 300 000 Dollar ein Wertminderungsaufwand von 50 000 Dollar ergibt.

5.7.3 Anhangsangaben [26]

Im Anhang ist der Gesamtbetrag des aktivierten Goodwill – abzüglich eines (eventuell nach amerikanischen Steuervorschriften) abziehbaren Betrages – zu erläutern sowie die Verteilung auf die einzelnen Berichtseinheiten darzustellen, soweit dies praktikabel ist (FAS 141.52 c).

---

26) Beispiele in: AICPA, *Accounting Trends & Techniques 2006*, S. 185 ff

Kapitel 6
Zusatzangaben

Wie im Laufe dieses Buches immer wieder erläutert, besteht die Erstellung eines Jahresabschlusses nach US-GAAP nicht nur in der Aufbereitung des Zahlenwerks der Berichtsperiode, sondern auch in deren ergänzender Erläuterung.

Dies bedeutet aber nicht, dass damit bereits das bilanzierende Unternehmen seiner Verpflichtung zur Berichterstattung über alle entscheidungserheblichen Daten vollständig nachgekommen ist. Vielmehr geht man davon aus, dass weiterführende Zusatzangaben erforderlich sind. An keiner anderen Stelle wird das System des Financial Reporting so offensichtlich wie in diesem Zusammenhang. Daher wird auch ausdrücklich zwischen dem Jahresabschluss (financial statements) einerseits und dem Financial Reporting andererseits unterschieden (CON 1.7, CON 5.5).

Das Financial Reporting (CON 5.8) umfasst

- den Jahresabschluss (financial statements), bestehend aus Bilanz, GuV, Kapitalflussrechnung und Eigenkapitalveränderungsrechnung;
- die Anhangsangaben (notes to financial statements);
- Zusatzinformationen (supplementary information), die direkt durch Standards geregelt sind (zum Beispiel Offenlegung von Preisänderungen [FAS 33]);
- andere Formen der Finanzberichterstattung (other means of financial reporting) (zum Beispiel aufgrund der Vorgaben der SEC wie etwa die MD&A).

Diese Einteilung ist nicht als ein starres System zu verstehen, insbesondere sind die Grenzen zwischen den ergänzenden Angaben fließend. Es ist die Entscheidung des Managements, ob die erforderlichen Informationen direkt im Abschluss oder ergänzend oder ausschließlich in den Notes oder den Zusatzangaben dargestellt werden (CON 5.7).

6.1 Notes

Die Notes stellen den Anhang zu den Finanzdaten dar und erläutern oder ergänzen damit die Daten im Abschluss (CON 5.7a). In ihnen erfolgt eine direkte Erklärung der Zahlen durch

- die tabellarische Aufteilung zusammengefasster Positionen,
- die Erläuterung der zugrunde liegenden Berechnungsformeln,
- die Darstellung des Verfahrens zur Ermittlung der Werte.

Der Umfang bestimmt sich – neben der Entscheidungserheblichkeit – insbesondere nach den jeweiligen Offenlegungsvorschriften der Standards.

Zu den Notes zählen auch die zusätzlichen Angaben als Klammereinschub direkt in der Bilanz oder der GuV (parenthetical disclosures). So werden zum Beispiel üblicherweise in der Bilanz Forderungen unter Abzug des Betrages für zweifelhafte Forderungen dargestellt:

Accounts receivables
(net of allowance for doubtful accounts of x Dollar) yz Dollar

Um ein schnelleres Auffinden der Erläuterungen zu der jeweiligen Bilanz- oder GuV-Position zu ermöglichen, ist es in der Praxis üblich, die Erläuterungen durchzunummerieren und mit Hilfe einer so genannten Vorspalte in der Bilanz und GuV darauf zu verweisen.

6.2 Zusatzangaben

Die Bereitstellung ergänzender Angaben geschieht vor dem bereits erwähnten Hintergrund, dass ein potenzieller Investor hinreichend informiert und damit geschützt sein muss. Der Umfang dieser Angaben ist nicht in einem Standard geregelt, sondern basiert auf den Vorgaben der SEC. Hieraus ist ersichtlich, dass sich diese Zusatzangaben ausschließlich auf Unternehmen beziehen, die bei der amerikanischen Wertpapieraufsichtsbehörde registriert sind.

Berücksichtigt man in diesem Zusammenhang, dass Anteile an einem Unternehmen in den USA nicht nur über die Börse, sondern auch direkt über Banken gehandelt werden, sind es ausschließlich Unternehmen in vollständigem Privatbesitz, die nicht bei der SEC registriert sind. Alle anderen Unternehmen müssen auf der Basis des Form 10-K ihren Jahresabschluss erstellen und damit weitere Zusatzinformationen offenlegen. Für ausländische Unternehmen, die an amerikanischen Börsen notiert sind, gilt Form 20-F.[1]

Die weitere Darstellung beschränkt sich auf Form 10-K, da zum einen die hierin enthaltenen Angaben auch für Form 20-F gelten, zum anderen Form 10-K maßgeblich für ein amerikanisches Mutterunternehmen ist, mit der Folge, dass sich die von einem ausländischen Tochterunternehmen beizubringenden Informationen an den inhaltlichen Vorgaben dieser Gliederung orientieren.

Beim Form 10-K[2] handelt es sich – wie auch bei jedem anderen Form – nicht um ein Formular für die Erstellung des Jahresabschlusses, sondern um eine vorgeschriebene Gliederung. Sie ist in vier Abschnitte mit insgesamt 15 Gliederungspunkten unterteilt. Zu jedem Punkt ist festgelegt, welche Angaben zu erfolgen haben.

Ergänzend dazu wird teilweise auf die Ausführungen in der Regulation S-K[3] verwiesen. Regulation S-K beinhaltet die Angaben, die allgemein als nützlich angesehen werden, wobei aber nicht alle Angaben für alle Forms erforderlich sind.

Der erste Abschnitt von Form 10-K beinhaltet eine allgemeine Darstellung des Unternehmens in seinem Geschäftsumfeld. Unter Punkt 1 »Business« werden die Geschäftsbereiche des Gesamtunternehmens vorgestellt und deren allgemeine Entwicklung in der abgelaufenen Berichtsperiode beschrieben. Punkt 2 »Properties« führt die wesentlichen Betriebsstätten und die allgemeinen Daten der vom Gesamtunternehmen genutzten Grundstücke und Gebäude (unter anderem Größe, Eigentums- oder Mietverhältnisse) auf.

Alle wesentlichen gerichtlichen und außergerichtlichen Verfahren sind unter Punkt 3 »Legal Proceedings« darzustellen. Von entscheidender Bedeutung ist, dass es sich hierbei ausschließlich um eine Information über das Bestehen solcher Verfahren handelt. In diesem Zusammenhang spielt es keine Rolle, wie das Unternehmen den Ausgang beurteilt. Auch wenn das Unternehmen davon ausgeht, das Verfahren auf jeden Fall zu gewinnen, ist es dennoch unter diesem Unterpunkt aufzuführen.

---

1) Form 20-F steht auf der Homepage der SEC unter nachfolgender Internetadresse kostenlos zum Download zur Verfügung: http://www.sec.gov/about/forms/form20-f.pdf
2) Form 10-K ist im Original in Kap. 7 abgedruckt
3) Regulation S-K steht vollständig auf der Homepage der SEC unter nachfolgender Internetadresse kostenlos zum Download zur Verfügung: http://www.sec.gov/about/forms/regs-k.pdf

Andererseits bleibt die Beurteilung, inwieweit eventuell Rückstellungen zu bilden sind, den Anhangsangaben zu einer entsprechenden Position in der Bilanz vorbehalten. Berücksichtigt man jetzt aber, dass Rückstellungen bekanntermaßen nur dann gebildet werden dürfen, wenn eine mehr als 50-prozentige Wahrscheinlichkeit der Inanspruchnahme besteht, könnte dies bei einem schwebenden Verfahren die Gegenpartei dazu nutzen, darauf hinzuweisen, dass das bilanzierende Unternehmen bereits davon ausgeht, in dem Verfahren zu unterliegen. Aus diesem Grunde wird das bilanzierende Unternehmen sehr häufig von einer Wahrscheinlichkeit von maximal 50 Prozent ausgehen, so dass die Bildung einer Rückstellung unterbleibt. Dann sind aber die allgemeinen Angaben über das Verfahren unter diesem Unterpunkt 3 des Form 10-K der einzige Hinweis, den ein Bilanzleser erhält.

Punkt 4 »Submission of Matters to a Vote of Security Holders« erfasst Vorgänge im letzten Quartal eines Geschäftsjahres, die der Abstimmung durch die Anteilseigner bedürfen. Dieser Unterpunkt trägt der Tatsache Rechnung, dass die Quartalsberichte der an amerikanischen Börsen gelisteten Unternehmen nicht – wie zum Beispiel in Deutschland – separat für sich stehen, also erstes Quartal, zweites Quartal und so weiter, sondern aufeinander aufbauen, also Quartalsbericht, Halbjahresbericht, Dreivierteljahresbericht und Jahresbericht. Damit tritt aber eine Lücke für die Informationen auf, die sich auf das letzte Quartal eines Geschäftsjahres beziehen. Diese Lücke wird mit dem Unterpunkt 4 geschlossen.

Der zweite Abschnitt des Form 10-K beschäftigt sich mit den Finanzdaten des Unternehmens. Für alle Börsenplätze, an denen das Unternehmen gehandelt wird, ist unter Punkt 5 »Market for Registrant's Common Equity and Related Stockholder Matter« eine Aufstellung der jeweils höchsten und niedrigsten Börsenkurse zu erstellen.

Unter Punkt 6 »Selected Financial Data« werden in tabellarischer Form wesentliche Finanzdaten wie zum Beispiel Umsatzerlöse, Ergebnis aus laufender Geschäftätigkeit, Gesamtaktiva, langfristige Verbindlichkeiten in einem Fünf-Jahres-Vergleich gegenübergestellt (Reg. S-K, § 229.301).[4] Im Gegensatz zu der Angabe der Vergleichsjahre im aktuellen Jahresabschluss sollen durch diese Zusammenstellung ausgesuchter Finanzdaten langfristige Entwicklungen des Unternehmens transparent und damit analysierbar gemacht werden.

---

[4] Dieser Abschnitt ist im Auszug von Reg. S-K in Kap. 7 im Original abgedruckt

Auf Punkt 7 »Management's Discussion and Analysis of Financial Condition and Result of Operation« (MD & A) wird im nachfolgenden Kapitel gesondert eingegangen.

Quantitative und qualitative Börsenrisiken wie etwa Wechselkurs- und Zinsschwankungen sind gesondert unter Punkt 7A »Quantitative and Qualitative Disclosure About Market Risks« darzustellen.

Gliederungspunkt 8 »Financial Statements and Supplementary Data« beinhaltet dann die Bilanz, Gewinn-und-Verlust-Rechnung, Eigenkapitalveränderungsrechnung und die Kapitalflussrechnung nebst erforderlichen Notes des abgelaufenen Geschäftsjahres.

Eventuelle Veränderungen oder Meinungsverschiedenheiten mit den Abschlussprüfern können unter Punkt 9 »Changes and Disagreements with Accountants on Accounting and Financial Disclosure« dargelegt werden.

Aufgrund des Sarbanes Oxley Act hat Punkt 9A »Controls and Procedures« eine exponierte Stellung erhalten, da hierunter die Effektivität oder eventuelle wesentliche Schwachstellen der Kontrollen (material weaknesses) und das Verfahren des internen Kontrollsystems zu erläutern sind. Auch hierzu werden die Details weiter unten in einem eigenen Kapitel erläutert.

Im dritten Abschnitt des Form 10-K erfolgen nähere Angaben zur Geschäftsleitung, zu deren Gehältern, Bezügen und eventuellen weiteren Vergünstigungen sowie zu den Kosten des Jahresabschlusses.

Unter Punkt 10 »Directors and Executive Officers of the Registrant« werden die Mitglieder der Geschäftsleitung und leitende Angestellte mit Alter, Stellung, Dauer der Unternehmenszugehörigkeit et cetera aufgeführt, ergänzt um die Offenlegung der Gehälter und Bezüge unter Punkt 11 »Executive Compensation«.

Punkt 12 »Security Ownership of Certain Beneficial Owners and Management and Related Stockholder Matters« beinhaltet eine Darstellung des Aktienbesitzes des Managements, während unter Punkt 13 »Certain Relationships and Related Transactions« eventuelle Geschäfte mit nahen Angehörigen des unter Punkt 10 dargestellten Personenkreises offenzulegen sind.

Die Gebühren, die Abschlussprüfer für Prüfungs-, prüfungsnahe und andere Tätigkeiten erhalten haben, beinhaltet Punkt 14 »Principle Auditor Fees and Services«.

Die Punkte 10 bis 14 werden typischerweise nicht direkt angegeben, sondern es wird zulässigerweise auf die separate Vorlage für die Hauptversammlung, den so genannten Proxy Statement, Bezug genommen (incorporated by reference). Diese Vorlage ist zwingend erforderlich, da die Anteilseigner – neben der Zurverfügungstellung des Jahresabschlusses – gesondert über diese Verwendung eines Teils des Geschäftsergebnisses zu informieren sind. Zur Vermeidung von Wiederholungen wurde deshalb die Möglichkeit der Bezugnahme eingeführt.

Im vierten und letzten Abschnitt wird die Gliederung mit Punkt 15 »Exhibits, Financial Statement Schedule and Reports on Form 8-K« und den darin geforderten Anhängen wie Tabellen, Zeitplänen und Verträgen abgeschlossen.

6.3 Management's Discussion and Analysis (MD & A)

Die beiden wohl wichtigsten Bestandteile des Form 10-K sind zum einen die dem deutschen Lagebericht ansatzweise vergleichbare MD&A (Punkt 7) sowie zum anderen die Angaben zum internen Kontrollsystem (Punkt 9 A).[5]

Ziel der MD&A ist die beschreibende Erläuterung (narrative explanation) sowohl der vergangenen als auch der erwarteten Finanz- und Ertragslage des Unternehmens aus der Sicht des Managements. Dazu sind die Schlüsselindikatoren für das finanzielle Umfeld und die Gesamtleistung des Unternehmens zu beschreiben, wobei sich die Darstellung auf das Wesentliche zu konzentrieren und alle entscheidungserheblichen Trends und Unsicherheiten mitzuteilen hat (Reg. S-K, § 229.303).[6]

Die Darstellung ist in drei Berichtsbereiche zu unterteilen (Reg. S-K, § 229.303 [a] 1–3):

- Liquiditätslage (liquidity)
- Kapitalausstattung (capital resources)
- Ertragslage (result of operations)

Grundsätzlich ist zwar über jeden Bereich einzeln zu berichten, wobei aber insbesondere die ersten beiden Bereiche miteinander verbunden werden können. Es könnte somit folgende kombinierte Darstellung erfolgen:

- Geldbedarf
  laufende Ausgaben
  zukünftige geplante Ausgaben
  mögliche zukünftige Ausgaben

---

5) Siehe nachfolgendes Kapitel 6.4
6) Dieser Abschnitt ist im Auszug von Reg. S-K in Kap. 7 im Original abgedruckt

- Mittelherkunft und -verwendung
  laufende Geschäfte
  Investitionen
- Verbindlichkeiten und zugrunde liegende Verträge
- Cash Management

Wie aus dieser Aufstellung ersichtlich, beinhaltet die Erläuterung auch Prognosen. Dabei sind sowohl positive als auch mögliche negative Entwicklungen darzustellen, wenn deren Eintritt hinreichend wahrscheinlich ist. Bei der Erläuterung der Ertragslage ist insbesondere auf alle ungewöhnlichen oder seltenen Ereignisse oder Transaktionen einzugehen sowie auf alle bedeutsamen wirtschaftlichen Veränderungen, die das Ergebnis aus der vorgeführten Geschäftstätigkeit maßgeblich beeinflussen.

Ergänzend sind bedeutsame Umsatzerlöse und Aufwendungen zu erläutern, von denen das Unternehmen der Ansicht ist, dass sie zum Verständnis des Ergebnisses beitragen. Darzustellen sind ebenfalls zum Bilanzstichtag bereits bekannte Entwicklungen oder Ungewissheiten, die einen wesentlichen positiven oder nebenher negativen Einfluss auf das Jahresergebnis haben.

Soweit es durch den Jahresabschluss zu einer wesentlichen Erhöhung der Umsatzerlöse gekommen ist, ist außerdem zu erläutern, was der Grund für diese Steigerung ist: Preiserhöhung, Verkaufssteigerung oder neue Waren oder Produkte (Reg. S-K, § 229.303 [a] 3 [i]–[iii]).

Darüber hinaus sind Angaben über eventuelle off-balance-sheet arrangements zu machen (zum Beispiel Gründung einer Leasingzweckgesellschaft) sowie in tabellarischer Form die wesentlichen vertraglichen Verpflichtungen aufzuführen (Reg. S-K, § 229.303 [a] 4/5).

6.4 Angaben zum internen Kontrollsystem

Aufgrund von Section 404 (a) des Sarbanes Oxley Act[7] ist Unterpunkt 9 A ergänzend in Form 10-K aufgenommen worden. Danach ist das bilanzierende Unternehmen verpflichtet, einen jährlichen Bericht über das interne Kontrollsystem der Finanzberichterstattung vorzulegen (Reg. S-K, § 229.308).[8]

---

[7] Der Sarbanes Oxley Act steht auf der Homepage der SEC unter nachfolgender Internetadresse kostenlos zum Download zur Verfügung: http://www.sec.gov/about/laws/soa2002.pdf

[8] Dieser Abschnitt ist im Auszug von Reg. S-K in Kap. 7 im Original abgedruckt

Unter interner Kontrolle oder einem internen Kontrollsystem versteht man dabei einen Prozess, der darauf ausgerichtet ist, hinreichende Sicherheit bezüglich der Verlässlichkeit der Finanzberichterstattung, der Effektivität und Effizienz der ausgeführten Tätigkeiten und der Beachtung der anzuwendenden Gesetze und Vorschriften zu erlangen (SAS 109.41). In dem Bericht müssen daher zumindest folgende Angaben enthalten sein (Reg. S-K, § 229.308 [a]):

- eine Erklärung über die Verantwortlichkeit des Managements für die Einrichtung und Durchführung einer adäquaten internen Kontrolle der Finanzberichterstattung;
- eine Erklärung über die Entscheidung des Managements zur Festlegung der Rahmenbedingungen zur Überprüfung der Effektivität der internen Kontrollen;
- eine Beurteilung des Managements über die Effektivität der internen Kontrollen der Finanzberichterstattung für die Berichtsperiode sowie die ergänzende Feststellung, ob die internen Kontrollen effektiv sind oder nicht, wobei wesentliche Schwächen (material weaknesses) offenzulegen sind.

Dieser Bericht ist das Kernstück der Verpflichtungen und Aufgaben, welche durch Section 302 SOX dem CEO und CFO des bilanzierenden Unternehmens übertragen worden sind. Darüber hinaus haben CEO und CFO eidesstattlich zu versichern,

- dass sie den Jahresabschluss überprüft haben;
- dass dieser Abschluss nach ihrem besten Wissen keine Auslassungen oder fehlerhafte Darstellung beinhaltet;
- dass der Abschluss und alle ergänzenden Informationen ein den wirtschaftlichen Verhältnissen entsprechendes Bild des Unternehmens darstellen;
- dass die Effektivität der internen Kontrollen innerhalb von 90 Tagen bezogen auf den Bilanzstichtag überprüft worden ist;
- dass den Abschlussprüfern und dem internen Prüfungsausschuss alle wesentlichen Schwächen des internen Kontrollsystems sowie jeder Betrug eines Mitglieds der Geschäftsleitung oder eines Mitarbeiters in gehobener Position mitgeteilt worden sind;
- inwieweit wesentliche Veränderungen der internen Kontrollen nach der Überprüfung vorgenommen worden sind. [9]

---

[9] Weiss, *GAAP Guide Levels B, C, and D 2007*, S. XXV

Im Rahmen der Jahresabschlussprüfung hat der Abschlussprüfer den Bericht über das interne Kontrollsystem in der Finanzberichterstattung gesondert zu testieren. Die dem Testat zugrunde liegende Prüfung des Berichts basiert dabei – neben den Statements of Auditing Standards (SAS) 109–111 des AICPA – auf dem Prüfungsstandard No 2 des PCAOB (AS 2): An Audit of Internal Control Over Financial Reporting Performed in Conjunction with An Audit of Financial Statements.

Dies hatte zur Folge, dass sich auch das Management der betroffenen Unternehmen an diesem Prüfungsstandard orientiert hat, um einen Rahmen für die Beurteilung der Effektivität der internen Kontrollen zu bekommen. Da aber dieser Standard für Prüfer geschrieben ist, beinhaltet er zwangsläufig jeden möglicherweise zu beachtenden Punkt. Also wurden diese Punkte vom Management aus Absicherungsgründen ebenfalls umgesetzt, was zu einer überproportionalen Aufblähung der Prüfungserfordernisse führte und zum Teil heute noch führt.

Dieser Missstand hat jetzt sowohl die SEC als auch das PCAOB zum Handeln veranlasst. Das PCAOB hat eine überarbeitete Fassung des AS 2 vorgelegt, in dem eine Konzentration auf die wesentlichen Unternehmensrisiken und Schwächen des Kontrollsystems gefordert wird.[10] Der SEC war darüber hinaus die Übernahme des Prüfungsstandards durch das Management der betroffenen Unternehmen nicht recht, da nach seiner Vorstellung das Management ein eigenständiges System für die Beurteilung der Effektivität anhand unternehmensspezifischer Gegebenheiten entwickeln sollte.[11] Aus diesem Grund hat die SEC einen Fragebogen veröffentlicht, inwieweit die betroffenen Unternehmen eine zusätzliche Anleitung zur eigenständigen Beurteilung der Effektivität ihres internen Kontrollsystems benötigen.[12] Auf dieser Basis soll im ersten Halbjahr 2007 eine entsprechende Veröffentlichung (release) erfolgen.

Die derzeitige Situation hat für ein deutsches Tochterunternehmen die unausweichliche Konsequenz, dass es aufgrund der zum Teil verständlichen, zum Teil aber auch übermäßigen Vorsicht des Mutterunternehmens dessen vollständiges Kontrollsystem zu übernehmen hat. In der Praxis ist hierbei festzustellen, dass amerikanischen Unternehmen gar nicht bekannt

---

10) Der Entwurf des neuen AS 2 steht auf der Homepage des PCAOB unter nachfolgender Internetadresse kostenlos zum Download zur Verfügung: http://www.pcaobus.org/Rules/Docket_021/2006-12-19_Release_No._2006-007.pdf
11) Stellungnahme des Chairman der SEC vom 13. 12. 2006 (Dokument 2006-206)
12) Release No. 34-54122 vom 11. 07. 2006

ist, dass deutsche Unternehmen, die bereits nach nationalen Vorschriften geprüft werden, ein internes Kontrollsystem nachzuweisen haben.

Dies bedeutet im Umkehrschluss aber nicht, dass in einem solchen Fall das amerikanische Mutterunternehmen diese Vorgaben automatisch als ausreichend ansieht. Vielmehr ist es in der Regel so, dass dennoch das amerikanische Kontrollverfahren anzuwenden ist. Den einzigen Vorteil, den dann das deutsche Tochterunternehmen hat, ist der, dass die Vorgaben des Kontrollsystems nicht vollständig neu und unbekannt sind.

Erst wenn in den USA eine Anpassung der Anforderungen aufgrund des neuen AS 5 und der zu erwartenden Veröffentlichung der SEC erfolgt ist, kann eine Erleichterung auch für die Tochterunternehmen erwartet werden. Da mag es eventuell möglich sein, dass aus Kostengründen die Effektivität eines internen Kontrollsystems nach nationalen Vorschriften akzeptiert wird.

Anhang
Form 10-K

UNITED STATES
SECURITIES AND EXCHANGE COMMISSION
Washington, D.C. 20549

OMB APPROVAL	
OMB Number:	3235-0063
Expires:	April 30, 2009
Estimated average burden hours per response	2,196.00

FORM 10-K

ANNUAL REPORT PURSUANT TO SECTION 13 OR 15(d) OF
THE SECURITIES EXCHANGE ACT OF 1934

GENERAL INSTRUCTIONS

A. Rule as to Use of Form 10-K.

(1) This Form shall be used for annual reports pursuant to Section 13 or 15(d) of the Securities Exchange Act of 1934 (15 U.S.C. 78m or 78o(d)) (the "Act") for which no other form is prescribed. This Form also shall be used for transition reports filed pursuant to Section 13 or 15(d) of the Act.

(2) Annual reports on this Form shall be filed within the following period:

   (a) 60 days after the end of the fiscal year covered by the report (75 days for fiscal years ending before December 15, 2006) for large accelerated filers (as defined in 17CFR240.12b-2):

   (b) 75 days after the end of the fiscal year covered by the report for accelerated filers (as defined in 17 CFR 240. 12b-2); and

   (c) 90 days after the end of the fiscal year covered by the report for all other registrants.

(3) Transition reports on this Form shall be filed in accordance with the requirements set forth in Rule 13a-10 (17 CFR 240.1 3a- 10) or Rule 1 5d- 10 (17 CFR 240.1 5d- 10) applicable when the registrant changes its fiscal year end.

(4) Notwithstanding paragraphs (2) and (3) of this General Instruction A., all schedules required by Article 12 of Regulation S-X (17 CFR 210.12-01 - 210.12-29) may, at the option of the registrant, be filed as an amendment to the report not later than 30 days after the applicable due date of the report.

B. Application of General Rules and Regulations.

(1) The General Rules and Regulations under the Act (17 CFR 240) contain certain general requirements which are applicable to reports on any form. These general requirements should be carefully read and observed in the preparation and filing of reports on this Form.

(2) Particular attention is directed to Regulation 1 2B which contains general requirements regarding matters such as the kind and size of paper to be used, the legibility of the report, the information to be given whenever the title of securities is required to be stated, and the filing of the report. The definitions contained in Rule 1 2b-2 should be especially noted. *See also* Regulations 1 3A and 1 5D.

C. Preparation of Report.

(1) This form is not to be used as a blank form to be filled in, but only as a guide in the preparation of the report on paper meeting the requirements of Rule 12b-12. Except as provided in General Instruction G, the answers to the items shall be prepared in the manner specified in Rule 1 2b- 13.

(2) Except where information is required to be given for the fiscal year or as of a specified date, it shall be given as of the latest practicable date.

(3) Attention is directed to Rule 12b-20, which states: "In addition to the information expressly required to be included in a statement or report, there shall be added such further material information, if any, as maybe necessary to make the required

statements, inthe light ofthe circumstances underwhich they are made, not misleading."

D. Signature and Filing of Report.

(1) Three complete copies ofthe report, including financial statements, financial statement schedules, exhibits, and all other papers and documents filed as a part thereof, and five additional copies which need not include exhibits, shall be filed with the Commission. At least one complete copy of the report, including financial statements, financial statement schedules, exhibits, and all otherpapers and documents filed as apart thereof, shall be filed with each exchange on which any class of securities of the registrant is registered. At least one complete copy of the report filed with the Commission and one such copy filed with each exchange shall be manually signed. Copies not manually signed shall bear typed or printed signatures.

(2) (a) The report must be signed by the registrant, and on behalf of the registrant by its principal executive officer or officers , its principal financial officer or officers , its controller or principal accounting officer, and by at least the majority of the board of directors or persons performing similar functions. Where the registrant is a limited partnership, the report must be signed by the majority of the board of directors of any corporate general partner who signs the report.

(b) The name of each person who signs the report shall be typed or printed beneath his signature. Any person who occupies more than one of the specified positions shall indicate each capacity in which he signs the report. Attention is directed to Rule 1 2b- 11 (17 CFR 240.1 2b- 11) concerning manual signatures and signatures pursuant to powers of attorney.

(3) Registrants are requested to indicate in a transmittal letter with the Form 10-K whether the financial statements in the report reflect a change from the preceding year in any accounting principles or practices, or in the method of applying any such principles or practices.

E. Disclosure With Respect to Foreign Subsidiaries.

Information required by any item or other requirement of this form with respect to any foreign subsidiary may be omitted to the extent that the required disclosure would be detrimental to the registrant. However, financial statements and financial statement schedules, otherwise required, shall notbe omittedpursuant to this Instruction. Where information is omittedpursuant to this Instruction, a statement shall be made that such information has been omitted and the names of the subsidiaries involved shall be separately furnished to the Commission. The Commission may, in its discretion, call for justification that the required disclosure would be detrimental.

F. Information as to Employee Stock Purchase, Savings and Similar Plans.

Attention is directed to Rule 1 5d-2 1 which provides that separate annual and other reports need not be filed pursuant to Section 15(d) of the Act with respect to any employee stock purchase, savings or similar plan if the issuer of the stock or other securities offered to employees pursuant to the plan furnishes to the Commission the information and documents specified in the Rule.

G. Information to be Incorporated by Reference.

(1) Attention is directed to Rule 12b-23 which provides for the incorporation by reference of information contained in certain documents in answer or partial answer to any item of a report.

(2) The information called for by Parts I and II of this form (Items 1 through 9A or any portion there of) may, at the registrant's option, be incorporated by reference from the registrant's annual report to security holders furnished to the Commission pursuant to Rule 14a-3(b) or Rule 14c-3(a) or from the registrant's annual report to security holders, even if not furnished to the Commission pursuant to Rule 14a-3(b) or Rule 14c-3(a), provided such annual report contains the information required by Rule 14a-3.

Note 1. In order to fulfill the requirements of Part I of Form 10-K, the incorporated portion of the annual report to security holders must contain the information required by Items 1-3 of Form 10-K; to the extent applicable.

Note 2. If any information required by Part I or Part II is incorporated by reference into an electronic format document from the annual report to security holders as provided in General Instruction G, any portion of the annual report to security holders incorporated by reference shall be filed as an exhibit in electronic format, as required by Item 601(b)(13) of Regulation S-K.

(3) The information required by Part III (Items 10, 11, 12,13 and 14) may be incorporated by reference from the registrant's definitive proxy statement (filed or required to be filed pursuant to Regulation 14A) or definitive information statement (filed or to be filed pursuant to Regulation 14C) which involves the election of directors, if such definitive proxy statement or information statement is filed with the Commission not later than 120 days after the end of the fiscal year covered by the Form 10-K. However, if such definitive proxy statement or information statement is not filed with the Commission in the 120-day period or is not required to be filed with the Commission by virtue of Rule 3a12-3(b) under the Exchange Act, the Items comprising the Part III information must be filed as part of the Form 10-K, or as an amendment to the Form 10-K, not later than the end of the 120-day period. It should be noted that the information regarding executive officers required by Item 401 of Regulation S-K (§ 229.40 1 of this chapter) may be included in Part I of Form 10-K under an appropriate caption. See Instruction 3 to Item 401(b) of Regulation S-K (§ 229.401(b) of this chapter).

(4) No item numbers of captions of items need be contained in the material incorporated by reference into the report. However, the registrant's attention is directed to Rule 1 2b-23(e) (17 CFR 240.1 2b(e)) regarding the specific disclosure required in the report concerning information incorporated by reference. When the registrant combines all of the information in Parts Iand II ofthis Form (Items 1 through 9A) by incorporation by reference from the registrant's annual report to security holders and all of the information in Part III of this Form (Items 10 through 14) by incorporating by reference from a definitive proxy statement or information statement involving the election of directors, then, notwithstanding General Instruction C(1), this Form shall consist of the facing or cover page, those sections incorporated from the annual report to security holders, the proxy or information statement, and the information, if any, required by Part IV of this Form, signatures, and a cross-reference sheet setting forth the item numbers and captions in Parts I, II and III of this Form and the page and/or pages in the referenced materials where the corresponding information appears.

Integrated Reports to Security Holders.

Annual reports to security holders may be combined with the required information of Form 10-K and will be suitable for filing with the Commission if the following conditions are satisfied:

(1) The combined report contains full and complete answers to all items required by Form 10-K. When responses to a certain item of required disclosure are separated within the combined report, an appropriate cross-reference should be made. If the information required by Part III of Form 10-K is omitted by virtue of General Instruction G, a definitive proxy or information statement shall be filed.

(2) The cover page and the required signatures are included. As appropriate, a cross-reference sheet should be filed indicating the location of information required by the items of the Form.

(3) If an electronic filer files any portion of an annual report to security holders in combination with the required information of Form 10-K, as provided in this instruction, only such portions filed in satisfaction of the Form 10-K requirements shall be filed in electronic format.

Omission of Information by Certain Wholly-Owned Subsidiaries.

If, on the date of the filing of its report on Form 10-K, the registrant meets the conditions specified in paragraph (1) below, then such registrant may furnish the abbreviated narrative disclosure specified in paragraph (2) below.

(1) Conditions for availability of the relief specified in paragraph (2) below.

    (a) All ofthe registrant's equity securities are owned, either directly or indirectly, by a single person which is a reporting company under the Act and which has filed all the material required to be filed pursuant to section 13, 14, or 15(d) thereof, as applicable, and which is named in conjunction with the registrant's description of its business;

    (b) During the preceding thirty-six calendar months and any subsequent period of days, there has not been any material default in the payment of principal, interest, a sinking or purchase fund installment, or any other material default not cured within thirty days, with respect to anyindebtedness ofthe registrant orits subsidiaries, and there has notbeen any material default inthepayment ofrentals undermaterial long-term leases;

    (c) There is prominently set forth, on the cover page of the Form 10-K, a statement that the registrant meets the conditions set forth in General Instruction (I)(1)(a) and (b) of Form 10-K and is therefore filing this Form with the reduced disclosure format; and

(d) The registrant is not an asset-backed issuer, as defined in Item 1101 of Regulation AB (17 CFR 229.1101).

(2) Registrants meeting the conditions specified in paragraph (1) above are entitled to the following relief:

(a) Such registrants may omit the information called for by Item 6, Selected Financial Data, and Item 7, Management's Discussion and Analysis of Financial Condition and Results of Operations provided that the registrant includes in the Form 10-K a management's narrative analysis of the results of operations explaining the reasons for material changes in the amount of revenue and expense items between the most recent fiscal year presented and the fiscal year immediately preceding it. Explanations of material changes should include, but not be limited to, changes in the various elements which determine revenue and expense levels such as unit sales volume, prices charged and paid, production levels, production cost variances, labor costs and discretionary spending programs. In addition, the analysis should include an explanation of the effect of any changes in accounting principles and practices or method of application that have a material effect on net income as reported

(b) Such registrants may omit the list of subsidiaries exhibit required by Item 601 of Regulation S-K (§ 229.601 of this chapter).

(c) Such registrants may omit the information called for by the following otherwise required Items: Item 4, Submission of Matters to a Vote of Security Holders; Item 10, Directors and Executive Officers of the Registrant; Item 11, Executive Compensation; Item 12, Security Ownership of Certain Beneficial Owners and Management; and Item 13, Certain Relationships and Related Transactions.

(d) In response to Item l, Business, such registrant only need furnish a brief description of the business done by the registrant and its subsidiaries during the most recent fiscal year which will, in the opinion of management, indicate the general nature and scope of the business of the registrant and its subsidiaries, and in response to Item 2, Properties, such registrant only need furnish a brief description of the material properties of the registrant and its subsidiaries to the extent, in the opinion of the management, necessary to an understanding of the business done by the registrant and its subsidiaries.

J. Use of this Form by Asset-Backed Issuers.

The following applies to registrants that are asset-backed issuers. Terms used in this General Instruction J. have the same meaning as in Item 1101 of Regulation AB (17 CFR 229.1 101).

(1) *Items that May be Omitted.* Such registrants may omit the information called for by the following otherwise required Items:

(a) Item 1, Business;
(b) Item 1A. Risk Factors;
(c) Item 2, Properties;
(d) Item 3, Legal Proceedings;
(e) Item 4, Submission of Matters to a Vote of Security Holders;
(f) Item 5, Market for Registrant's Common Equity and Related Stockholder Matters;
(g) Item 6, Selected Financial Data;
(h) Item 7, Management's Discussion and Analysis of Financial Condition and Results of Operations;
(i) Item 7A, Quantitative and Qualitative Disclosures About Market Risk;
(j) Item 8, Financial Statements and Supplementary Data;
(k) Item 9, Changes in and Disagreements With Accountants on Accounting and Financial Disclosure;
(l) Item 9A, Controls and Procedures;
(m) If the issuing entity does not have any executive officers or directors, Item 10, Directors and Executive Officers of the Registrant, Item 11, Executive Compensation, Item 12, Security Ownership of Certain Beneficial Owners and Management, and Item 13, Certain Relationships and Related Transactions; and
(n) Item 14, Principal Accountant Fees and Services.

(2) *Substitute Information to be Included.* In addition to the Items that are otherwise required by this Form, the registrant must furnish in the Form 10-K the following information:

(a) Immediately after the name of the issuing entity on the cover page of the Form 10-K, as separate line items, the exact name of the depositor as specified in its charter and the exact name of the sponsor as specified in its charter.
   (b) Item 1112(b) of Regulation AB;
   (c) Items 1114(b)(2) and 1115(b) of Regulation AB;
   (d) Item 1117 of Regulation AB;
   (e) Item 1119 of Regulation AB;
   (f) Item 1122 of Regulation AB; and
(g) Item 1123 of Regulation AB.

(3) *Signatures.*

The Form 10-K must be signed either:

(a) On behalf of the depositor by the senior officer in charge of securitization of the depositor; or

(b) On behalf of the issuing entity by the senior officer in charge of the servicing function of the servicer. If multiple servicers are involved in servicing the pool assets, the senior officer in charge of the servicing function of the master servicer (or entity performing the equivalent function) must sign if a representative of the servicer is to sign the report on behalf of the issuing entity.

OMB APPROVAL	
OMB Number:	3235-0063
Expires:	April 30, 2009
Estimated average burden hours per response	. . 2,196.00

**UNITED STATES
SECURITIES AND EXCHANGE COMMISSION
Washington, D.C. 20549**

(Mark One)

FORM 10-K

[ ] **ANNUAL REPORT PURSUANT TO SECTION 13 OR 15(d) OF THE SECURITIES EXCHANGE ACT OF 1934**

For the fiscal year ended _____

or

[ ] **TRANSITION REPORT PURSUANT TO SECTION 13 OR 15(d) OF THE SECURITIES EXCHANGE ACT OF 1934**

For the transition period from _____ to _____

Commission file number _____

_____
(Exact name of registrant as specified in its charter)

_____	_____
State or other jurisdiction of incorporation or organization	(I.R.S. Employer Identification No.)

_____
(Address of principal executive offices)   (Zip Code)

Registrant's telephone number, including area code _____

Securities registered pursuant to Section 12(b) of the Act:

_____	_____
Title of each class	Name of each exchange on which registered

_____
Securities registered pursuant to section 12(g) of the Act:

_____
(Title of class)

_____
(Title of class)

Indicate by check mark if the registrant is a well-known seasoned issuer, as defined in Rule 405 of the Securities Act. ☐ Yes ☐ No

Indicate by check mark if the registrant is not required to file reports pursuant to Section 13 or Section 15(d) of the Act. ☐ Yes ☐ No

Note – Checking the box above will not relieve any registrant required to file reports pursuant to Section 13 or 15(d) of the Exchange Act from their obligations under those Sections.

> Persons who respond to the collection of information contained in this form are not required to respond unless the form displays a currently valid OMB control number.

SEC 1673(05-06)

Indicate by check mark whether the registrant (1) has filed all reports required to be filed by Section 13 or 15(d) of the Securities Exchange Act of 1934 during the preceding 12months(or for such shorter period that the registrant was required to file such reports),and (2) has been subject to such filing requirements for the past 90 days.   Yes   No

Indicate by check mark if disclosure of delinquent filers pursuant to Item405 of Regulation S-K (§229.405 of this chapter) is not contained herein, and will not be contained ,to the best of registrant's knowledge, indefinitive proxy or information statements incorporated by reference in Part III of this Form 10-K or any ☐ amendment to this Form 10-K.

Indicate by check mark whether the registrant is a large accelerated filer, an accelerated filer, or a non-accelerated filer. See definition of "accelerated filer and large accelerated filer" in Rule 12b-2 of the Exchange Act. (Check one):

Large accelerated filer   Accelerated filer   Non-accelerated filer ☐

Indicate by check mark whether the registrant is a shell company (as defined in Rule 12b-2 of the Act). Yes ☐   ☐ No

State the aggregate market value of the voting and non-voting common equity held by non-affiliates computed by reference to the price at which the common equity was last sold, or the average bid and asked price of such common equity, as of the last business day of the registrant's most recently completed second fiscal quarter.

Note.—If a determination as to whether a particular person or entity is an affiliate cannot be made without involving unreasonable effort and expense, the aggregate market value of the common stock held by non-affiliates may be calculated on the basis of assumptions reasonable under the circumstances, provided that the assumptions are set forth in this Form.

APPLICABLE ONLY TO REGISTRANTS INVOLVED IN BANKRUPTCY PROCEEDINGS DURING THE PRECEDING FIVE YEARS:

Indicate by check mark whether the registrant has filed all documents and reports required to be filed by Section 12, 13 or 15(d) of the Securities Exchange Act of 1934 subsequent to the distribution of securities under a plan confirmed by a court.
☐ Yes ☐ No

(APPLICABLE ONLY TO CORPORATE REGISTRANTS)

Indicate the number of shares outstanding of each of the registrant's classes of common stock, as of the latest practicable date.

DOCUMENTS INCORPORATED BY REFERENCE

List hereunder the following documents if incorporated by reference and the Part of the Form 10-K (e.g., Part I, Part II, etc.) into which the document is incorporated: (1) Any annual report to security holders; (2) Any proxy or information statement; and (3) Any prospectus filed pursuant to Rule 424(b) or (c) under the Securities Act of 1933. The listed documents should be clearly described for identification purposes (e.g., annual report to security holders for fiscal year ended December 24, 1980).

PART I

[See General Instruction G(2)]

Item 1. Business.

Furnish the information required by Item 101 of Regulation S-K(§229.101 of this chapter) except that the discussion of the development of the registrant's business need only include developments since the beginning of the fiscal year for which this report is filed.

Item 1A. Risk Factors.

Set forth, under the caption "Risk Factors," where appropriate, the risk factors described in Item 503(c) of Regulation S-K (§229.503(c) of this chapter) applicable to the registrant. Provide any discussion of risk factors in plain English in accordance with Rule 421(d) of the Securities Act of 1933 (§230.421 (d) of this chapter).

Item 1B. Unresolved Staff Comments.

If the registrant is an accelerated filer or a large accelerated filer, as defined in Rule 12b-2 of the Exchange Act (§240. 12b-2 of this chapter), or is a well-known seasoned issuer as defined in Rule 405 of the Securities Act (§230.405 of this chapter) and has received written comments from the Commission staff regarding its periodic or current reports under the Act not less than 180 days before the end of its fiscal year to which the annual report relates, and such comments remain unresolved, disclose the substance of any such unresolved comments that the registrant believes are material. Such disclosure may provide other information including the position of the registrant with respect to any such comment.

Item 2. Properties.

Furnish the information required by Item 102 of Regulation S-K(§229.102 of this chapter).

Item 3. Legal Proceedings.

(a) Furnish the information required by Item 103 of Regulation S-K(§229.103 of this chapter).

(b) As to any proceeding that was terminated during the fourth quarter of the fiscal year covered by this report, furnish information similar to that required by Item 103 of Regulation S-K(§229.103 of this chapter), including the date of termination and a description of the disposition thereof with respect to the registrant and its subsidiaries.

Item 4. Submission of Matters to a Vote of Security Holders.

If any matter was submitted during the fourth quarter of the fiscal year covered by this report to a vote of security holders, through the solicitation of proxies or otherwise, furnish the following information:

(a) The date of the meeting and whether it was an annual or special meeting.

(b) If the meeting involved the election of directors, the name of each director elected at the meeting and the name of each other director whose term of office as a director continued after the meeting.

(c) A brief description of each other matter voted upon at the meeting and state the number of votes cast for, against or withheld, as well as the number of abstentions and broker non-votes as to each such matter, including a separate tabulation with respect to each nominee for office.

(d) A description of the terms of any settlement between the registrant and any other participant (as defined in Rule 14a-11 (17 CFR 240. 14a-11) of Regulation 14A under the Act) terminating any solicitation subject to Rule 14a-11, including the cost or anticipated cost to the registrant.

Instructions:

1. If any matter has been submitted to a vote of security holders otherwise than at a meeting of such security holders, corresponding information with respect to such submission shall be furnished. The solicitation of any authorization or consent (other than a proxy to vote at a stockholders' meeting) with respect to any matter shall be deemed a submission of such matter to a vote of security holders within the meaning of this item.

2. Paragraph (a) need be answered only if paragraph (b) or (c) is required to be answered.

3. Paragraph (b) need not be answered if (i) proxies for the meeting were solicited pursuant to Regulation 14A under the Act, (ii) there was no solicitation in opposition to the management's nominees as listed in the proxy statement, and (iii) all of such nominees were elected. If the registrant did not solicit proxies and the board of directors as previously reported to the Commission was re-elected in its entirety, a statement to that effect in answer to paragraph (b) will suffice as an answer thereto.

4. Paragraph (c) must be answered for all matters voted upon at the meeting, including both contested and uncontested elections of directors.

5. If the registrant has furnished to its security holders proxy soliciting material containing the information called for by paragraph (d), the paragraph may be answered by reference to the information contained in such material.

6. If the registrant has published a report containing all the information called for by this item, the item may be answered by reference to the information contained in such report.

PART II

[(See General Instruction G(2)]

Item 5. Market for Registrant's Common Equity, Related Stockholder Matters and Issuer Purchases of Equity Securities.

(a) Furnish the information required by Item 201 of Regulation S-K (17 CFR 229.201) and Item 701 of Regulation S-K (17 CFR 229.701) as to all equity securities of the registrant sold by the registrant during the period covered by the report that were not registered under the Securities Act. If the Item 701 information previously has been included in a Quarterly Report on Form 10-Q or 10-QSB (17 CFR 249.308a or 249.308b), or in a Current Report on Form 8-K (17 CFR 249.3 08), it need not be furnished.

(b) If required pursuant to Rule 463 (17 CFR 230.463) of the Securities Act of 1933, furnish the information required by Item 701(f) of Regulation S-K (§229.701(f) of this chapter).

(c) Furnish the information required by Item 703 of Regulation S-K (§229.703 of this chapter) for any repurchase made in a month within the fourth quarter of the fiscal year covered by the report. Provide disclosures covering repurchases made on a monthly basis. For example, if the fourth quarter began on January 16 and ended on April 15, the chart would show repurchases for the months from January 16 through February 15, February 16 through March 15, and March 16 through April 15.

Item 6. Selected Financial Data.

Furnish the information required by Item 301 of Regulation S-K (§ 229.301 of this chapter).

Item 7. Management's Discussion and Analysis of Financial Condition and Results of Operation.

Furnish the information required by Item 303 of Regulation S-K (§ 229.303 of this chapter).

Item 7A. Quantitative and Qualitative Disclosures About Market Risk.

Furnish the information required by Item 305 of Regulation S-K (§ 229.305 of this chapter).

Item 8. Financial Statements and Supplementary Data.

Furnish financial statements meeting the requirements of Regulation S-X (§ 210 of this chapter), except § 210.3-05 and Article 11 thereof, and the supplementary financial information required by Item 302 of Regulation S-K (§ 229.302 of this chapter). Financial statements of the registrant and its subsidiaries consolidated (as required by Rule 14a-3(b)) shall be filed under this item. Other financial statements and schedules required under Regulation S-X may be filed as "Financial Statement Schedules" pursuant to Item 15, Exhibits, Financial Statement Schedules, and Reports on Form 8-K, of this form.

Notwithstanding the above, if the issuer is subject to the reporting provisions of Section 15(d) and such obligation results solely from the issuer having filed a registration statement on Form S-18 which became effective under the Securities Act of 1933 during the last fiscal year, or such obligation applies as to the first or second fiscal year after the registration statement on Form S-18 became effective solely because the issuer had on the first day of the pertinent fiscal year 300 or more record holders of any of its securities to which the Form S-18 related, audited financial statements for the issuer, or for the issuer and its predecessors, may be presented as provided below. The report of the independent accountant shall in all events comply with the requirements of Article 2 of Regulation S-X.

(a) A Form 10-K filed for the fiscal year during which the registrant had a registration statement on Form S-18 become effective may include the following financial statements prepared in accordance with generally accepted accounting principles:

(1) A balance sheet as of the end of each of the two most recent fiscal years; and

(2) Consolidated statements of income, statements of cash flows, and statements of other stockholders' equity for each of the two fiscal years preceding the date of the most recent audited balance sheet being filed.

(b) A Form 10-K filed for the first fiscal year after the registrant had a registration statement on Form S-18 become effective may include financial statements prepared as follows:

(1) Financial statements for the most recent fiscal year prepared in accordance with Regulation S-X, Form and Content of and Requirements for Financial Statements; and

(2) Financial statements previously disclosed in accordance with paragraph (a) for the prior year. These statements do not need to include the compliance items and schedules of Regulation S-X, but should be recast to show the same line items as are set forth for the most recent fiscal year.

(c) A Form 10-K filed for the second fiscal year after the registrant had a registration statement on Form S-18 become effective may include financial statements for the two most recent fiscal years prepared in accordance with Regulation S-X (17 CFR 210).

Item 9. Changes in and Disagreements With Accountants on Accounting and Financial Disclosure.

Furnish the information required by Item 304(b) of Regulation S-K (§ 229.304(b) of this chapter).

Item 9A. Controls and Procedures.

Furnish the information required by Item 307 and 308 of Regulation S-K (§229.307 and §229.308 of this chapter).

Item 9B. Other Information.

The registrant must disclose under this item any information required to be disclosed in a report on Form 8-K during the fourth quarter of the year covered by this Form 10-K, but not reported, whether or not otherwise required by this Form 10-K. If disclosure of such information is made under this item, it need not be repeated in a report on Form 8-K which would otherwise be required to be filed with respect to such information or in a subsequent report on Form 10-K.

PART III

[See General Instruction G(3)]

Item 10. Directors and Executive Officers of the Registrant.

Furnish the information required by Items 401, 405 and 406 of Regulation S-K (§ 229.401, § 229.405 and § 229.406 of this chapter).

Instruction

Checking the box provided on the cover page of this Form to indicate that Item 405 disclosure of delinquent Form 3, 4, or 5 filers is not contained herein is intended to facilitate Form processing and review. Failure to provide such indication will not create liability for violation of the federal securities laws. The space should be checked only if there is no disclosure in this Form of reporting person delinquencies in response to Item 405 and the registrant, at the time of filing the Form 10-K, has reviewed the information necessary to ascertain, and has determined that, Item 405 disclosure is not expected to be contained in Part III of the Form 10-K or incorporated by reference.

Item 11. Executive Compensation.

Furnish the information required by Item 402 of Regulation S-K (§ 229.402 of this chapter).

Item 12. Security Ownership of Certain Beneficial Owners and Management and Related Stockholder Matters.

Furnish the information required by Item 201(d) ofRegulation S-K(§229.201(d) of this chapter) and Item 403 ofRegulation S-K (§ 229.403 of this chapter).

Item 13. Certain Relationships and Related Transactions.

Furnish the information required by Item 404 of Regulation S-K (§ 229.404 of this chapter).

Item 14. Principal Accounting Fees and Services.

Furnish the information required by Item 9(e) of Schedule 14A (§240. 14a- 101 of this chapter).

(1) Disclose, under the caption Audit Fees, the aggregate fees billed for each of the last two fiscal years for professional services rendered by the principal accountant for the audit of the registrant's annual financial statements and review of financial statements included in the registrant's Form 10-Q (17 CFR 249.308a) or 1 0-QSB (17 CFR 249.308b) or services that are normally provided by the accountant in connection with statutory and regulatory filings or engagements for those fiscal years.

(2) Disclose, under the caption Audit-Related Fees, the aggregate fees billed in each ofthe last two fiscal years for assurance and related services by the principal accountant that are reasonably related to the performance of the audit or review oftheregistrant'sfinancialstatementsandarenotreportedunderItem9(e)(1)ofSchedule 14A. Registrants shall describethenature ofthe services comprising the fees disclosed under this category.

(3) Disclose, under the caption Tax Fees, the aggregate fees billed in each of the last two fiscal years for professional services rendered by the principal accountant for tax compliance, tax advice, and tax planning. Registrants shall describe the nature of the services comprising the fees disclosed under this category.

(4) Disclose, under the caption All Other Fees, the aggregate fees billed in each of the last two fiscal years for products and services provided by the principal accountant, other than the services reported in Items 9(e)(1) through 9(e)(3) of Schedule 14A. Registrants shall describe the nature of the services comprising the fees disclosed under this category.

(5) (i) Disclose the audit committee's pre-approval policies and procedures described in paragraph (c)(7)(i) of Rule 2-01 of Regulation S-X.

(ii) Disclose the percentage of services described in each of Items 9(e)(2) through 9(e)(4) of Schedule 14A that were ap proved by the audit committee pursuant to paragraph (c)(7)(i)(C) of Rule 2-01 of Regulation S-X.

(6) If greater than 50 percent, disclose the percentage of hours expended on the principal accountant's engagement to audit the registrant's financial statements for the most recent fiscal year that were attributed to work performed by persons other than the principal accountant's full-time, permanent employees.

PART IV

Item 15. Exhibits, Financial Statement Schedules.

(a) List the following documents filed as a part of the report:

(1) All financial statements;

(2) Those financial statement schedules required to be filedby Item 8 ofthis form, andbyparagraph(b)below.

(3) Those exhibits required by Item 601 of Regulation S-K (§229.601 of this chapter) and by paragraph (b) below. Identify in the list each management contract or compensatory plan or arrangement required to be filed as an exhibit to this form pursuant to Item 15(b) of this report.

(b) Registrants shall file, as exhibits to this form, the exhibits required by Item 601 of Regulation S-K (§ 229.601 of this chapter).

(c) Registrants shall file, as financial statement schedules to this form, the financial statements required by Regulation S-X (17 CFR 210) which are excluded from the annual report to shareholders by Rule 14a-3(b) including (1) separate financial statements of subsidiaries not consolidated and fifty percent or less owned persons; (2) separate financial statements of affiliates whose securities are pledged as collateral; and (3) schedules.

SIGNATURES

[See General Instruction D]

Pursuant to the requirements of Section 13 or 15(d) of the Securities Exchange Act of 1934, the registrant has duly caused this report to be signed on its behalf by the undersigned, thereunto duly authorized.

(Registrant) _____

By (Signature and Title)* _____

Date_____

Pursuant to the requirements of the Securities Exchange Act of 1934, this report has been signed below by the following persons on behalf of the registrant and in the capacities and on the dates indicated.

By (Signature and Title)* _____

Date_____

By (Signature and Title)* _____

Date_____

Supplemental Information to be Furnished With Reports Filed Pursuant to Section 15(d) of the Act by Registrants Which Have Not Registered Securities Pursuant to Section 12 of the Act

(a) Except to the extent that the materials enumerated in (1) and/or (2) below are specifically incorporated into this Form by reference (in which case *see* Rule 12b-23(d)), every registrant which files an annual report on this Form pursuant to Section 15(d) of the Act shall furnish to the Commission for its information, at the time of filing its report on this Form, four copies of the following:

(1) Any annual report to security holders covering the registrant's last fiscal year; and

(2) Every proxy statement, form of proxy or other proxy soliciting material sent to more than ten of the registrant's security holders with respect to any annual or other meeting of security holders.

(b) The foregoing material shall not be deemed to be "filed" with the Commission or otherwise subject to the liabilities of Section 18 of the Act, except to the extent that the registrant specifically incorporates it in its annual report on this Form by reference.

(c) If no such annual report or proxy material has been sent to security holders, a statement to that effect shall be included under this caption. If such report or proxy material is to be furnished to security holders subsequent to the filing of the annual report of this Form, the registrant shall so state under this caption and shall furnish copies of such material to the Commission when it is sent to security holders.

Regulations-K

UNITED STATES
SECURITIES AND EXCHANGE COMMISSION
Washington, D.C. 20549

REGULATIONS-K
TABLE OF CONTENTS

OMB APPROVAL	
OMB Number:	3235-0071
Expires:	April 30, 2009
Estimated average burden hours per response...... 1.0	

17 CFR	Subject	Page

Subpart 229.1 — General
229.10   General 3

Subpart 229.100 — Business
229.101   (Item 101) Description of Business 7
229.102   (Item 102) Description of Property 11
229.103   (Item 103) Legal Proceedings 11

Subpart 229.200 — Securities of the Registrant
229.201   (Item 201) Market Price of and Dividends on the Registrant's Common Equity and Related Stockholder matters 12
229.202   (Item 202) Description of Registrant's Securities 12

Subpart 229.300 — Financial Information
229.301   (Item 301) Selected Financial Data 16
229:302   (Item 302) Supplementary Financial Information 17
229.303   (Item 303) Management's Discussion and Analysis of Financial Condition and Results of Operations 19
229.304   (Item 304) Changes in and Disagreements with Accountants on Accounting and Financial Disclosure 24
229.305   (Item 305) Quantitative and Qualitative Disclosures About Market Risk 26
229.306   (Item 306) **Removed and Reserved** 36
229.307   (Item 307) Disclosure Controls and Procedures 37
229.308   (Item 308) Internal Control over Financial Reporting 37

Subpart 2 29.400 — Management and Certain Security Holders
229.401   (Item 401) Directors, Executive Officers, Promoters and Control Persons 37
229.402   (Item 402) Executive Compensation 42
229.403   (Item 403) Security Ownership of Certain Beneficial Owners and Management 55
229.404   (Item 404) Certain Relationships and Related Transactions 56
229.405   (Item 405) Compliance With Section 16(a) of the Exchange Act 59
229.406   (Item 406) Code of Ethics 60

Subpart 229.500 — Registration Statement and Prospectus Provisions
229.501   (Item 501) Forepart of Registration Statement and Outside Front Cover Page of Prospectus 61
229.502   (Item 502) Inside Front and Outside Back Cover Pages of Prospectus 63
229.503   (Item 503) Summary Information, Risk Factors and Ratio of Earnings to Fixed Charges 63
229.504   (Item 504) Use of Proceeds 64
229.505   (Item 505) Determination of Offering Price 65
229.506   (Item 506) Dilution 65
229.507   (Item 507) Selling Security Holders 65
229.508   (Item 508) Plan of Distribution 66
229.509   (Item 509) Interests of Named Experts and Counsel 68
229.510   (Item 510) Disclosure of Commission Position on Indemnification for Securities Act Liabilities 68
229.511   (Item 511) Other Expenses of Issuance and Distribution 68
229.512   (Item 512) Undertakings 69

Subpart 2 29.600 — Exhibits
229.601   (Item 601) Exhibits 72

Subpart 229.700 — Miscellaneous
229.701   (Item 701) Recent Sales of Unregistered Securities; Use of Proceeds from Registered Securities 82
229.702   (Item 702) Indemnification of Directors and Officers 83
229.703   (Item 703) Purchases of equity securities by the issuer and affiliated purchasers 83

Subpart 22 9.800 — List of Industry Guides
229.801   Securities Act Industry Guides 85
229.802   Exchange Act Industry Guides 85

Subpart 229.900 — Roll-up Transactions

229.901	(Item 901) Definitions	85
229.902	(Item 902) Individual Partnership Supplements	87
229.903	(Item 903) Summary	88
229.904	(Item 904) Risk Factors and Other Considerations	88
229.905	(Item 905) Comparative Information	89
229.906	(Item 906) Allocation of Roll-up Consideration	90
229.907	(Item 907) Background of the Roll-up Transaction	91
229.908	(Item 908) Reasons For and Alternatives to the Roll-up Transaction	91
229.909	(Item 909) Conflicts of Interest	91
229.910	(Item 910) Fairness of the Transaction	92
229.911	(Item 911) Reports, Opinions and Appraisals	93
229.912	(Item 912) Source and Amount of Funds and Transactional Expenses	95
229.913	(Item 913) Other Provisions of the Transaction	95
229.914	(Item 914) Pro Forma Financial Statements; Selected Financial Data	96
229.915	(Item 915) Federal Income Tax Consequences	96

Subpart 229.1100 – Asset-Backed Securities (Regulation AB)

229.1100 (Item 1100) General	97
229.1101 (Item 1101) Definitions	
229.1102 (Item 1102) Forepart of registration statement and outside cover page of the prospectus	103
229.1103 (Item 1103) Transaction summary and risk factors	104
229.1104 (Item 1104) Sponsors	105
229.1105 (Item 1105) Static pool information	105
229.1106 (Item 1106) Depositors	107
229.1107 (Item 1107) Issuing entities	107
229.1108 (Item 1108) Servicers	108
229.1109 (Item 1109) Trustees	109
229.1110 (Item 1110) Originators	110
229.1111 (Item 1111) Pool assets	110
229.1112 (Item 1112) Significant obligors of pool assets	113
229.1113 (Item 1113) Structure of the transaction	114
229.1114 (Item 1114) Credit enhancement and other support, except for certain derivatives instruments	116
229.1115 (Item 1115) Certain derivatives instruments	118
229.1116 (Item 1116) Tax matters	118
229.1117 (Item 1117) Legal proceedings	119
229.1118 (Item 1118) Reports and additional information	119
229.1119 (Item 1119) Affiliations and certain relationships and related transactions	119
229.1120 (Item 1120) Ratings	120
229.1121 (Item 1121) Distribution and pool performance information	120
229.1122 (Item 1122) Compliance with applicable servicing criteria	121
229.1123 (Item 1123) Servicer compliance statement	124

REGULATIONS-K

PART 229—STANDARD INSTRUCTIONS FORFILINGFORMS UNDER SECURITIES ACT OF 1933, SECURITIES EXCHANGE ACT OF 1934 AND ENERGY POLICY AND CONSERVATION ACT OF 1975— REGULATIONS-K

Subpart 229.3 00 — Financial Information

Selected Financial Data

Reg. §229.301. Item 301. Furnish in comparative columnar form the selected financial data for the registrant referred to below, for

(a) Each of the last five fiscal years of the registrant (or for the life of the registrant and its predecessors, if less), and

(b) Any additional fiscal years necessary to keep the information from being misleading.

Instructions to Item 301.

1. The purpose of the selected financial data shall be to supply in a convenient and readable format selected financial data which highlight certain significant trends in the registrant's financial condition and results of operations.

2. Subject to appropriate variation to conform to the nature of the registrant's business, the following items shall be included in the table of financial data; net sales or operating revenues; income (loss) from continuing operations; income (loss) from continuing operations per common share; total assets; long-term obligations and redeemable preferred stock (including long-term debt, capital leases, and redeemable preferred stock as defined in §210.5-02.28(a) of Regulation S-X [17 CFR 210]; and cash dividends declared per common share. Registrants may include additional items which they believe would enhance an understanding of and would highlight other trends in their financial condition and results of operations.

Briefly describe, or cross-reference to a discussion thereof, factors such as accounting changes, business combinations or dispositions of business operations, that materially affect the comparability of the information reflected in selected financial data. Discussion of, or reference to, any material uncertainties should also be included where such matters might cause the data reflected herein not to be indicative of the registrant's future financial condition or results of operations.

3. All references to the registrant in the table of selected financial data and in this Item shall mean the registrant and its subsidiaries consolidated.

4. If interim period financial statements are included, or are required to be included by Article 3 of Regulation S-X, registrants should consider whether any or all of the selected financial data need to be updated for such interim periods to reflect a material change in the trends indicated; where such updating information is necessary, registrants shall provide the information on a comparative basis unless not necessary to an understanding of such updating information.

5. A foreign private issuer shall disclose also the following information in all filings containing financial statements:

    A. In the forepart of the document and as of the latest practicable date, the exchange rate into U.S. currency of the foreign currency in which the financial statements are denominated;

    B. A history of exchange rates for the five most recent years and any subsequent interim period for which financial statements are presented setting forth the rates for period end, the average rates, and the range of high and low rates for each year, and

    C. If equity securities are being registered, a five year summary of dividends per share stated in both the currency in which the financial statements are denominated and United States currency based on the exchange rates at each respective payment date.

6. A foreign private issuer shall present the selected financial data in the same currency as its financial statements. The issuer may present the selected financial data on the basis of the accounting principles used in its primary financial statements but in such case shall present this data also on the basis of any reconciliations of such data to United States generally accepted accounting principles and Regulation S-X made pursuant to Rule 4-01 of Regulation S-X (§2 10.4-01 of this chapter).

7. For purposes of this rule, the rate of exchange means the noon buying rate in New York City for cable transfers in foreign currencies as certified for customs purposes by the Federal Reserve Bank of New York. The average rate means the average of the exchange rates on the last day of each month during a year.

Management's Discussion and Analysis of Financial Condition and Results of Operations

Reg. §229.303. Item 303.

(a) *Full fiscal years.* Discuss registrant's financial condition, changes in financial condition and results of operations. The discussion shall provide information as specified in paragraphs (a)(1) through (5)of this Item and also shall provide such other information that the registrant believes to be necessary to an understanding of its financial condition, changes in financial condition and results of operations. Discussions of liquidity and capital resources may be combined whenever the two topics are interrelated. Where in the registrant's judgment a discussion of segment information or of other subdivisions of the registrant's business would be appropriate to an understanding of such business, the discussion shall focus on each relevant, reportable segment or other subdivision of the business and on the registrant as a whole.

(1) *Liquidity.* Identify any known trends or any known demands, commitments, events or uncertainties that will result in or that are reasonably likely to result in the registrant's liquidity increasing or decreasing in any material way. If a material deficiency is identified, indicate the course of action that the registrant has taken or proposes to take to remedy the deficiency. Also identify and separately describe internal and external sources of liquidity, and briefly discuss any material unused sources of liquid assets.

(2) *Capital resources.*

(i) Describe the registrant's material commitments for capital expenditures as of the end of the latest fiscal period, and indicate the general purpose of such commitments and the anticipated source of funds needed to fulfill such commitments.

(ii) Describe any known material trends, favorable or unfavorable, in the registrant's capital resources. Indicate any expected material changes in the mix and relative cost of such resources. The discussion shall consider changes between equity, debt and any off-balance sheet financing arrangements.

(3) *Results of operations.*

(i) Describe any unusual or infrequent events or transactions or any significant economic changes that materially affected the amount of reported income from continuing operations and, in each case, indicate the extent to which income was so affected. In addition, describe any other significant components of revenues or expenses that, in the registrant's judgment, should be described in order to understand the registrant's results of operations.

(ii) Describe any known trends or uncertainties that have had or that the registrant reasonably expects will have a material favorable or unfavorable impact on net sales or revenues or income from continuing operations. If the registrant knows of events that will cause a material change in the relationship between costs and revenues (such as known future increases in costs of labor or materials or price increases or inventory adjustments), the change in the relationship shall be disclosed.

(iii) To the extent that the financial statements disclose material increases in net sales or revenues, provide a narrative discussion of the extent to which such increases are attributable to increases in prices or to increases in the volume or amount of goods or services being sold or to the introduction of new products or services.

(iv) For the three most recent fiscal years of the registrant, or for those fiscal years in which the registrant has been engaged in business, whichever period is shortest, discuss the impact of inflation and changing prices on the registrant's net sales and revenues and on income from continuing operations.

(4) Off-balance sheet arrangements.

(i) In a separately-captioned section, discuss the registrant's off-balance sheet arrangements that have or are reasonably likely to have a current or future effect on the registrant's financial condition, changes in financial condition, revenues or expenses, results of operations, liquidity, capital expenditures or capital resources that is material to investors. The disclosure shall include the items specified in paragraphs (a)(4)(i)(A), (B), (C) and (D) of this Item to the extent necessary to an understanding of such arrangements and effect and shall also include such other information that the registrant believes is necessary for such an understanding.

(A) The nature and business purpose to the registrant of such off-balance sheet arrangements;

(B) The importance to the registrant of such off-balance sheet arrangements in respect of its liquidity, capital re sources, market risk support, credit risk support or other benefits;

(C) The amounts of revenues, expenses and cash flows of the registrant arising from such arrangements; the nature and amounts of any interests retained, securities issued and other indebtedness incurred by the registrant in connection with such arrangements; and the nature and amounts of any other obligations or liabilities (including contingent obligations or liabilities) of the registrant arising from such arrangements that are or are reasonably likely to become material and the triggering events or circumstances that could cause them to arise; and

(D) Any known event, demand, commitment, trend or uncertainty that will result in or is reasonably likely to result in the termination, or material reduction in availability to the registrant, of its off-balance sheet arrangements that provide material benefits to it, and the course of action that the registrant has taken or proposes to take in response to any such circumstances.

(ii) As used in this paragraph (a)(4), the term off-balance sheet arrangement means any transaction, agreement or other contractual arrangement to which an entity unconsolidated with the registrant is a party, under which the registrant has:

(A) Any obligation under a guarantee contract that has any of the characteristics identified in paragraph 3 of FASB Interpretation No. 45, Guarantor's Accounting and Disclosure Requirements for Guarantees, Including Indirect Guarantees of Indebtedness of Others (November 2002) ("FIN 45"), as may be modified or supplemented, and that is not excluded from the initial recognition and measurement provisions of FIN 45 pursuant to paragraphs 6 or 7 of that Interpretation;

(B) A retained or contingent interest in assets transferred to an unconsolidated entity or similar arrangement that serves as credit, liquidity or market risk support to such entity for such assets;

(C) Any obligation, including a contingent obligation, under a contract that would be accounted for as a derivative instrument, except that it is both indexed to the registrant's own stock and classified in stockholders' equity in the registrant's statement of financial position, and therefore excluded from the scope of FASB Statement of Financial Accounting Standards No. 133, Accounting for Derivative Instruments and Hedging Activities (June 1998), pursuant to paragraph 11(a) of that Statement, as may be modified or supplemented; or

(D) Any obligation, including a contingent obligation, arising out of a variable interest (as referenced in FASB Interpretation No. 46, Consolidation of Variable Interest Entities (January 2003), as may be modified or supplemented) in an unconsolidated entity that is held by, and material to, the registrant, where such entity provides financing, liquidity, market risk or credit risk support to, or engages in leasing, hedging or research and development services with, the registrant.

(5) Tabular disclosure of contractual obligations. (i) In a tabular format, provide the information specified in this paragraph (a)(5) as of the latest fiscal year end balance sheet date with respect to the registrant's known contractual obligations specified in the table that follows this paragraph (a)(5)(i). The registrant shall provide amounts, aggregated by type of contractual obligation. The registrant may disaggregate the specified categories of contractual obligations using other categories suitable to its business, but the presentation must include all of the obligations of the registrant that fall within the specified categories. A presentation covering at least the periods specified shall be included. The tabular presentation may be accompanied by footnotes to describe provisions that create, increase or accelerate obligations, or other pertinent data to the extent necessary for an understanding of the timing and amount of the registrant's specified contractual obligations.

Instructions to Paragraph 3 03(a).

1. The registrant's discussion and analysis shall be of the financial statements and of other statistical data that the registrant believes will enhance a reader's understanding of its financial condition, changes in financial condition and results of operations. Generally, the discussion shall cover the three year period covered by the financial statements and shall use year-to-year comparisons or any other formats that in the registrant's judgment enhance a reader's understanding. However, where trend information is relevant reference to the five year selected financial data appearing pursuant to Item 301 of Regulation S-K (§229.301) may be necessary.

2. The purpose of the discussion and analysis shall be to provide to investors and other users information relevant to an assessment of the financial condition and results of operations of the registrant as determined by evaluating the amounts and certainty of cash flows from operations and from outside sources.

3. The discussion and analysis shall focus specifically on material events and uncertainties known to management that would cause reported financial information not to be necessarily indicative of future operating results or of future financial condition. This would include descriptions and amounts of
(A) matters that would have an impact on future operations and have not had an impact in the past, and
(B) matters that have had an impact on reported operations and are not expected to have an impact upon future operations.

4. Where the consolidated financial statements reveal material changes from year to year in one or more line items, the causes for the changes shall be described to the extent necessary to an understanding of the registrant's businesses as a whole; *Provided, however,* That if the causes for a change in one line item also relate to other line items, no repetition is required and a line-by-line analysis of the financial statements as a whole is not required or generally appropriate. Registrants need not recite the amounts of changes from year to year which are readily computable from the financial statements. The discussion shall not merely repeat numerical data contained in the consolidated financial statements.

5. The term "liquidity" as used in this Item refers to the ability of an enterprise to generate adequate amounts of cash to meet the enterprise's needs for cash. Except where it is otherwise clear from the discussion, the registrant shall indicate those balance sheet conditions or income or cash flow items which the registrant believes may be indicators of its liquidity condition. Liquidity generally shall be discussed on both a longterm and short-term basis. The issue of liquidity shall be discussed in the context of the registrant's own business or businesses. For example a discussion of working capital may be appropriate for certain manufacturing, industrial or related operations but might be inappropriate for a bank or public utility.

6. Where financial statements presented or incorporated by reference in the registration statement are required by §21 0.4-08(e)(3) of Regulation S-X [17 CFR Part 210] to include disclosure of restrictions on the ability of both consolidated and unconsolidated subsidiaries to transfer funds to the registrant in the form of cash dividends, loans or advances, the discussion of liquidity shall include a discussion of the nature and extent of such restrictions and the impact such restrictions have had and are expected to have on the ability of the parent company to meet its cash obligations.

7. Any forward-looking information supplied is expressly covered by the safe harbor rule for projections. See Rule 175 under the Securities Act [17 CFR 230.175], Rule 3b-6 under the Exchange Act [17 CFR 240.3b-6] and Securities Act Release No. 6084 (June 25, 1979) (44 FR 33810).

8. Registrants are only required to discuss the effects of inflation and other changes in prices when considered material. This discussion may be made in whatever manner appears appropriate under the circumstances. All that is required is a brief textual presentation of management's views. No specific numerical financial data need be presented except as Rule 3-20(c) of Regulation S-X (§21 0.3-20(c) of this chapter) otherwise requires. However, registrants may elect to voluntarily disclose supplemental information on the effects of changing prices as provided for in Statement of Financial Accounting Standards No. 89, "Financial Reporting and Changing Prices" or through other supplemental disclosures. The Commission encourages experimentation with these disclosures in order to provide the most meaningful presentation of the impact of price changes on the registrant's financial statements.

9. Registrants that elect to disclose supplementary information on the effects of changing prices as specified by SFAS No. 89, "Financial Reporting and Changing Prices," may combine such explanations with the discussion and analysis required pursuant to this Item or may supply such information separately with appropriate cross reference.

10. All references to the registrant in the discussion and in this Item shall mean the registrant and its subsidiaries consolidated.

11. Foreign private registrants also shall discuss briefly any pertinent governmental economic, fiscal, monetary, or political policies or factors that have materially affected or could materially affect, directly or indirectly, their operations or investments by United States nationals.

12. If the registrant is a foreign private issuer, the discussion shall focus on the primary financial statements presented in the registration statement or report. There shall be a reference to the reconciliation to United States generally accepted accounting principles, and a discussion of any aspects of the difference between foreign and United States generally accepted accounting principles, not discussed in the reconciliation, that the registrant believes is necessary for an understanding of the financial statements as a whole.

Instructions to Paragraph 303(a)(4):

1. No obligation to make disclosure under paragraph (a)(4) of this Item shall arise in respect of an off-balance sheet arrangement until a definitive agreement that is unconditionally binding or subject only to customary closing conditions exists or, if there is no such agreement, when settlement of the transaction occurs.

2. Registrants should aggregate off-balance sheet arrangements in groups or categories that provide material information in an efficient and understandable manner and should avoid repetition and disclosure of immaterial information. Effects that are common or similar with respect to a number of off-balance sheet arrangements must be analyzed in the aggregate to the extent the aggregation increases understanding. Distinctions in arrangements and their effects must be discussed to the extent the information is material, but the discussion should avoid repetition and disclosure of immaterial information.

3. For purposes of paragraph (a)(4) of this Item only, contingent liabilities arising out of litigation, arbitration or regulatory actions are not considered to be off-balance sheet arrangements.

4. Generally, the disclosure required by paragraph (a)(4) shall cover the most recent fiscal year. However, the discussion should address changes from the previous year where such discussion is necessary to an understanding of the disclosure.

5. In satisfying the requirements of paragraph (a)(4) of this Item, the discussion of off-balance sheet arrangements need not repeat information provided in the footnotes to the financial statements, provided that such discussion clearly cross-references to specific information in the relevant footnotes and integrates the substance of the footnotes into such discussion in a manner designed to inform readers of the significance of the information that is not included within the body of such discussion.

(b) *Interim periods.* If interim period financial statements are included or are required to be included by Article 3 of Regulation S-X 17 CFR 210), a management's discussion and analysis of the financial condition and results of operations shall be provided so as to enable the reader to assess material changes in financial condition and results of operations between the periods specified in paragraphs (b)(1) and (2) of this Item. The discussion and analysis shall include a discussion of material changes in those items specifically listed in paragraph (a) of this Item, except that the impact of inflation and changing prices on operations for interim periods need not be addressed.

(1) *Material changes in financial condition.* Discuss any material changes in financial condition from the end of the

preceding fiscal year to the date of the most recent interim balance sheet provided. If the interim financial statements include an interim balance sheet as of the corresponding interim date of the preceding fiscal year, any material changes in financial condition from that date to the date of the most recent interim balance sheet provided also shall be discussed. If discussions of changes from both the end and the corresponding interim date of the preceding fiscal year are required, the discussions may be combined at the discretion of the registrant.

(2) *Material changes in results of operations.* Discuss any material changes in the registrant's results of operations with respect to the most recent fiscal year-to-date period for which an income statement is provided and the corresponding year-to-date period of the preceding fiscal year. If the registrant is required to or has elected to provide an income statement for the most recent fiscal quarter, such discussion also shall cover material changes with respect to that fiscal quarter and the corresponding fiscal quarter in the preceding fiscal year. In addition, if the registrant has elected to provide an income statement for the twelve-month period ended as of the date of the most recent interim balance sheet provided, the discussion also shall cover material changes with respect to that twelve-month and the twelve-month period ended as of the corresponding interim balance sheet date of the preceding fiscal year. Notwithstanding the above, if for purposes of a registration statement a registrant subject to paragraph (b) of §210.3-03 of Regulation S-X provides a statement of income for the twelve-month period ended as of the date of the most recent interim balance sheet provided in lieu of the interim income statements otherwise required, the discussion of material changes in that twelve-month period will be in respect to the preceding fiscal year rather than the corresponding preceding period.

Instructions to Paragraph (b) of Item 303.

1. If interim financial statements are presented together with financial statements for full fiscal years, the discussion of the interim financial information shall be prepared pursuant to this paragraph (b) and the discussion of the full fiscal year's information shall be prepared pursuant to paragraph (a) of this Item. Such discussions may be combined.

2. In preparing the discussion and analysis required by this paragraph (b), the registrant may presume that users of the interim financial information have read or have access to the discussion and analysis required by paragraph (a) for the preceding fiscal year.

3. The discussion and analysis required by this paragraph (b) is required to focus only on material changes. Where the interim financial statements reveal material changes from period to period in one or more significant line items, the causes for the changes shall be described if they have not already been disclosed; Provided, however, That if the causes for a change in one line item also relate to other line items, no repetition is required. Registrants need not recite the amounts of changes from period to period which are readily computable from the financial statements. The discussion shall not merely repeat numerical data contained in the financial statements. The information provided shall include that which is available to the registrant without undue effort or expense and which does not clearly appear in the registrant's condensed interim financial statements.

4. The registrant's discussion of material changes in results of operations shall identify any significant elements of the registrant's income or loss from continuing operations which do not arise from or are not necessarily representative of the registrant's ongoing business.

5. The registrant shall discuss any seasonal aspects of its business which have had a material effect upon its financial condition or results of operation.

6. Any forward-looking information supplied is expressly covered by the safe harbor rule for projections. See Rule 175 under the Securities Act (17 CFR 230.175), Rule 3b-6 under the Exchange Act (17 CFR 249.3b-6) and Securities Act Release No. 6084 (June 25, 1979) (44 FR 38810).

7. The registrant is not required to include the table required by paragraph (a)(5) of this Item for interim periods. Instead, the registrant should disclose material changes outside the ordinary course of the registrant's business in the specified contractual obligations during the interim period.

(c) <u>Safe harbor.</u> (1) The safe harbor provided in Section 27A of the Securities Act of 1933 (15 U.S.C. 77z-2) and Section 21 E of the Securities Exchange Act of 1934 (15 U.S.C. 78u-5) ("statutory safe harbors") shall apply to forward-looking information provided pursuant to paragraphs (a)(4) and (5) of this Item, provided that the disclosure is made by: an issuer; a person acting on behalf of the issuer; an outside reviewer retained by the issuer making a statement on behalf of the issuer; or an underwriter, with respect to information provided by the issuer or information derived from information provided by the issuer.

(2) For purposes of paragraph (c) of this Item only:

(i) All information required by paragraphs (a)(4) and (5) of this Item is deemed to be a <u>forward looking statement</u> as that term is defined in the statutory safe harbors, except for historical facts.

(ii) With respect to paragraph (a)(4) of this Item, the meaningful cautionary statements element of the statutory safe harbors will be satisfied if a registrant satisfies all requirements of that same paragraph (a)(4) of this Item.

Internal Control over Financial Reporting

Reg. §229.308. Item 308.

a. Management's annual report on internal control over financial reporting. Provide a report of management on the registrant's internal control over financial reporting (as defined in Rule 13a-15(f) or Rule 15d-15(f) under the Exchange Act) that contains:

1. A statement of management's responsibility for establishing and maintaining adequate internal control over financial reporting for the registrant;

2. A statement identifying the framework used by management to evaluate the effectiveness of the registrant's internal control over financial reporting as required by paragraph (c) of Rule 13a-15 or Rule 15d-15 under the Exchange Act;

3. Management's assessment of the effectiveness of the registrant's internal control over financial reporting as of the end of the registrant's most recent fiscal year, including a statement as to whether or not internal control over financial reporting is effective. This discussion must include disclosure of any material weakness in the registrant's internal control over financial reporting identified by management. Management is not permitted to conclude that the registrant's internal control over financial reporting is effective if there are one or more material weaknesses in the registrant's internal control over financial reporting; and

4. A statement that the registered public accounting firm that audited the financial statements included in the annual report containing the disclosure required by this Item has issued an attestation report on management's assessment of the registrant's internal control over financial reporting.

b. *Attestation report of the registered public accounting firm.* Provide the registered public accounting firm's attestation report on management's assessment of the registrant's internal control over financial reporting in the registrant's annual report containing the disclosure required by this Item.

c. *Changes in internal control over financial reporting.* Disclose any change in the registrant's internal control over financial reporting identified in connection with the evaluation required by paragraph (d) of Rule 13a-15 or Rule 15d-15 under the Exchange Act that occurred during the registrant's last fiscal quarter (the registrant's fourth fiscal quarter in the case of an annual report) that has materially affected, or is reasonably likely to materially affect, the registrant's internal control over financial reporting.

Instruction to Item 308

The registrant must maintain evidential matter, including documentation, to provide reasonable support for management's assessment of the effectiveness of the registrant's internal control over financial reporting.

Regulation S-X

UNITED STATES
SECURITIES AND EXCHANGE COMMISSION
Washington, DC 20549

OMB APPROVAL
OMB Number: 3235-000
Expires: June 30, 2008
Estimated average burden hours per response 1

REGULATION S-X

TABLE OF CONTENTS

17 CFR	Subject	Page

Article 1—Application of Regulation S-X

210.1-01	Application of Regulation S-X	4
210.1-02	Definition of terms used in Regulation S-X	5

Article 2—Qualifications and Reports of Accountants

210.2-01	Qualifications of accountants	8
210.2-02	Accountants' reports and attestation	18
210.2-03	Examination of financial statements by foreign government auditors	19
210.2-04	Examination of financial statements by persons other than the registrant	19
210.2-05	Examination of financial statements by more than one accountant	19
210.2-06	Retention of audit and review records	19
210.2-07	Communication with audit committees	20

Article 3—General Instructions as to Financial Statements

210.3-01	Consolidated balance sheets	20
210.3-02	Consolidated statements of income and changes in financial position	21
210.3-03	Instructions to income statement requirements	22
210.3-04	Changes in other stockholders' equity	22
210.3-05	Financial statements of businesses acquired or to be acquired	22
210.3-06	Financial statements covering a period of nine to twelve months	24
210.3-09	Separate financial statements of subsidiaries not consolidated and 50 percent or less owned persons	24
210.3-10	Financial statements of guarantors and affiliates whose securities collateralize an issue registered or being registered	25
210.3-11	Financial statements of an inactive registrant	30
210.3-12	Age of financial statements at effective date of registration statement or at mailing date of proxy statement	30
210.3-13	Filing of other financial statements in certain cases	31
210.3-14	Special instructions for real estate operations to be acquired	31
210.3-15	Special provisions as to real estate investment trusts	32
210.3-16	Financial statements of affiliates whose securities collateralize an issue registered or being registered	32
210.3-17	Financial statements of natural persons	32
210.3-18	Special provisions as to registered management investment companies and companies required to be registered as management investment companies	32
210.3-19	(Removed and Resered) Special provisions as to financial statements for foreign private issuers	33
210.3-20	Currency for financial statements of foreign private issuers	33

Article 3A—Consolidated and Combined Financial Statements

210.3A-01	Application of §§ 210.3A-01 to 210.3A-05	34
210.3A-02	Consolidated financial statements of the registrant and its subsidiaries	34
210.3A-03	Statement as to principles of consolidation or combination followed	35
210.3A-04	Intercompany items and transactions	35

SEC 1887 (12-05)
Previous editions obsolete

Persons who respond to the collection of information contained in this form are not required to respond unless the form displays a currently valid OMB control number.

| 210.3A-05 | Special requirements as to public utility holding companies | 35 |

Article 4—Rules of General Application

210.4-01	Form, order, and terminology	35
210.4-02	Items not material	36
210.4-03	Inapplicable captions and omission of unrequired or inapplicable financial statements	36
210.4-04	Omission of substantially identical notes	36
210.4-05	[Reserved] Current assets and current liabilities	37
210.4-06	[Reserved] Reacquired evidences of indebtedness	37
210.4-07	Discount on shares	37
210.4-08	General notes to financial statements	37
210.4-10	Financial accounting and reporting for oil and gas producing activities pursuant to the federal securities laws and the Energy Policy and Conservation Act of 1975	41

Article 5—Commercial and Industrial Companies

210.5-01	Application of §§ 210.5-01 to 210.5-04	48
210.5-02	Balance sheets	48
210.5-03	Income statements	53
210.5-04	What schedules are to be filed	54

Article 6—Registered Investment Companies

210.6-01	Application of §§ 210.6-01 to 210.6-10	55
210.6-02	Definition of certain terms	55
210.6-03	Special rules of general application to registered investment companies	56
210.6-04	Balance sheets	58
210.6-05	Statement of net assets	59
210.6-06	Special provisions applicable to the balance sheets of issuers of face-amount certificates	60
210.6-07	Statements of operations	61
210.6-08	Special provisions applicable to the statements of operations of issuers of face-amount certificates	62
210.6-09	Statements of changes in net assets	63
210.6-10	What schedules are to be filed	64

Article 6A—Employee Stock Purchase, Savings and Similar Plans

210.6A-01	Application of §§ 210.6A-01 to 210.6A-05	66
210.6A-02	Special rules applicable to employee stock purchase, savings and similar plans	66
210.6A-03	Statements of financial condition	66
210.6A-04	Statements of income and changes in plan equity	67
210.6A-05	What schedules are to be filed	68

Article 7—Insurance Companies

210.7-01	Application of §§ 210.7-01 to 210.7-05	68
210.7-02	General requirement	68
210.7-03	Balance sheets	69
210.7-04	Income statements	72
210.7-05	What schedules are to he filed	73

Article 9—Bank Holding Companies

210.9-01	Application of §§ 210.9-01 to 210.9-07	74
210.9-02	General requirement	74
210.9-03	Balance sheets	74
210.9-04	Income statements	77
210.9-05	Foreign activities	79

210.9-06	Condensed financial information of registrant	79
210.9-07	Schedules	79

Article 10—Interim Financial Statements

210.10-01 Interim financial statements 80

Article 11—Pro forma Financial Information

210.11-01	Presentation requirements	82
210.11-02	Preparation requirements	83
210.11-03	Presentation of financial forecast	86

Article 12—Form and Content of Schedules

210.12-01	Application of §§ 210.12-01 to 210.12-29	86
210.12-02	[Reserved]	86
210.12-03	[Reserved]	87
210.12-04	Condensed financial information of registrant	87
210.12-05	[Reserved]	87
210.12-06	[Reserved]	87
210.12-07	[Reserved]	87
210.12-08	[Reserved]	87
210.12-09	Valuation and qualifying accounts	87
210.12-10	[Reserved]	87
210.12-11	[Reserved]	87
210.12-12	Investments in securities of unaffiliated issuers	88
210.12-12A	Investments-securities sold short	89
210.12-12B	Open options contract written	89
210.12-12C	Summary Schedule of Investments in Securities of Unaffiliated Issuers	89
210.12-13	Investments other than securities	91
210.12-14	Investments in and advances to affiliates	91
210.12-15	Summary of investments-other than investments in related parties	92
210.12-16	Supplementary insurance information	93
210.12-17	Reinsurance	93
210.12-18	Supplemental information (for property-casualty insurance underwriters)	94
210.12-21	Investments in securities of unaffiliated issuers	95
210.12-22	Investment in and advances to affiliates and income thereon	95
210.12-23	Mortgage loans on real estate and interest earned on mortgages	96
210.12-24	Real estate owned and rental income	97
210.12-25	Supplementary profit and loss information	99
210.12-26	Certificate reserves	99
210.12-27	Qualified assets on deposit	100
210.12-28	Real estate and accumulated depreciation	100
210.12-29	Mortgage loans on real estate	101

ACCOUNTING RULES

Regulation S-X
(Title 17, Code of Federal Regulations)

PART 210—FORM AND CONTENT OF AND REQUIREMENTS FOR FINANCIAL STATEMENTS, SECURITIES ACT OF 1933, SECURITIES EXCHANGE ACT OF 1934, PUBLIC UTILITY HOLDING COMPANY ACT OF 1935, INVESTMENT COMPANY ACT OF 1940, AND ENERGY POLICY AND CONSERVATION ACT OF 1975

ATTENTION ELECTRONIC FILERS

THIS REGULATION SHOULD BE READ IN CONJUNCTION WITH REGULATION S-T (PART 232 OF THIS CHAPTER), WHICH GOVERNS THE PREPARATION AND SUBMISSION OF DOCUMENTS IN ELECTRONIC FORMAT. MANY PROVISIONS RELATING TO THE PREPARATION AND SUBMISSION OF DOCUMENTS IN PAPER FORMAT CONTAINED IN THIS REGULATION ARE SUPERSEDED BY THE PROVISIONS OF REGULATION S-T FOR DOCUMENTS REQUIRED TO BE FILED IN ELECTRONIC FORMAT.

Article 1—Application of Regulation S-X (17 CFR Part 210)

Application of Regulation S-X (17 CFR Part 210)

Reg. § 210.1-01.

(a) This part (together with the Financial Reporting Releases (Part 211 of this chapter)) sets forth the form and content of and requirements for financial statements required to be filed as a part of:

   (1) Registration statements under the Securities Act of 1933 [Part 239 of this chapter], except as otherwise specifically provided in the forms which are to be used for registration under this Act;

   (2) Registration statements under section 12 [Subpart C of Part 249 of this chapter], annual or other reports under sections 13 and 15(d) [Subparts D and E of Part 249 of this chapter], and proxy and information statements under section 14 of the Securities Exchange Act of 1934 except as otherwise specifically provided in the forms which are to be used for registration and reporting under these sections of this Act;

   (3) Registration statements and annual reports filed under the Public Utility Holding Company Act of 1935 [Part 259 of this chapter] by public utility holding companies registered under such Act; and

   (4) Registration statements and shareholder reports under the Investment Company Act of 1940 (Part 274 of this chapter), except as otherwise specifically provided in the forms which are to be used for registration under this Act.

(b) The term "financial statements" as used in this Part shall be deemed to include all notes to the statements and all related schedules.

(c) In addition to filings pursuant to the federal securities laws, § 210.4-10 applies to the preparation of accounts by persons engaged, in whole or in part, in the production of crude oil or natural gas in the United States pursuant to Section 503 of the Energy Policy and Conservation Act of 1975 [42 U.S.C. 6383] ("EPCA") and Section 1(c) of the Energy Supply and Environmental Coordination Act of 1974 [15 U.S.C. 796], as amended by Section 505 of EPCA.

Definition of Terms Used in Regulation S-X (17 CFR Part 210)

Reg. § 210.1-02.

Unless the context otherwise requires, terms defined in the general rules and regulations or in the instructions to the applicable form, when used in Regulation S-X (this Part 210), shall have the respective meanings given in such instructions or rules. In addition the following terms shall have the meanings indicated in this section unless the context otherwise requires.

(a) *Accountant's report.*

(1) The term "accountant's report," when used in regard to financial statements, means a document in which an independent public or certified public accountant indicates the scope of the audit (or examination) which he has made and sets forth his opinion regarding the financial statements taken as a whole, or an assertion to the effect that an overall opinion cannot be expressed. When an overall opinion cannot be expressed, the reasons therefor shall be stated.

(2) Attestation report on management's assessment of internal control over financial reporting. The term attestation report on management's assessment of internal control over financial reporting means a report in which a registered public accounting firm expresses an opinion, or states that an opinion cannot be expressed, concerning management's assessment of the effectiveness of the registrant's internal control over financial reporting (as defined in §240.1 3a-1 5(f) or 240.1 5d-1 5(f) of this chapter) in accordance with standards on attestation engagements. When an overall opinion cannot be expressed, the registered public accounting firm must state why it is unable to express such an opinion.

(3) *Attestation report on assessment of compliance with servicing criteria for asset-backed securities.* The term *attestation report on assessment of compliance with servicing criteria for asset-backed securities* means a report in which a registered public accounting firm, as required by § 240.1 3a-1 8(c) or 240.1 5d-1 8(c) of this chapter, expresses an opinion, or states that an opinion cannot be expressed, concerning an asserting party's assessment of compliance with servicing criteria, as required by § 240.1 3a-1 8(b) or 240.1 5d-1 8(b) of this chapter, in accordance with standards on attestation engagements. When an overall opinion cannot be expressed, the registered public accounting firm must state why it is unable to express such an opinion.

(b) *Affiliate.* An "affiliate" of, or a person "affiliated" with, a specific person is a person that directly, or indirectly through one or more intermediaries, controls, or is controlled by, or is under common control with, the person specified.

(c) *Amount.* The term "amount," when used in regard to securities, means the principal amount if relating to evidences of indebtedness, the number of shares if relating to shares, and the number of units if relating to any other kind of security.

(d) *Audit (or examination).* The term "audit" (or "examination"), when used in regard to financial statements, means an examination of the financial statements by an independent accountant in accordance with generally accepted auditing standards, as may be modified or supplemented by the Commission, for the purpose of expressing an opinion thereon.

(e) *Bank holding company.* The term "bank holding company" means a person which is engaged, either directly or indirectly, primarily in the business of owning securities of one or more banks for the purpose, and with the effect, of exercising control.

(f) *Certified.* The term "certified," when used in regard to financial statements, means examined and reported upon with an opinion expressed by an independent public or certified public accountant.

(g) *Control.* The term "control" (including the terms "controlling," "controlled by" and "under common control with") means the possession, direct or indirect, of the power to direct or cause the direction of the management and policies of a person, whether through the ownership of voting shares, by contract, or otherwise.

(h) *Development stage company.* A company shall be considered to be in the development stage if it is devoting substantially all of its efforts to establishing a new business and either of the following conditions exists:

(1) Planned principal operations have not commenced.

(2) Planned principal operations have commenced, but there has been no significant revenue therefrom.

(i) *Equity security.* The term "equity security" means any stock or similar security; or any security convertible, with or without consideration, into such a security, or carrying any warrant or right to subscribe to or purchase such a security; or any such warrant or right.

(j) *Fifty-percent-owned person.* The term "50-percent-owned person," in relation to a specified person, means a person approximately 50 percent of whose outstanding voting shares is owned by the specified person either directly, or indirectly through one or more intermediaries.

(k) *Fiscal year.* The term "fiscal year" means the annual accounting period or, if no closing date has been adopted the calendar year ending on December 31.

(l) *Foreign business.* A business that is majority owned by persons who are not citizens or residents of the United States and is not organized under the laws of the United States or any state thereof, and either:

(1) More than 50 percent of its assets are located outside the United States; or

(2) The majority of its executive officers and directors are not United States citizens or residents.

(m) *Insurance holding company.* The term "insurance holding company" means a person which is engaged, either directly or indirectly, primarily in the business of owning securities of one or more insurance companies for the purpose, and with the effect, of exercising control.

(n) *Majority-owned subsidiary.* The term "majority-owned subsidiary" means a subsidiary more than 50 percent of whose outstanding voting shares is owned by its parent and/or the parent's other majority-owned subsidiaries.

(o) *Material.* The term "material," when used to qualify a requirement for the furnishing of information as to any subject, limits the information required to those matters about which an average prudent investor ought reasonably to be informed.

(p) *Parent.* A "parent" of a specified person is an affiliate controlling such person directly, or indirectly through one or more intermediaries.

(q) *Person.* The term "person" means an individual, a corporation, a partnership, an association, a joint-stock company, a business trust, or an unincorporated organization.

(r) *Principal holder of equity securities.* The term "principal holder of equity securities," used in respect of a registrant or other person named in a particular statement or report, means a holder of record or a known beneficial owner of more than 10 percent of any class of equity securities of the registrant or other person, respectively, as of the date of the related balance sheet filed.

(s) *Promoter.* The term "promoter" includes:

(1) Any person who, acting alone or in conjunction with one or more other persons, directly or indirectly takes initiative in founding and organizing the business or enterprise of an issuer;

(2) Any person who, in connection with the founding and organizing of the business or enterprise of an issuer, directly or indirectly receives in consideration of services or property, or both services and property, 10 percent or more of any class of securities of the issuer or 10 percent or more of the proceeds from the sale of any class of securities. However, a person who receives such securities or proceeds either solely as underwriting commissions or solely in consideration of property shall not be deemed a promoter within the meaning of this paragraph if such person does not otherwise take part in founding and organizing the enterprise.

(t) *Registrant.* The term "registrant" means the issuer of the securities for which an application, a registration statement, or a report is filed.

(u) *Related parties.* The term "related parties" is used as that term is defined in the Glossary to Statement of Financial Accounting Standards No. 57, "Related Party Disclosures."

(v) *Share.* The term "share" means a share of stock in a corporation or unit of interest in an unincorporated person.

(w) *Significant subsidiary.* The term "significant subsidiary" means a subsidiary, including its subsidiaries, which meets any of the following conditions:

(1) The registrant's and its other subsidiaries' investments in and advances to the subsidiary exceed 10 percent of the total assets of the registrant and its subsidiaries consolidated as of the end of the most recently completed fiscal year (for a proposed business combination to be accounted for as a pooling of interests, this condition is also met when the number of common shares exchanged by the registrant exceeds 10 percent of its total common shares outstanding at the date the combination is initiated); or

(2) The registrant's and its other subsidiaries' proportionate share of the total assets (after intercompany eliminations) of the subsidiary exceeds 10 percent of the total assets of the registrant and its subsidiaries consolidated as of the end of the most recently completed fiscal year; or

(3) The registrant's and its other subsidiaries' equity in the income from continuing operations before income taxes, extraordinary items and cumulative effect of a change in accounting principle of the subsidiary exceeds 10 percent of such income of the registrant and its subsidiaries consolidated for the most recently completed fiscal year.

Computational note: For purposes of making the prescribed income test the following guidance should be applied.

1. When a loss has been incurred by either the parent and its subsidiaries consolidated or the tested subsidiary, but not both, the equity in the income or loss of the tested subsidiary should be excluded from the income of the registrant and its subsidiaries consolidated for purposes of the computation.

2. If income of the registrant and its subsidiaries consolidated for the most recent fiscal year is at least 10 percent lower than the average of the income for the last five fiscal years, such average income should be substituted for purposes of the computation. Any loss years should be omitted for purposes of computing average Income.

3. Where the test involves combined entities, as in the case of determining whether summarized financial data should be presented, entities reporting losses shall not be aggregated with entities reporting income.

(x) *Subsidiary.* A "subsidiary" of a specified person is an affiliate controlled by such person directly, or indirectly through one or more intermediaries.

(y) *Totally held subsidiary.* The term "totally held subsidiary" means a subsidiary (1) substantially all of whose outstanding equity securities are owned by its parent and/or the parent's other totally held subsidiaries, and (2) which is not indebted to any person other than its parent and/or the parent's other totally held subsidiaries, in an amount which is material in relation to the particular subsidiary, excepting indebtedness incurred in the ordinary course of business which is not overdue and which matures within 1 year from the date of its creation, whether evidenced by securities or not. Indebtedness of a subsidiary which is secured by its parent by guarantee, pledge, assignment, or otherwise is to be excluded for purposes of paragraph (2) herein.

(z) *Voting shares.* The germ "voting shares" means the sum of all rights, other than as affected by events of default, to vote for election of directors and/or the sum of all interests in an unincorporated person.

(aa) *Wholly owned subsidiary.* The term "wholly owned subsidiary" means a subsidiary substantially all of whose outstanding voting shares are owned by its parent and/or the parent's other wholly owned subsidiaries.

(bb) Summarized financial information.

(1) Except as provided in paragraph (aa)(2), "summarized financial information" referred to in this regulation shall mean the presentation of summarized information as to the assets, liabilities and results of operations of the entity for which the information is required. Summarized financial information shall include the following disclosures:

   (i) Current assets, noncurrent assets, current liabilities, noncurrent liabilities and, when applicable, redeemable preferred stocks (see §210.5-02.28) and minority interests (for specialized industries in which classified balance sheets are normally not presented, information shall be provided as to the nature and amount of the major components of assets and liabilities);

   (ii) Net sales or gross revenues, gross profit (or, alternatively, costs and expenses applicable to net sales or gross revenues), income or loss from continuing operations before extraordinary items and cumulative effect of a change in accounting principle, and net income or loss (for specialized industries, other information may be substituted for sales and related costs and expenses if necessary for a more meaningful presentation); and

(2) Summarized financial information for unconsolidated subsidiaries and 50 percent or less owned persons referred to in and required by §210.10-01(b) for interim periods shall include the information required by paragraph (aa)(1)(ii) of this section.

Consolidated Statements of Income and Changes in Cash Flows

Reg. § 210.3-02.

(a) There shall be filed, for the registrant and its subsidiaries consolidated and for its predecessors, audited statements of income and cash flow for each of the three fiscal years preceding the date of the most recent audited balance sheet being filed or such shorter period as the registrant (including predecessors) has been in existence.

(b) In addition, for any interim period between the latest audited balance sheet and the date of the most recent interim balance sheet being filed, and for the corresponding period of the preceding fiscal year, statements of income and cash flows shall be provided. Such interim financial statements may be unaudited and need not be presented in greater detail than is required by § 210.10-01.

(c) For filings by registered management investment companies, the requirements of § 210.3-18 shall apply in lieu of the requirements of this section.

(d) Any foreign private issuer, other than a registered management investment company or an employee plan, may file the financial statements required by § 210.3-19 in lieu of the financial statements specified in this rule.

Article 5—Commercial and Industrial Companies

Application of §§ 210.501 to 210.5-04

Reg. § 210.5-01.

Sections 210.5-01 to 210.5-04 shall be applicable to financial statements filed for all persons except-

(a) Registered investment companies (see §§ 210.6-01 to 210.6-10).

(b) Employee stock purchase, savings and similar plans (see §§ 210.6A-01 to 210.6A-05).

(c) Insurance companies (see §§ 210.7-01 to 210.7-05).

(d) Bank holding companies and banks (see §§ 210.9-01 to 210.9-07).

(e) Brokers and dealers when filing Form X-17A-5 [249.6 17] (see §§ 240. 17a-5 and 240.1 7a-10 under the Securities Exchange Act of 1934).

Balance Sheets

Reg. § 210.5-02.

The purpose of this rule is to indicate the various line items and certain additional disclosures which, if applicable, and except as otherwise permitted by the Commission, should appear on the face of the balance sheets or related notes filed for the persons to whom this article pertains (see § 210.4-01(a)).

Assets and Other Debits

Current Assets, When Appropriate [See § 210.4-05]

1. *Cash and cash items.* Separate disclosure shall be made of the cash and cash items which are restricted as to withdrawal or usage. The provisions of any restrictions shall be described in a note to the financial statements. Restrictions may include legally restricted deposits held as compensating balances against short-term borrowing arrangements. contracts entered into with others. or company statements of intention with regard to particular deposits; however, time deposits and short-term certificates of deposit are not generally included in legally restricted deposits. In cases where compensating balance arrangements exist but are not agreements which legally restrict the use of cash amounts shown on the balance sheet, describe in the notes to the financial statements these arrangements and the amount involved, if determinable, for the most recent audited balance sheet required and for any subsequent unaudited balance sheet required in the notes to the financial statements. Compensating balances that are maintained under an agreement to assure future credit availability shall be disclosed in the notes to the financial statements along with the amount and terms of such agreement.

2. *Marketable securities.* The accounting and disclosure requirements for current marketable equity securities are specified by generally accepted accounting principles. With respect to all other current marketable securities, state. parenthetically or otherwise, the basis of determining the aggregate amount shown in the balance sheet, along with the alternatives of the aggregate cost or the aggregate market value at the balance sheet date.

3. *Accounts and notes receivable.*

   (a) State separately amounts receivable from: (1) customers (trade); (2) related parties (see § 210.4-08(k)); (3) underwriters, promoters, and employees (other than related parties) which arose in other than the ordinary course of business; and (4) others.

   (b) If the aggregate amount of notes receivable exceeds 10 percent of the aggregate amount of receivables, the above information shall be set forth separately, in the balance sheet or in a note thereto, for accounts receivable and notes receivable.

(c) If receivables include amounts due under long-term contracts (see § 210.5-02.6(d)), state separately in the balance sheet or in a note to the financial statements the following amounts:

(1) Balances billed but not paid by customers under retainage provisions in contracts.

(2) Amounts representing the recognized sales value of performance and such amounts that had not been billed and were not billable to customers at the date of the balance sheet. Include a general description of the prerequisites for billing.

(3) Billed or unbilled amounts representing claims or other similar items subject to uncertainty concerning their determination or ultimate realization. Include a description of the nature and status of the principal items comprising such amount.

(4) With respect to (1) through (3) above, also state the amounts included in each item which are expected to be collected after one year. Also state, by year, if practicable, when the amounts of retainage (see (1) above) are expected to be collected.

4. *Allowances for doubtful accounts and notes receivable.* The amount is to be set forth separately in the balance sheet or in a note thereto.

5. *Unearned income.*

6. *Inventories.*

(a) State separately in the balance sheet or in a note thereto, if practicable, the amounts of major classes of inventory such as: (1) finished goods; (2) inventoried costs relating to long-term contracts or programs (see (d) below and § 210.4-05); (3) work in process (see § 2 10.4-05); (4) raw materials; and (5) supplies. If the method of calculating a LIFO inventory does not allow for the practical determination of amounts assigned to major classes of inventory, the amounts of those classes may be stated under cost flow assumptions other than LIFO with the excess of such total amount over the aggregate LIFO amount shown as a deduction to arrive at the amount of the LIFO inventory.

(b) The basis of determining the amounts shall be stated.

If "cost" is used to determine any portion of the inventory amounts, the description of this method shall include the nature of the cost elements included in inventory. Elements of "cost" include, among other items, retained costs representing the excess of manufacturing or production costs over the amounts charged to cost of sales or delivered or in-process units, initial tooling or other deferred startup costs, or general and administrative costs.

The method by which amounts are removed from inventory (e.g., "average cost," "first-in, firstout," "last-in, first-out," "estimated average cost per unit") shall be described. If the estimated average cost per unit is used as a basis to determine amounts removed from inventory under a total program or similar basis of accounting, the principal assumptions (including, where meaningful, the aggregate number of units expected to be delivered under the program, the number of units delivered to date and the number of units on order) shall be disclosed.

If any general and administrative costs are charged to inventory, state in a note to the financial statements the aggregate amount of the general and administrative costs incurred in each period and the actual or estimated amount remaining in inventory at the date of each balance sheet.

(c) If the LIFO inventory method is used, the excess of replacement or current cost over stated LifO value shall, if material, be stated parenthetically or in a note to the financial statements.

(d) For purposes of §§ 210.5-02-3 and 210.5-02-6, long-term contracts or programs include (1) all contracts or programs for which gross profits are recognized on a percentage-of-completion method of accounting or any variant thereof (e.g., delivered unit, cost to cost, physical completion), and (2) any contracts or programs accounted for on a completed contract basis of accounting where, in either case, the contracts or programs have associated with them material amounts of inventories or unbilled receivables and where such contracts or programs have been or are expected to be performed over a period of more than twelve months. Contracts or programs of shorter duration may also be included, if deemed appropriate.

For all long-term contracts or programs, the following information, if applicable, shall be stated in a note to the financial statements:

(i) The aggregate amount of manufacturing or production costs and any related deferred costs (e.g., initial tooling costs) which exceeds the aggregate estimated cost of all in-process and delivered units on the basis of the estimated average cost of all units expected to be produced under long-term contracts and programs not yet complete, as well as that portion of such amount which would not be absorbed in cost of sales based on existing firm orders at the latest balance sheet date. In addition, if practicable, disclose the amount of deferred costs by type of cost (e.g., initial tooling, deferred production, etc.).

(ii) The aggregate amount representing claims or other similar items subject to uncertainty concerning their determination or ultimate realization, and include a description of the nature and status of the principal items comprising such aggregate amount.

(iii) The amount of progress payments netted against inventory at the date of the balance sheet.

7. *Prepaid expenses.*

8. *Other current assets.* State separately, in a balance sheet or in a note thereto, any amounts in excess of five percent of total current assets.

9. *Total current assets, when appropriate.*

10. *Securities of related parties.* (See § 210.4-08(k).)

11. *Indebtedness of related parties—not current.* (See § 210.4-08(k).)

12. *Other investments.* The accounting and disclosure requirements for noncurrent marketable equity securities are specified by generally accepted accounting principles. With respect to other security investments and any other investment, state, parenthetically or otherwise, the basis of determining the aggregate amounts shown in the balance sheet, along with the alternate of the aggregate cost or aggregate market value at the balance sheet date.

13. *Property, plant and equipment.*

   (a) State the basis of determining the amounts.

   (b) Tangible and intangible utility plant of a public utility company shall be segregated so as to show separately the original cost, plant acquisition adjustments, and plant adjustments, as required by the system of accounts prescribed by the applicable regulatory authorities. This rule shall not be applicable in respect to companies which are not required to make such a classification.

14. *Accumulated depreciation, depletion, and amortization of property, plant and equipment.* The amount is to be set forth separately in the balance sheet or in a note thereto.

15. *Intangible assets.* State separately each class of such assets which is in excess of five percent of the total assets, along with the basis of determining the respective amounts. Any significant addition or deletion shall be explained in a note.

16. *Accumulated depreciation and amortization of intangible assets.* The amount is to be set forth separately in the balance sheet or in a note thereto.

17. *Other assets.* State separately, in the balance sheet or in a note thereto, any other item not properly classed in one of the preceding asset captions which is in excess of five percent of total assets. Any significant addition or deletion should be explained in a note. With respect to any significant deferred charge, state the policy for deferral and amortization.

18. *T o t a l   a s s e t s .*

Liabilities and Stockholders' Equity

Current Liabilities, When Appropriate (See § 210.4-05)

19. *Accounts and notes payable.*

   (a) State separately amounts payable to (1) banks for borrowing; (2) factors or other financial institutions for borrowings;

(3) holders of commercial paper; (4) trade creditors; (5) related parties (see § 210.4-08(k)); (6) underwriters, promoters, and employees (other than related parties); and (7) others. Amounts applicable to (1), (2) and (3) may be stated separately in the balance sheet or in a note thereto.

(b) The amount and terms (including commitment fees and the conditions under which lines may be withdrawn) of unused lines of credit for short-term financing shall be disclosed, if significant, in the notes to the financial statements. The weighted average interest rate on short term borrowings outstanding as of the date of each balance sheet presented shall be furnished in a note. The amount of these lines of credit which support a commercial paper borrowing arrangement or similar arrangements shall be separately identified.

20. *Other current liabilities.* State separately, in the balance sheet or in a note thereto, any item in excess of 5 percent of total current liabilities. Such items may include, but are not limited to, accrued payrolls, accrued interest, taxes, indicating the current portion of deferred income taxes, and the current portion of long-term debt. Remaining items may be shown in one amount.

21. *Total current liabilities, when appropriate.*

Long-Term Debt

22. *Bonds, mortgages and other long-term debt, including capitalized leases.*

    (a) State separately, in the balance sheet or in a note thereto, each issue or type of obligation and such information as will indicate (see § 2 10.4-06):

    (1) the general character of each type of debt including the rate of interest;

    (2) the date of maturity, or, if maturing serially, a brief indication of the serial maturities, such as "maturing serially from 1980 to 1990";

    (3) if the payment of principal or interest is contingent, an appropriate indication of such contingency;

    (4) a brief indication of priority; and (5) if convertible, the basis. For amounts owed to related parties, see § 2 10.4-08(k).

    (b) The amount and terms (including commitment fees and the conditions under which commitments may be withdrawn) of unused commitments for long-term financing arrangements that would be disclosed under this rule if used shall be disclosed in the notes to the financial statements if significant.

23. *Indebtedness to related parties—non-current.* Include under this caption indebtedness to related parties as required under § 210.4-08(k).

24. *Other liabilities.* State separately, in the balance sheet or in a note thereto, any item not properly classified in one of the preceding liability captions which is in excess of 5 percent of total liabilities.

25. *Commitments and contingent liabilities.*

26. *Deferred credits.* State separately in the balance sheet amounts for (a) deferred income taxes, (b) deferred tax credits, and (c) material items of deferred income.

Minority Interests

27. *Minority intense in consolidated subsidiaries.* State separately in a note the amounts represented by preferred stock and the applicable dividend requirements if the preferred stock is material in relation to the consolidated stockholders' equity.

Redeemable Preferred Stocks

28. *Preferred stocks subject to mandatory redemption requirements or whose redemption is outside the control of the issuer.*

    (a) Include under this caption amounts applicable to any class of stock which has any of the following characteristics:

(1) it is redeemable at a fixed or determinable price on a fixed or determinable date or dates, whether by operation of a sinking fund or otherwise; (2) it is redeemable at the option of the holder; or (3) it has conditions for redemption which are not solely within the control of the issuer, such as stocks which must be redeemed out of future earnings. Amounts attributable to preferred stock which is not redeemable or is redeemable solely at the option of the issuer shall be included under § 210.5-02.29 unless it meets one or more of the above criteria.

(b) State on the face of the balance sheet the title of each issue, the carrying amount, and redemption amount. (If there is more than one issue, these amounts may be aggregated on the face of the balance sheet and details concerning each issue may be presented in the note required by paragraph (c) below.) Show also the dollar amount of any shares subscribed but unissued, and show the deduction of subscriptions receivable therefrom. If the carrying value is different from the redemption amount, describe the accounting treatment for such difference in the note required by paragraph (c) below. Also state in this note or on the face of the balance sheet, for each issue, the number of shares authorized and the number of shares issued or outstanding, as appropriate [See § 210.4-07].

(c) State in a separate note captioned "Redeemable Preferred Stocks" (1) a general description of each issue, including its redemption features (e.g. sinking fund, at option of holders, out of future earnings) and the rights, if any, of holders in the event of default, including the effect, if any, on junior securities in the event a required dividend, sinking fund, or other redemption payment(s) is not made; (2) the combined aggregate amount of redemption requirements for all issues each year for the five years following the date of the latest balance sheet; and (3) the changes in each issue for each period for which an income statement is required to be filed. [See also § 210.4-08(d).]

(d) Securities reported under this caption are not to be included under a general heading "stockholders' equity" or combined in a total with items described in captions 29, 30 or 31 which follow.

Non-Redeemable Preferred Stocks

29. *Preferred stocks which are not redeemable or are redeemable solely at the option of the issuer.* State on the face of the balance sheet, or if more than one issue is outstanding state in a note, the title of each issue and the dollar amount thereof. Show also the dollar amount of any shares subscribed but unissued, and show the deduction of subscriptions receivable therefrom. State on the face of the balance sheet or in a note, for each issue, the number of shares authorized and the number of shares issued or outstanding, as appropriate [See § 210.4-07]. Show in a note or separate statement the changes in each class of preferred shares reported under this caption for each period for which an income statement is required to be filed. [See also § 2 10.4-08(d).]

Common Stocks

30. *Common stocks.* For each class of common shares state, on the face of the balance sheet, the number of shares issued or outstanding, as appropriate [see § 210.4-07] and the dollar amount thereof. If convertible, this fact should be indicated on the face of the balance sheet. For each class of common shares state, on the face of the balance sheet or in a note, the title of the issue, the number of shares authorized, and, if convertible, the basis of conversion (see also § 210.4-08(d)]. Show also the dollar amount of any common shares subscribed but unissued, and show the deduction of subscriptions receivable therefrom. Show in a note or statement the changes in each class of common shares for each period for which an income statement is required to be filed.

Other Stockholders' Equity

31. *Other stockholders' equity.*

   (a) Separate captions shall be shown for (1) additional paid-in capital, (2) other additional capital and (3) retained earnings (i) appropriated and (ii) unappropriated. [See § 210.4-08(e).] Additional paid-in capital and other additional capital may be combined with the stock caption to which it applies, if appropriate.

   (b) For a period of at least 10 years subsequent to the effective date of a quasi-reorganization, any description of retained earnings shall indicate the point in time from which the new retained earnings dates and for a period of at least three years shall indicate, on the face of the balance sheet, the total amount of the deficit eliminated.

32. *Total liabilities and stockholders' equity.*

Income Statements

Reg. §210.503.

(a) The purpose of this rule is to indicate the various line items which, if applicable, and except as otherwise permitted by the Commission, should appear on the face of the income statements filed for the persons to whom this article pertains (See § 210.4-01(a)).

(b) If income is derived from more than one of the subcaptions described under § 210.5-03.1, each class which is not more than 10 percent of the sum of the items may he combined with another class. If these items are combined, related costs and expenses as described under § 210.5-03.2 shall be combined in the same manner.

1. *Net sales and gross revenues.* State separately: (a) Net sales of tangible products (gross sales less discounts, returns and allowances), (b) operating revenues of public utilities or others; (c) income from rentals; (d) revenues from services; and (e) other revenues. Amounts earned from transactions with related parties shall be disclosed as required under § 210.4-08(k). A public utility company using a uniform system of accounts or a form for annual report prescribed by federal or state authorities, or a similar system or report, shall follow the general segregation of operating revenues and operating expenses reported under § 210.5-03.2 prescribed by such system or report. If the total of sales and revenues reported under this caption includes excise taxes in an amount equal to 1 percent or more of such total, the amount of such excise taxes shall be shown on the face of the statement parenthetically or otherwise.

2. *Costs and expenses applicable to sales and revenues.* State separately the amount of (a) cost of tangible goods sold, (b) operating expenses of public utilities or others, (c) expenses applicable to rental income, (d) cost of services, and (e) expenses applicable to other revenues. Merchandising organizations, both wholesale and retail, may include occupancy and buying costs under caption 2(a). Amounts of costs and expenses incurred from transactions with related parties shall be disclosed as required under § 210.4-08(k).

3. *Other operating costs and expenses.* State separately any material amounts not included under caption 2 above.

4. *Selling, general and administrative expenses.*

5. *Provision for doubtful accounts and notes.*

6. *Other general expenses.* Include items not normally included in caption 4 above. State separately any material item.

7. *Non-operating income.* State separately in the income statement or in a note thereto amounts earned from (a) dividends, (b) interest on securities, (c) profits on securities (net of losses), and (d) miscellaneous other income. Amounts earned from transactions in securities of related parties shall be disclosed as required under § 210.4-08(k). Material amounts included under miscellaneous other income shall be separately stated in the income statement or in a note thereto, indicating clearly the nature of the transactions out of which the items arose.

8. *Interest and amortization of debt discount and expense.*

9. *Non-operating expenses.* State separately in the income statement or in a note thereto amounts of (a) losses on securities (net of profits) and (b) miscellaneous income deductions. Material amounts included under miscellaneous income deductions shall be separately stated in the income statement or in a note thereto, indicating clearly the nature of the transactions out of which the items arose.

10. *Income or loss before income tax expense and appropriate items below.*

11. *Income tax expense.* Include under this caption only taxes based on income. (See § 210.4-8(h)).

12. *Minority interest in income of consolidated subsidiaries.*

13. *Equity in earnings of unconsolidated subsidiaries and 50 percent or less owned persons.* State, parenthetically or in a note, the amount of dividends received from such persons. If justified by the circumstances, this item may be presented in a different position and a different manner. (See § 210.4-01(a).)

14. *Income or loss from continuing operations.*

15. *Discontinued operations.*

16. Income or loss before extraordinary items and cumulative effects of changes in accounting principles.

17. Extraordinary items, less applicable tax.

18. Cumulative effects of changes in accounting principles.

19. Net income or loss.

20. Earnings per share data.

Literaturverzeichnis

Primärliteratur

AICPA (Hrsg.), *Statements on Auditing Standards 104–111*, New York 2006

Beams, F.A./Anthony, J.H./Clement, R.P./Lowensohn, S.H., *Advanced Accounting*, 8th edition, New Jersey 2003

Bragg, S.M., *GAAP Implementation Guide*, New York 2004

Epstein, B.J./Nach, R./Bragg, S.M., *GAAP 2007*, New York 2006

Financial Accounting Standards Board (FASB) (Hrsg.), *Original Pronouncements Vol. I–III*, 2006/2007 edition, New York 2006

Iofe, Y./Calderisi, M.C., *Accounting Trends & Techniques*, 60th edition 2006, AICPA New York 2006

Schroeder, R.G./Clark, M.W./Cathey, J.M., *Financial Accounting Theory and Analysis*, 7th edition, New York 2001

Stickney, C.P./Weil, R.L., *Financial Accounting*, 11th edition, Thomsen South Western Ohio 2006

Vernimmen, P., *Corporate Finance Theory and Practice*, Chichester 2005

Weiss, J., *GAAP Guide Levels B, C and D*, CCH, Chicago 2007

Weygandt, J.J./Kieso, D.E./Kimmel, P.D., *Accounting Principles*, 7th edition, New York 2005

Whittington, O.R./Delaney, P.R., *Wiley CPA Exam Review 2006, Financial Accounting and Reporting*, New York 2006

Williams, J.R./Carcello, J.V., *GAAP Guide Level A*, CCH, Chicago 2007

Sekundärliteratur

Coenenberg, A.G., *Jahresabschluss und Jahresabschlussanalyse*, 20. Aufl. 2005

KPMG (Hrsg.), *US-GAAP – Rechnungslegung nach US-amerikanischen Grundsätzen*, 4. Aufl. Düsseldorf

Pellens, B./Fülbier, R.U./Gassen, J., *Internationale Rechnungslegung*, 6. Aufl. Stuttgart 2006

Reporting nach US-GAAP. Winfried Alves
Copyright © 2007 WILEY-VCH Verlag GmbH & Co. KGaA, Weinheim
ISBN: 3-527-50246-2

Register

a

Abfindungen 141
ABO 138
Abrechnungseinheiten 49
Abschreibungsmethode 104
Abschreibungsmodelle 105
Abschreibungsvolumen 104
Abstimmungsprinzip 26–27
Abstockung 187, 198
abzugsfähige temporäre Differenz 143
Accelerated Filers 21
accelerated method 104
Account Mappings 37
Accounting Principles Board 16
Accounting Research Bulletins 16
Accounting Standards Executive Committee 16
accounting units 49
accrual-basis accounting 27
accrued liability 132
accumulated benefit obligation 138
accumulated other comprehensive income 149–150, 156
acquisition of stock combination 176
AcSEC 16
actuarial risk 135
additional minimum liability 138
additional paid-in capital 149
additions 102
adjusted trial balance 13
adjustments 13
AFS-Wertpapiere 87
Aging of accounts receivable method 73
AICPA 15
AICPA Technical Practice Aids 16
Aktientausch 185
aktive latente Steuer 143
– Bewertung 145
allgemeinen Kosten 54

allowance 73
American Institute of Certified Public Accountants 15
andere Formen der Finanzberichterstattung 205
Änderung
– Anhangsangaben 30
– direkter Effekt 29
– indirekter Effekt 29
Anforderungen, qualitative 18
Anhangsangaben 205
Anlagekosten 102
Anlagenabgang 110
Anlagenzugang 99
Anlagerisiko 135
Anpassungen 13
Ansatz- und Bewertungskriterien 18
Anschaffungskosten 51
anteilsbasierte Vergütungen 152
– Dritte 152
– Mitarbeiter 152
Anteilsbesitz, Umfang 85
Anteilserwerb 176
Anwartschaftsbarwertmethode 137
aOCI 150, 156
APB 16
ARB 16
arithmetische degressive Abschreibung 105
Art des Zugangs 129
asset 63
asset combination 176
asset deal 176
assoziierte Unternehmen 179
Aufdeckung stiller Reserven/Lasten 186
Aufwandsrealisationsprinzip 27
ausstehende Aktien, Berechnung 57
ausstehende Aktienoptionen 152
available-for-sale 84
Available-for-Sale-Wertpapiere 87

Reporting nach US-GAAP. Winfried Alves
Copyright © 2007 WILEY-VCH Verlag GmbH & Co. KGaA, Weinheim
ISBN: 3-527-50246-2

b

bargain purchase option 113
Barwert 66
Barwert der am Stichtag verdienten Pensionsansprüche 137
Barwert der künftigen Pensionszahlungen 137
Barwertmethode 66
Barwerttechnik 108
basket purchase 99
Bearbeitungskosten 53
beitragsorientierter Versorgungsplan 135
– Bilanzierung 136
Bericht über das interne Kontrollsystem der Finanzberichterstattung 211
Berichtseinheit 200
– Fair Value 201
berichtspflichtiges Segment 170
– 75%-Test 171
– quantitative Grenzwerte 171
Berichtswährung 179
Bestandserhöhungen 35
Bestandsverminderungen 35
Beteiligungen 84
Beteiligungsbewertung 89
beteiligungsproportionale Neubewertung 188
Betriebsabrechnungsbogen 52
betriebsgewöhnliche Nutzungsdauer 104
Bewertung at equity 89
Bewertungsmethoden 64
Bilanz
– Aufbau 61
– Mindestgliederungsschema 61
Bilanzänderung 28
Bilanzansatzmethode 143
bilanzielle Schieflage 115
bilanzielles Reinvermögen 64, 148
bill-and-hold agreement 40
buildings and improvements 99
business combination 176

c

capital expenditures 102
Capital Lease 111–112
– hinreichend sicherer Zahlungseingang 118
– Leasinggeber 118
– wesentliche Unsicherheiten 118
Capital Lease (Leasingnehmer) 126
capital resources 210
cash equivalents 163
Cash Flow Hedge 96
Cash Management 211
Cashflow
– abweichende Zuordnung 168
– Finanzierungstätigkeit 167
– Investitionstätigkeit 166
– laufende Geschäftstätigkeit 164
  – direkte Methode 165
  – indirekte Methode 165
ceiling 77
COGS 50
common stocks 149
complete-contract method 42
completeness 21
composite/group depreciation method 105
comprehensive income 150, 155
Computersoftware, Herstellungskosten 130
CON 16
CON 1 18
CON 2 18
CON 5 18
CON 6 18
conservatism 28
contingency 134
contingent liability 132
cost approach 69
cost of goods manufactured and sold 50
cost of goods sold 50
cost of sales 50
cost principle 26
cost recovery method 47
cost-to-cost-Methode 43
current liability 132
current market value 65
current [replacement] cost 64

d

debt securities 84
decision usefulness 19
declining balance method 104
deductible temporary difference 143
deferred tax asset 143
deferred tax liability 143
defined benefit plan 136
defined contribution plan 135
degressive Abschreibung 104
DEPS 57
Derivat 91

derivative Finanzinstrumente 90
Dienstzeitaufwand 139
diluted EPS 57
Direct Financing Lease 123
direct labor 52
direct materials 52
Direct write-off method 73
Direktwerbung 55
discount 133
Dividendenpapiere 85
Dollar-value-LIFO-Methode 83
downstream sale 193
Drohverlustrückstellungen 141
Durchschnittsbewertung 80

e
earnings per share 56
EBIT 35
EBITDA 35
economic entity assumption 25
eigene Anteile 152
Eigenkapital 64, 148
– Mindestgliederung 148
Eigenkapitalveränderungsrechnung 155, 157, 159
Einzahlungen von oder Ausschüttungen an Anteilseigner 155
Einzelwertberichtigung 72
EITF 16
Eliminierung konzerninterner Verflechtungen 191
Emerging Issues Task Force 16
Entscheidungserheblichkeit 19, 206
EPS 56
equity 64, 148
equity securities 84
Equity-Methode 179
Erfahrung von Mitarbeitern 25
Erfüllungsbetrag 66
Ergänzungen 103
Ergebnis je Aktie 56
– Durchschnittszahl 56
– unverwässert 57
– verwässert 57
Ergebnisermittlungsrechnung 35
Erlösrealisierung mit Zahlungseingang 45
Ersatz 103
Erstkonsolidierung 195
Ertragskennzahlen 35

Ertragslage 210–211
erwartete Nutzungsdauer 129
erweiterter Einzelabschluss 188
Erwerber 185
Erwerbskosten 186
Erwerbsmethode 184
estimated economic life 114
estimated useful life 114
Eventualfall 134
Eventualverbindlichkeit 134
executory costs 115
expense recognition principle 27
expired costs 27
extraordinary gain 198

f
Factoring 74
– Rückgriffsrecht 74
– Sicherheitseinbehalt 74
fair presentation, Grundsatz 23
Fair Value 67
– bestmöglicher Nutzen 68
– Ertragsansatz 69
– Hauptmarkt 67
– Hierarchie Ausgangswerte 70
– Kostenansatz 69
– Marktansatz 69
– Marktteilnehmer 67
– ordnungsgemäße Transaktion 67
– vorteilhaftester Markt 67
Fair Value Hedge 93
Fair-Value-Bewertung 66
faithful representation 21
FASB 15
FASB Interpretations 16
FASB Staff Positions 16
FASB Technical Bulletins 16
feedback value 20
Fehlerkorrektur 30
Fertigerzeugnisse 76
Fertigungseinzelkosten 52
Fertigungsgemeinkosten 52
FIFO – Methode 82
FIN 16
Financial Accounting Standards Board 15
Financial Reporting 205
Finanzberichterstattung, Elemente 18
Finanzderivat 90
– Option 90
– Termingeschäft 90

- Zinsgeschäft 90
Finanzierungskosten 53
Finanzierungsstatus 139
Finanzmittelfonds 163
finished goods 76
fixtures 99
floor 77
Folgeverfahren 103
Fondsvermögen 136
Forderungen 72
- Werthaltigkeitstest 72
- Zugangsbewertung 72
Forderungsübertragung 74
Foreign Currency Hedges 97
foreign entities 180
foreign operations 180
Form 8-K 15
Form 10-K 15, 207
- Business 207
- Changes and Disagreements with Accountants 209
- Controls and Procedures 209
- Directors and Executive Officers 209
- Executive Compensation 209
- Exhibits, Financial Statement Schedule 210
- Financial Statements and Supplementary Data 209
- Legal Proceedings 207
- Management's Discussion and Analysis 209
- Market for Registrant's Common Equity and Related Stockholder Matter 208
- Principle Auditor Fees and Services 209
- Properties 207
- Quantitative and Qualitative Disclosure About Market Risks 209
- Selected Financial Data 208
- Submission of Matters to A Vote of Security Holders 208
Form 10-Q 15
Form 20-F 15, 207
Forschungs- und Entwicklungskosten 54
Frachtkosten 51
freight-in 51
freistehende Derivate, Bewertung 91
Fremdkapitalzinsen 99, 102
FSP 16

FTB 16
full disclosure principle 26
funded status 139
funktionale Währung 180
- abhängige Betriebsstätte 182
- eigenständiges Unternehmen 180
Fusion 176

g

garantierter Restwert 115
Geldbedarf 210
Geldeinheit 25
Gemeinkosten, nicht zuzuordnen 53
Gemeinschaftsunternehmen 179
Genauigkeit 21
Generally Accepted Accounting Principles 11
geometrische degressive Abschreibung 104
Gesamtkostenverfahren 35
Geschäfts- oder Firmenwert 197, 199, 201, 203
Gewinn-und Verlustrechnung 33
Gewinnrücklage 150
Gläubigerschutz 19
going concern assumption 25
Goodwill 187
- Anhangsangaben 203
- Verbot der planmäßigen Abschreibung 200
- Werthaltigkeitstest 200
Grad der Fertigstellung 42
größenanhängige Befreiungen 179
Großreparaturkosten 103
gross profit 34
Grundgeschäft 91
Grundmietzeit 114
GuV 33
- Aufbau 34

h

Handelsware 76
Hauptabschlussübersicht 13
Hedge Accounting 91
- Dokumentation 98
- hochgradige Effektivität 92
- Sicherungsbeziehung 92
- Sicherungszusammenhang 92
hedged item 91
hedging instrument 92
held-to-maturity 84

Held-to-Maturity-Wertpapiere 85
Herstellungskosten 52, 102
Hilfs-und Betriebsstoffe 76
historical cost 64
historische Anschaffungs-
 oder Herstellungskosten 65
holdback 74
human resources 26

i

Identifizierbarkeit 129
If-Converted Method 58
immaterielle Vermögenswerte 129
- Folgeverfahren 131
- selbst erstellt 130
- selbstständig aktivierungspflichtig 130
- Zugangsbewertung 129
immaterieller Vermögenswert, Goodwill 198
immaterieller Vermögenswerte, selbstgeschaffene 25
impairment test 106
Impairment-Test 200
implied goodwill 201
impliziter Goodwill 201
impliziter Zinssatz 116
improvements and replacements 102
income (loss) from operations 34
income approach 69
incorporated by reference 209
incoterms 40
indirekte Mehrheit 177
inputorientierte Verfahren 43
installment method 46
insurance 51
Interessenzusammenführung 185
interne Kontrolle 212
internen Vergleichbarkeit 35
internes Kontrollsystem 17, 212
intragroup balances 191
investment risk 135
investments 84
investments by and distributions to owners 155
Investorenschutz 19

j

Jahresabschluss, Einreichungsfrist 175
Jahresergebnis 151

k

Kapitalausstattung 210
Kapitalflussrechnung 162
Kapitalkonsolidierung 184
Kapitalrücklage 150
Kaufpreis 51
Kaufpreisallokation 129, 186
- Fair Value-Bewertung 186
Kaufpreisoption 113
Komponenten-/Gruppenabschreibung 105
Konsolidierungsmaßnahmen 184
Konsolidierungspflicht 178
- abweichende Geschäftstätigkeit 178
Konsolidierungsverbot 178
Kontenformat 61
Konzernabschluss
- Aufstellungspflicht 177
- Befreiungsmöglichkeiten 178
- Ersatz des Einzelabschlusses 175
Kostenartenrechnung 36
Kostenprinzip 26–27
Kostenstellenrechnung 52
kumulierte ergebnisneutrale Veränderungen 150
kündbare Vorzugsaktien 149
kurzfristige Verbindlichkeiten 132

l

Lagerkosten 51
land 99
langfristige Investitionen 84
langfristige Verbindlichkeiten 133
latente Steuern 142
- Anhangsangaben 146
- Ausweis 146
- Ermittlungsschema 144
- Steuersatz 145
laufender Aufwand 102
LCM-Test 77
- Obergrenze 77
- Untergrenze 77
- Vergleichswert 77
lease bonus fee 116
Leasing 111
- 75%-Regel 114
- Anhangsangaben 126
- betriebsgewöhnliche Nutzungsdauer 114
- wirtschaftliche Nutzungsdauer 114
- wirtschaftliche Substanz 111

legal entities   169
leistungsbezogene Abschreibung   105
leistungsorientierter Versorgungsplan   136
- Bilanzierung   136
Leistungsschema   137
level 1 inputs   70
level 2 inputs   71
level 3 inputs   71
Leveraged Lease   127
liability   63, 132
LIFO-Methode   82
lineare Abschreibung   104
Liquiditätslage   210
liquidity   210
long-term debts   132
long-term investments   84
loss contingency   134
Lower of Cost or Market-Test   77
lump-sum purchase   99

m

maßgeblicher Einfluss   179
machinery and equipment   99
MACRS   105
management approach   169
manufacturing overhead   52
market approach   69
market feasibility   131
marketable securities   84
marktgängige Wertpapiere   84
Marktreife   131
Marktwert   65
matching principle   26, 36
Materialeinzelkosten   52
MD&A, beschreibende Erläuterung   210
Mehrkomponentenvertrag   47
merger   176
Methodenänderung   28
Methodenwechsel   22
Milestones-Methode   43
Mindestgliederungsvorschriften   34
Mindestleasingzahlungen   115
- diskontierter Barwert   116
- Sicherheitsleistungen   116
- Verwaltungskosten   115
- Zusatzzahlungen   116
Mittelherkunft und -verwendung   211
Modified Accelerated Cost Recovery System   105
möglicher Verlust   134

monetary unit assumption   25
most advantageous market   67

n

Nachprüfbarkeit   21
nachzuverrechnender Dienstzeitaufwand   157
narrative explanation   210
negative goodwill   196
negativer Unterschiedsbetrag   196
- Eliminierung   198
- Passivierungsverbot   198
net assets   64, 148
net income   151, 156
net periodic pension cost   139
net realizable value   65
net realizable [settlement] value   65
net sales   37
net settlement value   65
Nettoversorgungsaufwand   139
Neuinstallation   103
neutral   22
non-reedemable preferred stocks   149
Non-US-GAAP financial measures   35
Notes   206
notes to financial statements   205

o

OCI   151, 156
off-balance-sheet arrangement   211
Offenlegungsprinzip   26–27
One-Statement approach   159
operating activities   164
operating cycle   26, 76
Operating Lease   111
- Erfassung   120
operating working capital   63
operative Segmente   170
operatives Segment   200
other additional capital   149
other comprehensive income   151, 156
other means of financial reporting   205
other stockholders' equity   149
outputorientierte Verfahren   43
overriding principle   23

p

passive latente Steuer   143
Pauschalwertberichtigung   72
PBO   137

PCAOB 16
pension benefit formula 137
pension cost 140
Pensionsrückstellungen 135
– Angabepflichten 140
percentage-of-completion 42
Periodenergebnis 156
periodengerechte Darstellung 27
permanente Differenzen 143
plan assets 136
PoC-Methode 42
pooling-of-interest method 185
positiver Unterschiedsbetrag 196
PP&E 98
Prämissen 25
precision 21
predictive value 20
preferred stocks 149
premium 133
present value technique 108
present [or discounted] value of future cash flows 65
principal market 67
pro-rata-consolidation 179
Probeabschluss 13
projected benefit obligation 137
projected unit credit method 137
Property, Plant and Equipment 98
proportionale Kürzung 198
Proxy Statement 209
Prüfungsstandard No 2 213
Prüfwert 20
Public Company Accounting Oversight Board 16
purchase method 184
purchase price 51
Push Down Accounting 190

q
Qualitätskontrolle 51
Quotenkonsolidierung 179

r
R&D costs 54
Rahmenkonzept 18
raw material 76
realisierbarer Betrag 65
Rechnungslegung 18
Rechnungslegungsgrundsätze 25
reclassification adjustments 157

reconciliations 173
Recovery -Test 106
reedemable stocks 149
Regulation G (SEC) 35
Regulation S-K 15, 207
Regulation S-T 15
Regulation S-X 15
reinstallations and rearrangements 102
Rekultivierungsrückstellung 102
Relevanz 20
repairs 102
reportable segment 170
reporting unit 200
restatement 30
Restrukturierungsrückstellungen 141
Restwert 104
result of operations 210
retained earnings 149, 156
retrospektive Anwendung 29
revenue expenditures 102
revenue recognition 37
revenue recognition principle 26
revenues 37
reverse acquisition 185
Rohstoffe 76
rückwirkende Anwendung 29

s
SAB 15
SAB 104 38
Sachanlagen 98
– Anhangsangaben 110
– Ausbuchung 104
– Ein-Euro-Wert 104
– Gesamtpreis 99
– Kauf 99
– Ratenzahlung 99
– Tausch 100
– Umklassifizierung 110
Sale-Leaseback 127
– bilanzielle Erfassung 128
– Nutzungsrechte 128
Sales percentage method 73
Sales-Type Lease 120
Sarbanes-Oxley-Act 12, 16
– Section 302 212
– Section 404 211
SAS 213
Schätzungsänderung 30
Schuldpapiere 84

SEC 14
Securities Act 14
Securities Exchange Act 14
security deposits 116
Segmentbericht 169
- Anhangsangaben 173
- geographische Regionen 174
- Überleitung 173
- wesentliche Kunden 174
Segmentberichterstattung 169
Segmente, Höchstgrenze 173
selling, general and administrative expenses 54
Separierbarkeit 129
SFAC 16
[S]FAS 15
SG&A 54
share deal 176
Sicherungsinstrument 92
Skontoabzug 37, 72
- Bruttomethode 72
- Nettomethode 72
SOA 16
sonstige Erlöse 37
SOP 16
SOX 16
Spread Sheet 13
Staff Accounting Bulletins 15
Staffelformat 61
Stammaktien 149
Statement-of-Changes-in-Equity approach 158
Statements of Auditing Standards 213
Statements of Financial Accounting Concepts 16
Statements of Financial Accounting Standards 15
Statements of Position 16
Stetigkeit 22
steuerbare temporäre Differenz 143
steuerliche Abschreibung 105
Stichtagskursmethode 180
Stilllegungsrückstellung 142
stock appreciation right 153
stock options outstanding 152
straight line method 104
sum of the years' digits method 105
supplementary information 205
supplies 76

t
taxable temporary difference 143
technical feasibility 130
technische Machbarkeit 130
Teilerlösrealisierung 42
- Berechnung 43
Teilkonzernabschluss 178
temporäre Differenzen 143
Temporary-Konzept 143
time period assumption 25
timeliness 20
trading 84
Trading-Wertpapiere 86
translation adjustments 180
Transportkosten 53
treasury stock 149
Treasury Stock Method 57
trial balance 13
Two-Statement approach 159

u
Umbuchungsanpassungen 157
umgekehrter Erwerb 185
Umgestaltung 103
Umrechnungsdifferenzen 180
Umsatz
- realisierbar 37
- realisiert 37
- verdient 37
Umsatzerlöse 37
Umsatzkostenverfahren 35
Umsatzrealisationsprinzip 26
Umsatzrealisierung 37
- Bestellung 39
- Eigentumsübergang 39
- Warenannahme 40
unexpired costs 27
unfertige Erzeugnisse 76
units of activity method 105
unkündbare Vorzugsaktien 149
unrealized profit 192
Unternehmensfortführung 25-26
Unternehmensgesamterfolg 155
Unternehmenskauf 176
Unternehmenzusammenschluss 176
Unterschiedsbetrag 187
upstream sale 193

V

Veränderung des Reinvermögens 155
Veräußerungswert 65
Verbesserungen 103
Verbindlichkeit 63, 132
Verbrauchsfolgeverfahren 80
verbrauchte Kosten 27
Vergleichbarkeit
– externe 22
– interne 22
Vergleichszahlen 22
verifiable 21
Verlässlichkeit 21
Verlust aus Wertminderung 107
Vermögenswert 63
Vermögenszusammenschluss 176
Versicherungen 51
versicherungsmathematische Gewinne oder Verluste 157
versicherungsmathematisches Risiko 135
Versorgungsaufwand 140
Vertragskündigungskosten 142
Vertragslaufzeit 114
– Verlängerung 114
Vertriebskosten 54
Verwaltungskosten 54
virtuelle Aktienoption 153
Vollkostensatz 102
Vollständigkeit 21
Vorhersagewert 20
Vorjahresanpassung 30
Vorlage für die Hauptversammlung 209
Vorräte 76
– Anhangsangaben 83
– Ansatz 77
Vorsicht 28
Vorspalte 206
Vorzugsaktien 149

W

Wahrscheinlichkeit 135
Währungsumrechnung 179
Walk-Away-Option 115
warehousing 51
Wartungskosten 103
Werbung 55
Werbungskosten 55
Wertaufholung 107
Wertberichtigung 73
Wertberichtigungsbedarf 73
Werthaltigkeit 106
Wertminderungsaufwand 201
Wertminderungsverlust 106
Wertpapiere
– bis zur Endfälligkeit gehalten 84
– Umklassifizierung 88
– zum Handel bestimmt 84
– zur Veräußerung verfügbar 84
Wiederbeschaffungskosten 65
Wiederveräußerungswert 65
wirksame Vereinbarung, eindeutiger Nachweis 39
Wirtschaftseinheit 25–26
work in progress 76
Work Sheet 13
working capital 62

Z

Zahlungsmittel 163
Zahlungsmitteläquivalente 163
Zeitbezugsmethode 182
Zeiteinheit 25–26
Zeitnähe 20
Zinsaufwendungen 53
Zusatzangaben 206
Zusatzinformationen 205
zusätzliche Mindestverbindlichkeit 138

Der Standard zum US-GAAP

In englischer Sprache

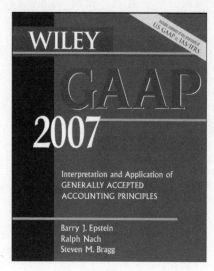

BARRY J. EPSTEIN, RALPH NACH, American Express Tax and Business Inc., und STEVEN M. BRAGG, Englewood, Colorado
Wiley GAAP 2007
Interpretation and Application of Generally Accepted Accounting Principles
4. Auflage

2006. Ca. 1288 Seiten. Broschur.
ISBN: 978-0-471-79820-0
€ 89,90/sFr 144,-

Ein muss für jede Firma die an der US-Börse dotiert ist.

Der Band enthält Informationen über die neuesten Entwicklungen und Analysen der allgemein anerkannten Bilanzierungsgrundsätze und Richtlinien (GAAP), die in leicht verständlicher Sprache aufbereitet werden.
Alle Verlautbarungen werden anhand praxisorientierter Beispiele erläutert.

Wiley-VCH
Postfach 10 11 61 • D-69451 Weinheim
Fax: +49 (0)6201 606 184
e-Mail: service@wiley-vch.de • www.wiley-vch.de

Die Sprache der Zahlen verstehen

HARRY ZINGEL
Bilanzanalyse nach HGB

2006. 195 Seiten, 50 Abbildungen.
Broschur.
ISBN: 978-3-527-50251-6
€ 29,90/sFr 48,-

klar, praxisnah, kurz und prägant

Wiley Klartext, die Reihe für Praktiker

Nach einem kurzen Überblick über die Ziele und grundlegenden Methoden der Bilanzanalyse erläutert der Autor anschaulich anhand von Musterbilanzen und Beispielen die zur Interpretation des Jahresabschlusses notwendigen Kennziffern. Der gewonnene Aussagegehalt wird praxisnah verdeutlicht und der Autor gibt Hinweise, in welchen Zusammenhang (z.B. Zeitvergleich) die Ergebnisse gestellt werden sollten, um zu einem größtmöglichen Einblick zu gelangen.

Wiley-VCH
Postfach 10 11 61 • D-69451 Weinheim
Fax: +49 (0)6201 606 184
e-Mail: service@wiley-vch.de • www.wiley-vch.de

Die erste Formelsammlung zur internationalen Rechnungslegung

HARRY ZINGEL
IFRS Formelsammlung

2005. 172 Seiten, 46 Abbildungen, 6 Tabellen. Broschur.
ISBN: 978-3-527-50223-3
€ 19,95/sFr 32,-

klar, praxisnah, kurz und prägant

Wiley Klartext, die Reihe für Praktiker

Die Formelsammlung fasst die wichtigsten Rechenverfahren und mathematischen Methoden des Rechnungswesens zusammen. Die in den International Financial Reporting Standards (IFRS) nicht erklärten Methoden werden hier übersichtlich dargestellt und anhand von Beispielen erläutert.

Wiley-VCH
Postfach 10 11 61 • D-69451 Weinheim
Fax: +49 (0)6201 606 184
e-Mail: service@wiley-vch.de • www.wiley-vch.de